# 日本学研究

郭连友 主编

32

第32辑

北京日本学研究中心、教育部国别和区域研究基地日本研究中心

社会科学文献出版社
SOCIAL SCIENCES ACADEMIC PRESS (CHINA)

# “天皇制与日本”特辑说明

日本天皇制问题是日本研究的核心问题。天皇制问题不仅关系到日本国家的起源以及从古到今日本历史、政治的发展演变，同时还与现代日本的政治、社会有着密不可分的关系，是理解日本、研究日本的关键问题。然而由于该问题的复杂性、多元性，此前国内学界鲜有对这一问题进行全面系统的梳理和研究。

2019 年 4 月 30 日平成天皇退位，同年 5 月 1 日新天皇即位，日本正式进入“令和”时代。对于几十年一遇的这一重大历史事件，北京日本学研究中心利用这次难得的机遇，邀请国内外著名专家学者，于 2019 年 9 月 28 ~29 日举办了一场题为“天皇制与日本——与历史、政治、社会、文化之关联”的国际学术研讨会。本次国际学术研讨会由北京日本学研究中心、教育部国别和区域研究基地——北京外国语大学日本研究中心主办，国际日本文化研究中心、中国社会科学院日本研究所协办。

出席本次国际学术研讨会的有如下国内外的专家学者。

中国：李卓（南开大学教授）、刘晓峰（清华大学教授）、韩东育（东北师范大学教授）、崔世广（中国社会科学院研究员）、王青（中国社会科学院研究员）、林美茂（中国人民大学教授）、吴光辉（厦门大学教授）、刘雨珍（南开大学教授）、郭连友（北京外国语大学北京日本学研究中心教授）、潘蕾（北京外国语大学北京日本学研究中心副教授）、钱昕怡（中国人民大学副教授）、李建华（北京理工大学副教授）、葛睿（西安外国语大学副教授）、黄世军（北京外国语大学博士后）。

日本：小松和彦（国际日本文化研究中心主任、教授）、矶前顺一（国际日本文化研究中心教授）、佐藤弘夫（日本国立东北大学教授）、小仓慈司（日本国立历史民俗博物馆副教授）、曾根原理（日本国立东北大学）、楠绫子（国际日本文化研究中心副教授）。

俄罗斯：Anna Dulina（国际日本文化研究中心外国人研究员）。

韩国：成全坤（韩国翰林大学教授）。

中日俄韩与会者从神话学、历史学、文化史学、思想史学、社会学等多元视角和维度对天皇制与日本这一问题展开了深入研讨，综合谈论了天皇在日本历史以及现实社会中的定位及其作用。本次国际学术研讨会的议题和成果均具有很高的学术价值和现实意义，发表的研究成果不少属国内外首创，具有填补国内该研究领域学术空白的意义。

为了反映这次学术研讨会的研究成果，我们特别选取了中日学者撰写的、具有代表性的九篇学术论文外加投稿中与本特辑主题关联密切的学术论文编辑成册，以飨读者。

主编　郭连友

2021.7.9

# 目　录

## 古代~近世

古代天皇与神祇祭祀 ……………………〔日〕小仓慈司 著　程　茜 译 / 3
日本古代天皇制国家的构建与谶纬思想 ………………………… 潘　蕾 / 28
天狗与皇权 ……………………………………………………… 王　鑫 / 49
丰臣秀吉、德川家康的神格化与“德川王权论”
……………………………………〔日〕曾根原理 著　庞　娜 译 / 65

## 近、现代

走向“现人神”之路
——近代天皇的宗教权威 ………〔日〕佐藤弘夫 著　刘　翠 译 / 83
西村茂树天皇观的演变 ……………………………………… 葛　睿 / 100
北一辉的天皇观：从“神道式国体”到“现代国体” ……… 黄世军 / 115
未被祭祀的神明之去向：神话化的现代日本
…………………………〔日〕砚前顺一 著　张　慧　叶晶晶 译 / 131

## 研究述评

近十年来国内天皇制研究述评
——以中国期刊全文数据库（CNKI）为中心 …………… 钱昕怡 / 183
天皇制研究的当下 …………………………………………… 吴光辉 / 196

## 书 评

儒学日本化是这样完成的
——评吴震的《东亚儒学问题新探》 …………………… 李甦平 / 205

《日本学研究》征稿说明 ………………………………………………… 213
《日本学研究》稿件撰写体例要求 ……………………………………… 215

# 古代 ~ 近世

# 古代天皇与神祇祭祀

〔日〕小仓慈司 著*　程　茜 译**

【摘　要】本文主要探讨古代天皇和神祇祭祀的关系及其变化过程。国家祭祀有不同层次，并不是所有的祭祀都必须由天皇来主持，有时反而为了减少神明作祟的危险，对天皇祭祀有所限制。天皇主持神祇祭祀是基于统治者应当驾驭神明并接受其报应的想法。当引入律令制时，日本把神祇信仰定为国家宗教体制的支柱，强化了泛灵信仰，最终形成了"神事优先"的神祇祭祀的特点。此外，原本为了与俗世加以区分，佛教方面产生了让佛远离神的思想；由于佛教与皇位继承的关系成为问题，从伊势神宫兴起的排佛举动进一步扩大到宫廷祭祀乃至整个贵族社会。

【关键词】神祇令　延喜式　伊势神宫　宫中祭祀

## 引　言

在日本政体中，天皇发挥的作用随时代推移而变化。天皇自从失去了政治实权后开始作为宗教权威发挥重要作用，因此人们一般认为天皇是宗教权威的象征，天皇的本质是举行神祇祭祀。然而在古代，宗教权威只是天皇职责的一部分。古代天皇与宗教的关系也并非一成不变，而是在不同时期发生改变。

本文主要以 8 ~9 世纪这一时期为中心，聚焦宗教中的神祇祭祀，探讨

* 小仓慈司：日本国立历史民俗博物馆副教授，研究方向为日本古代史、史料学。

** 程茜：北京师范大学外国语言文学学院讲师，研究方向为日本文化。

天皇[1]举行神祇祭祀的原因，以及神祇祭祀逐渐被特殊对待等问题。

## 一 主动祭祀的神和被迫祭祀的神

首先介绍古代天皇和国家是如何进行神祇祭祀的。日本从 7 世纪起开始引进律令制，大宝元年（701）制定《大宝律令》[2]。《大宝律令》中的《神祇令》篇规定了关于神祇祭祀的各项章程。完整的《大宝律令》没流传下来，后通过重新修订的《养老律令》注释书得以传世，《大宝律令》和《养老律令》中关于《神祇令》的规定几乎完全相同（福島，1972：35～61）（池田，1997：971～980）。

然而，《神祇令》只记录了神祇祭祀的整体框架，具体内容必须参考作为律令格式中“式”而编纂的《延喜式》。《延喜式》编纂于 10 世纪，与 8 世纪制定的“令”在时间上有差距，必须考虑由此产生的变化，在本文中不深入讨论这个问题。本文主要以“令”为中心，根据《延喜式》中记录的与神祇官相关的恒例祭卷 1、2 中的“四时祭式”[3] 做补充说明。

《神祇令》记载了一年中举行的神祇祭祀，共计 19 次。这只是《神祇令》中列举的祭祀数目，实际上举行的祭祀次数还要多。在延喜“四时祭式”中列举了约 40 次（根据数法不同，有的算作 65 次）神祇祭祀[4]。其中既有制定《神祇令》后新加入的祭祀，也有从制定《大宝律令》的 8 世纪初开始举行的祭祀。

根据祭祀的内容和形式，可以把《神祇令》和《延喜四时祭式》里的祭祀大体分为以下 4 种类型（见表 1）。

A. 祭祀单个神社。

B. 一次性祭祀多个神社。

C. 天皇参与的宫中祭祀。

D. 除此以外在宫内、京内举行的祭祀。

另外还存在 A 与 B 的中间形态，记做 A′；B 中与其他略有不同的相尝

① “天皇”的称号是在 7 世纪时开始使用的，在此之前的称号是“大王”，但本文中的“天皇”也包括“大王”时期。

② 《续日本纪》大宝元年六月己酉（八日）条，八月癸卯（三日）条。

③ 另外还有一些与内藏寮等机构相关的仪式，规定在各机构的“式”中，本文省略这部分内容。

④ 大祓、御麻、御赎这类祓系祭祀在《神祇令》中也有归于恒例祭之外的条文中，本文不涉及。

祭形式记做 B′。

A 祭祀单个神社的典型例子是伊势神宫和大神神社祭祀。与伊势神宫相关的祭祀，有四月、九月神衣祭（14、24①）、九月神尝祭（23）；与大神神社相关的祭祀，有三月镇花祭（8）、四月三枝祭（9）（藤森，2017，222～238）。《神祇令》中没有记载、出现在《延喜式》中的祭祀有春日祭（3、30）、平野祭（13、29）等祭祀，这些多是 8 世纪后半叶到 9 世纪期间形成的（岡田，1994），可以追溯到令制初期的祭祀活动是鸣雷神祭（2、35）。

**表 1　《神祇令》和《延喜四时祭式》里的祭祀**

<table>
<tr><th></th><th>类型</th><th>日期</th><th>祭祀名</th><th>神祇令</th><th>延喜式</th><th colspan="2">备考</th></tr>
<tr><td>1</td><td>B</td><td>二月（四日）</td><td>祈年祭</td><td>①</td><td>①</td><td colspan="2">班币祭祀</td></tr>
<tr><td>2</td><td>A</td><td>二月</td><td>鸣雷神祭</td><td>-</td><td>②</td><td colspan="2">大和国添上郡鸣雷神社祭祀</td></tr>
<tr><td>3</td><td>A</td><td>二月上申</td><td>春日祭</td><td>-</td><td>③</td><td colspan="2">藤原氏神（春日神社）祭祀</td></tr>
<tr><td>4</td><td>A</td><td>二月上申</td><td>平冈祭</td><td>-</td><td>⑦</td><td colspan="2">藤原氏神（枚冈神社）祭祀</td></tr>
<tr><td>5</td><td>D</td><td>二月丑＊</td><td>园并韩神祭</td><td>-</td><td>⑤</td><td colspan="2">宫内省镇座。春日祭后实施</td></tr>
<tr><td>6</td><td>A</td><td>二月上卯</td><td>大原野祭</td><td>-</td><td>④</td><td colspan="2">藤原氏神（大原野神社）祭祀</td></tr>
<tr><td>7</td><td>D</td><td>二月上午</td><td>大宫卖神祭</td><td>-</td><td>⑥</td><td colspan="2">宫内省造酒司镇座</td></tr>
<tr><td>8</td><td>A</td><td>三月</td><td>镇花祭</td><td>②</td><td>⑧</td><td colspan="2">大神神社、狭井神社（大物主神荒魂）祭祀</td></tr>
<tr><td>9</td><td>A</td><td>四月</td><td>三枝祭</td><td>⑤</td><td>⑨</td><td colspan="2">率川神社（大物主神御子神）祭祀</td></tr>
<tr><td>10</td><td>A′</td><td>四月（四日）</td><td>大忌祭</td><td>④</td><td>⑩</td><td>广濑社（川神）祭祀</td><td rowspan="2">+6 御县神、14 山口神</td></tr>
<tr><td>11</td><td>A′</td><td>四月（四日）</td><td>风神祭</td><td>⑥</td><td>⑪</td><td>龙田社（风神）祭祀</td></tr>
<tr><td>12</td><td>A</td><td>四月上申</td><td>松尾祭</td><td>-</td><td>⑫</td><td colspan="2">平安京镇护神的祭祀</td></tr>
<tr><td>13</td><td>A</td><td>四月上申</td><td>平野祭</td><td>-</td><td>⑬</td><td colspan="2">桓武天皇母系神的祭祀</td></tr>
<tr><td>14</td><td>A</td><td>四月（十四日）</td><td>神衣祭</td><td>③</td><td>○</td><td colspan="2">伊势神宫祭祀。《延喜式》中只记载了大神宫式</td></tr>
<tr><td>15</td><td>D</td><td>四月</td><td>四面御门祭</td><td>-</td><td>⑭</td><td colspan="2">内里门祭祀</td></tr>
<tr><td>16</td><td>D</td><td>四月</td><td>御川水祭</td><td>-</td><td>⑮</td><td colspan="2">内里、中宫职的御沟水祭祀</td></tr>
<tr><td>17</td><td>A</td><td>四月吉日</td><td>霹雳神祭</td><td>-</td><td>⑯</td><td colspan="2">山城国爱宕郡的雷神祭祀</td></tr>
</table>

① 下面表 1 中所列的祭祀，在祭祀名称后加括号并标明其编号。

**续表**

| | 类型 | 日期 | 祭祀名 | 神祇令 | 延喜式 | 备考 |
|---|---|---|---|---|---|---|
| 18 | BC | 六月（十一日） | 月次祭 | ⑦ | ⑰ | C御体御卜（一至八日御赎祭一日八日卜庭神祭）+B班币祭祀+C神今食+C十二日大殿祭、忌火庭火祭 *在伊势神宫外宫在十六日、内宫在十七日祭祀 |
| 19 | D | 六月 | 镇火祭 | ⑧ | ⑱ | 在宫城四方位举行的祭祀 |
| 20 | D | 六月 | 道飨祭 | ⑨ | ⑲ | 在京都四角的大路举行的祭祀 |
| 21 | A′ | 七月（四日） | 大忌祭 | ⑩ | ⑩ | 参考10 |
| 22 | A′ | 七月（四日） | 风神祭 | ⑪ | ⑪ | 参考11 |
| 23 | A | 九月（十一日） | 神尝祭 | ⑬ | ⑳ | 伊势神宫的祭祀（派遣奉币使）。外宫在十六日，内宫在十七日祭祀 |
| 24 | A | 九月（十四日） | 神衣祭 | ⑫ | ○ | 参考14 |
| 25 | D | 九月 | 御巫斋奉神祭 | – | □ | 神祇官西院奉祀神的祭祀 |
| 26 | B′ | 十一月上卯 | 相尝祭 | ⑭ | □ | 在新尝祭之前祭祀一部分神社内的神祇 |
| 27 | D | 十一月上午 | 大宫卖神祭 | – | ⑥ | 参考7 |
| 28 | A | 十一月上申 | 平冈祭 | – | ⑦ | 参考4 |
| 29 | A | 十一月上申 | 平野祭 | – | ⑬ | 参考13 |
| 30 | A | 十一月上申 | 春日祭 | – | ③ | 参考3 |
| 31 | A | 十一月中子 | 大原野祭 | – | ④ | 参考6 |
| 32 | D | 十一月丑* | 园并韩神祭 | – | ⑤ | 参考5 *新尝祭前举行 |
| 33 | C | 十一月（中）寅 | 镇魂祭 | ⑮ | □ | 激活天皇、皇后、皇太子灵魂的祭祀（皇太子是巳日）。由宫内省执行。与新尝祭有关 |
| 34 | BC | 十一月下（中）卯 | 新尝祭 | ⑯ | □ | 现记作"大尝祭"。B班币祭祀+C供膳仪式，也有C忌火炊殿祭 |
| 35 | A | 十一月 | 鸣雷神祭 | – | ② | 参考2 |
| 36 | A | 十一月吉日 | 霹雳神祭 | – | ⑯ | 参考17 |
| 37 | D | 十二月 | 镇御魂斋户祭 | – | □ | 把在镇魂祭上使用的御衣和魂绪收入神祇官斋院的祭祀 |
| 38 | BC | 十二月（十一日） | 月次祭 | ⑰ | ⑰ | 参考18 |
| 39 | D | 十二月 | 四面御门祭 | – | ⑭ | 参考15 |
| 40 | D | 十二月 | 御川水祭 | – | ⑮ | 参考16 |

续表

| | 类型 | 日期 | 祭祀名 | 神祇令 | 延喜式 | 备考 |
|---|---|---|---|---|---|---|
| 41 | D | 十二月 | 镇火祭 | ⑱ | ⑱ | 参考 19 |
| 42 | D | 十二月 | 道飨祭 | ⑲ | ⑲ | 参考 20 |
| 43 | D | 每月朔日 | 忌火庭火祭 | – | [illegible] | 对神馔以及天皇、皇后、皇太子的御膳调理火的祭祀 |

注：表里不包含六月十二日晦日举行的大祓、两月以外的晦日举行的御麻、御赎。

用灰色标记了神祇令里的祭祀。

“类型”栏里 A 指祭祀单个神社，B 指一次性祭祀多个神社，C 指天皇参与的宫中祭祀，D 指除此以外在宫内、京内举行的祭祀。

“日期”栏的括弧内的内容根据《延喜式》。

“神祇令”“延喜式”栏根据《神祇令》和《延喜四时祭式》中提及的顺序。12、23 神衣祭没出现在《四时祭式》。

伊势神宫是祭祀皇室祖神天照大神的神社，天照大神对天皇而言是祖先神，在古代国家祭祀体系中享有崇高的地位。卫禁律“阑入大社门”条目中有关于“大社”“中社”“小社”的规定。这个规定没有被《延喜式》继承，根据《大宝律令》注释书《古答》记载，大社指伊势神宫，中社指大神神社、大和神社、住吉神社、纪伊（日前、国悬神社）、出云、宗像，小社指除此以外的神社①。由此可见，在古代，伊势神宫的地位尊崇。关于伊势神宫的设立，7 世纪末新确立了天照大神的神格，神宫由内宫和外宫组成，天皇的皇女斋王被派到伊势等制度的确立是从 7 世纪后半叶到 8 世纪初期。可以肯定的是，伊势神宫作为祭祀太阳神的神社设在伊势最晚可以追溯到 6 世纪末之前。②

接下来介绍的大神神社，把三轮山作为神体山，是在祭祀伊势神宫之前的大和王权的守护神。《日本书纪》《古事记》等书中记载了大神神社的地位。崇神天皇时代，全国瘟疫蔓延，大物主神显灵于为此忧心的崇神天皇梦中，并告之天皇若令大田田根子（《古事记》中名为“意富多多泥

① 『平戸記』寛元三年四月十日条所引古答及『師守記』貞治三年五月十三日条所引古答（利光，1967，第 281 ~282 頁）。

② 参见西宫秀紀『伊勢神宮と斎宮』。该书在近年来研究成果的基础上概述了古代伊势神宫的历史。书中记载：“最迟在 6 世纪上半叶，皇祖神被当作伊势大神供奉，斋王居住在斋宫的可能性很大。”“其（指太阳神设在伊势、定位为皇祖神。引用者注）日期是垂仁纪二十五年三月丙申条，《一书》异传‘丁巳年’镇坐传承，最迟应出现在 5 世纪下半叶之前。重点是它是外宫镇坐传承，如果外宫是应内宫的要求而设立的话，那么从逻辑上讲，它必须是在那之前设立的。”（西宫，2019：30、203）。

古”）祭祀自己，则国将安平。由此天皇找到大田田根子，命其在三轮山祭神，最终瘟疫结束，国家安平。据记载大田田根子是大物主神的子孙，是神君（三轮君）、鸭君的祖先①。

人们认为大物主神助大国祖神创建了国家，是大和国的创国神。《日本书纪》“敏达天皇十年闰二月条”记载，归顺朝廷的虾夷首领绫糟从初濑川面向三诸岳（三轮山）宣誓子子孙孙将效忠于天皇。这也说明了三轮山是大和王权的象征。伊势神宫建成后大神神社的地位有所下降，尽管如此在律令神祇祭祀体系中大神神社的地位仅次于伊势神宫。

下面介绍归类在 A′中的大忌祭和风神祭，分别指祭祀大和盆地河神的广濑神社和风神的龙田神社。两社都是从天武天皇四年（675）开始祭祀的，目的是祈求五谷丰登和预防风灾水灾。

这两个祭祀的独特之处在于，不仅祭祀各自的神社，也一起祭祀其他神社（图 1）。根据《延喜式》规定，6 位御县神和 14 位山口神也在同一天祭祀。御县神是指供奉在自古以来隶属大和王室直辖地的神，山口神是指在山的入口处祭祀的山神。这两个祭祀虽然以祭祀广濑和龙田为主，但在同一天同时祭祀多个神明，这一特点与接下来讲的 B 类型班币祭祀相似，是随着律令制的推行而诞生的一种新的祭祀形式②。

B 班币祭祀是将各地神社的神祇官③召集到都城，分发币帛，由神祇官各自带回自己所属的神社，献给神明。此类祭祀共计 4 次：2 月 4 日的祈年祭（1），6 月和 12 月的月次祭（18、38），11 月的新尝祭（34）④。

其中祈年祭时，所有的官社（在神祇官处登记的神社）都要领受币帛。10 世纪初时，共计 2861 社 3132 座。另一方面，月次祭和新尝祭共计 198 社 304 座（图 2）。

---

① 《日本书纪》崇神天皇七年二月辛卯（十五日）、八月己酉（七日）、十一月己卯（十三日）条、《古事记》崇神天皇段。

② 关于大忌祭、风神祭参考（山口，2020：39～72）（佐々田，2002：43～50）。

③ 史料中并没有发现 8～9 世纪把神宫司、神主、祢宜、祝部（神职人员的官阶——译者注）等放在一起的概念。本文依照西宫秀纪氏提出用“神祇职”这个概念（西宫，2004：185）。

④ 新尝祭班币并不是从令制当初开始的，而是从桓武朝开始的（黑崎，1982：1～15）。神祇令九季冬条中确实只见“其祈年、月次祭者、百官集神祇官”，另外宝龟三年（772）五月二十日太政官符中对神祇官下令“广濑神社壹前（在大和国广濑郡）、右被右大臣宣称、件社自今以后宜预月次币帛例者、官宜承知依宣施行、符到奉行”（瀰永，1988，※），没有说到新尝祭币帛令人存疑，也有可能在其后开始的新尝祭班币。

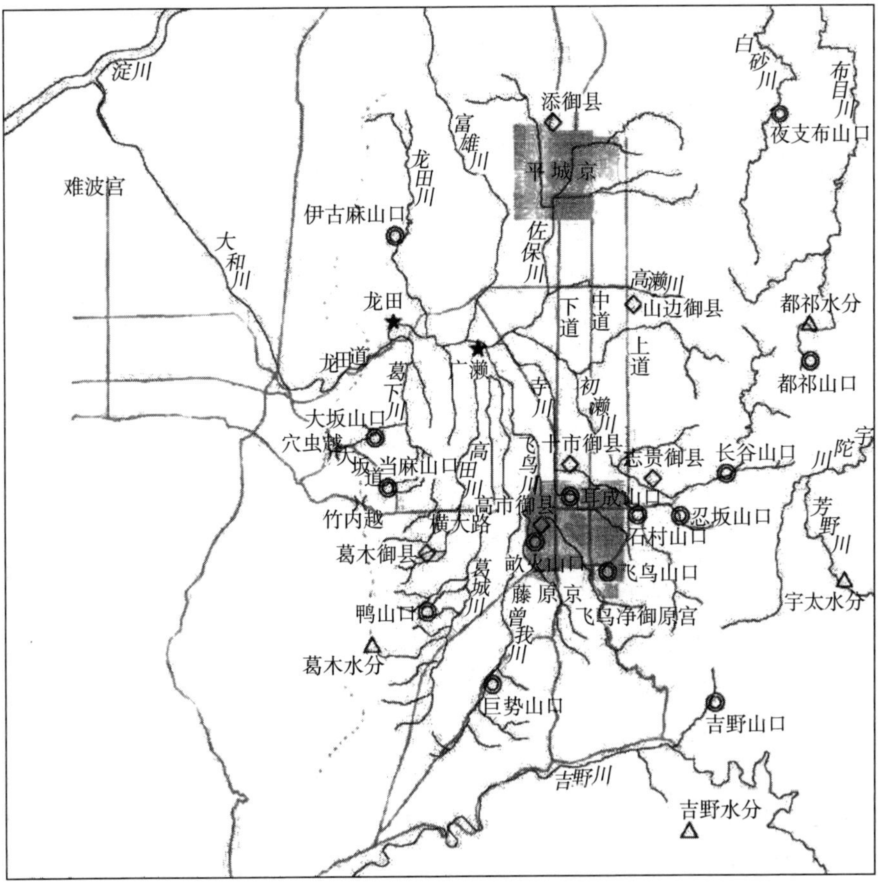


**图 1　广濑大忌祭、龙田风神祭的简略示意（山口，2020）**

关于各神社的位置，参考了志贺刚『式内社の研究』二卷（雄山阁，1977）；式内社研究会编『式内社調査報告書』二、三卷（皇学馆大学出版社，1982）；『日本歴史地名大系　奈良県の地名』（平凡社，1991）；角川日本地名大辞典编纂委员会编『日本地名大辞典　奈良県』（角川书店，1990）；虎尾俊哉编『訳注日本史料　延喜式』上卷（集英社，2000）。

关于道路，参考了岸俊男「大和の古道」（『日本古文化論攷』，吉川弘文馆，1970）；中村太一「大和国における計画道路体系の形成過程」（『国史学』155 号，1996）；古代交通研究会编『日本古代道路事典』（八木书店，2004）。

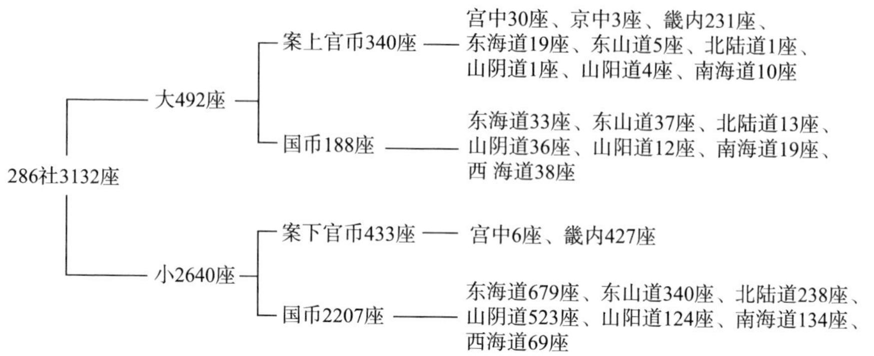


**图 2 延喜式阶段的班币制度**

班币制度分为“官币”和“国币”两种。延历十七年（798）实施的制度导致了这种区别，在此之前官社都要到京城的神祇官厅领取币帛，即“官币”。在畿内地区以外只有少数神社从神祇官厅领取币帛（官币），其他较小的官社则从各地的国厅领取币帛（国币）。另外，畿内地区的所有神社都被视为“官币”。

离畿内较近的地方还好，如果从武藏、陆奥等远方而来领取币帛的话，对神社来说是沉重的负担。也许这个制度只是一个概念性的制度，在现实中并不是一定来京城领取币帛。在制度建立之初，因为大部分神社都在京城附近的畿内地区，并不构成问题，但到了 8 世纪后期，官社数量不断增加，不来领取币帛会被追究责任。因此，地方上的神社试图通过在当地领取币帛来解决这个问题（小仓，1994）。

尽管如此，班币制度还是没有很好地发挥作用。因此在 9 世纪中叶，除近江、纪伊外，畿外的官币社都是命从京城返回各地的使者（税帐使、大帐使、朝集使）带回币帛。[①] 其后，畿内、近江、纪伊也被命令领取币帛，在延喜十四年（914）三善清行呈给天皇的意见书中记载了领取币帛的神祇官们很快就把币帛卖掉，把酒喝光的情形。[②] 即使这种描述有夸张之处，我们也可以推测在 10 世纪初班币制度实际上已经无法发挥作用。

接下来介绍月次祭（18、38）和新尝祭（34）。这两种祭祀也实行班币

① 《类聚三代格》齐衡二年（855）五月二十一日太政官符，贞观十七年（875）三月二十八日太政官符。

② 《本朝文粹》延喜十四年四月二十八日三善清行意见十二条，也参考了《类聚三代格》宽平五年三月二日太政官符。

制度，但是与祈年祭（1）相比有两大区别。其一，与祈年祭相比，指定的官社数量少。月次祭、新尝祭涉及的神社，在《延喜式》实施阶段供奉官币于案上的只有198社304座，且大部分在畿内地区，畿外的官社只有40座。其二，与祈年祭只采用班币制度相比，月次祭和新尝祭都是与宫中祭祀联动的。

每年六月和十二月举行的月次祭，与被称为“御体御卜”“神今食”的宫中祭祀一起举行。首先，一日到九日举行“御体御卜”仪式。“御体”指天皇的身体，从“御卜”中的“御”字可知，“御体御卜”是对天皇身体占卜的仪式。为了防止天皇健康受到危害、防患于未然，每年六月和十二月占卜从下个月开始的半年内天皇会不会被祟神缠身。一旦通过占卜发现隐患，祭司就会向神明献上币帛，安抚神明，消除灾祸。①

在“御体御卜”结束后的两天，各地的神官都聚集在神祇官厅西院，举行月次祭班币。并且在月次祭班币的夜晚举行“神今食”仪式。“神今食”是指在宫中神嘉殿天皇亲自向神供奉神馔的仪式。在《神祇令》中并没有提及“神今食”，或许是因为它被认为是广义上的月次祭的一部分。在平城京（735～736年）左京三条二坊八坪二条大路坑道出土的木简（二条大路木简）中有一处记载着“神今木”②，可能是从8世纪以前开始与“御体御卜”同时进行的。

接下来介绍的是十一月举行的新尝祭（34）。新尝祭是指把新粮供奉给神明的祭祀（供膳的仪式），在其之前要举行镇魂祭（33）。这里说的“镇魂”是指激活活人的灵魂，并使其牢牢地依附在身体上。在这一仪式中，天皇的衣服被送来，并随着音乐抖动。抖衣服这个仪式是为了激活灵魂并使其稳固。镇魂祭不单是为天皇举行的，也可以为皇后和太子举行。新尝祭时也举行班币仪式，这一点在前文中已有叙述。

祈年祭、月次祭、新尝祭的班币制度相似，但稍有不同的是分类到B′类型的相尝祭（26）。相尝祭在新尝祭之前的十一月上卯举行，向畿内及纪伊的几十家神社发放币帛进行祭祀。相尝祭与新尝祭班币的区别在于目标神社的数量更少，约为其四分之一。另外，新尝祭班币是在召集所有神社

---

① 木村大树氏列举了“御体御卜”在神今食后实施的例子，指出可以认为“御体御卜”是神今食的预备仪式（木村，2016：105～134）。但是“两者并不是完全没关系，反而两者都体现了六月、十二月祭仪的意义，有同样的方向性”。（木村，2016：131）

② 刊登于《平城宫发掘调查出土木简概报》30。

神祇官同时发放币帛，而相尝祭不进行班币，是事先由神社的神祇官去取币帛，上卯日各个神社分别进行祭祀活动。另外相尝祭还分发稻米，用来制作供神的清酒。

乍一看相尝祭与新尝祭班币有重复的部分，很难说明为什么这两个祭祀要分开举行，或许是相尝祭得到与朝廷有悠久渊源的神社的格外重视而事先举行的缘故。[①] 另外，之所以没有将伊势神宫纳入相尝祭，是因为在此之前伊势神宫单独举行了神尝祭（23）。

其余的祭祀是 B、C 类型以外的由神祇官主持的宫内、京内祭祀（D）。这些祭祀实际上应该有多种形式，《延喜神祇式》中列举了园并韩神祭（5、32）、大宫卖神祭（7、27）、四面御门祭（15、39）、御川水祭（16、40）、镇御魂斋户祭（37）、忌火庭火祭（43）等，但《神祇令》中规定的祭祀只有镇火祭（19、41）和道飨祭（20、42）。其中在迁都平安京以前是对园神和韩神举行祭祀活动[②]，因此园并韩神祭被认为是在迁都平安京之后开始的，其他祭祀活动在实施令制之初开始就存在也不足为奇，特别是与水火相关的祭祀极有可能存在历史已久。不过，这些都是小规模的私人祭祀活动，被认为不应写入令制。镇火祭和道飨祭在内里和京城四隅举行，具有浓厚的公家色彩，规模也比较大，应该是《神祇令》中规定的祭祀。皇宫和都城形成于 7 世纪中叶以后，所以这些祭祀活动是随着律令制度的完善而开始的。在《延喜神祇式》中列举的 D 类祭祀较多，主要是因为这些祭祀都是由神祇官主持的，但随着时代的发展，公祭和私祭的标准也发生了变化，公祭的范围扩大了[③]。

以上概述了从令制到延喜式制时代的国家祭祀，重点介绍了《神祇令》《延喜神祇式》中可以看到的祭祀。国家祭祀有多种类型，按照 ABCD（A′B′分别包括在 AB 中）分类计算，《神祇令》中 A 为 9 个，B 为 5 个，C 为 4 个，D 为 4 个；《延喜式》中 A 为 22 个，B 为 5 个，C 为 4 个，D 为 15 个。类型 D 数量增加的原因在前边已经分析过，除此以外随着从令制到延喜式

---

① 如果说新尝祭班币开始于桓武朝，那就不是一开始就有这种重复。

② 『江家次第』卷 5 園并韓神祭項頭書所引「園韓神口伝」。『新抄格敕符抄』大同元年牒文中记载「園神　廿戸、韓神　十戸、〈並讃岐国、同（〇天平神護元の意）年奉充〉」。

③ 对官社的看法从 9 世纪前半期到中期能看到变化。例如根据金刚寺本《延喜式》卷九，宫内省的园神社、韩神社、大膳职的御食津神社、火雷神社、高倍神社、造酒司的大宫卖神社、酒殿神社、平安京左京四条的隼神社，都有“贞”或“延”的标注，在《弘仁式》阶段不列为官社，但在《贞观式》《延喜式》阶段列为官社。

制的变化，祭祀单个神社数量的增加也是原因之一。

A～D类型如果按与天皇的关系、祭祀负责人的角度重新整理的话可分为①～③三类。①是天皇亲自举行的祭祀。基本上C都属于这种类型，具体包括月次祭（18、38）上举行的“神今食”、新尝祭（34）上举行的供膳仪式，临时祭祀的大尝祭也属于此类。此类型在整个国家祭祀中只占很小的一部分。②是天皇不参与，主要由主管祭祀的神祇官主持的祭祀。B、D属于这一类型，在《神祇令》《延喜式》规定的国家祭祀中，占有很大的比例。镇魂祭（33）属于C类型，但并不是以天皇为主体进行的祭祀，因此划分到此类。③虽然有神祇官的参与，但基本上都是由各神社的神祇官来主持的祭祀，A与B中的B′与此对应。

从空间的角度来看可以分成四种类型。第一种是上述①由天皇亲自进行的祭祀，是在内里中的神嘉殿（21）举行的宫中祭祀。上述②由天皇亲自进行的祭祀，是在内里中的神嘉殿[①]举行的宫中祭祀。第二种是在神祇官厅举行的祭祀。该仪式由神祇官主持，对应②、相尝祭以外的B和D的一部分［御巫斋奉神祭（25）和镇御魂斋户祭（37）］。第三种是在内里和京内举行的祭祀活动（D的大部分），也是由神祇官主持的。第四种是在各地国厅、神社举行的祭祀活动，A和B相当于这种类型。

由上可知，古代的国家祭祀是多层次的，天皇直接参与的只是其中的小部分。过去认为原因是神祇信仰基本上是以氏族为单位的信仰，天皇无法参与氏族祭祀。天皇理应直接祭祀诸神，但他无法控制整个国家，所以只能参与部分祭祀。

但是，如果想到派天皇的皇女到伊势神宫的斋王制度，就会发现原因并不那么简单。8世纪伊势神宫祭祀的是皇祖神天照大神，斋王一年只有三次被派到伊势神宫祭祀：九月的神尝祭和六月、十二月的月次祭。其余时间斋王在远离伊势神宫的京郊洁斋，内宫以荒木田氏、外宫以度会氏为首的神祇官们执行日常祭祀。因此不能简单地把天皇祭祀与控制力的强弱挂钩，而应当认为，祭祀的执行者因祭祀性质不同而不同。基本上天皇只亲自祭祀皇祖神，除此以外原则上只限于特殊的、有限的目的。同时这也是为了降低天皇遭遇作祟的风险。神祇官们（伊势神宫、贺茂神社的斋王）担任天皇的代理人来祭祀各路神明，如祈求国家平安的月次祭、向神明献

① 大尝祭的时候，在宫内建大尝宫，在大尝宫里的悠纪殿、主基殿举行祭祀。

上新谷的新尝祭（神尝祭）、祈求丰收的祈年祭，这些祭祀仪式的隆重程度和范围有所不同。祈年与献新谷之间的不对称性也常被人讨论，究其原因大概是有人认为农耕季节开始时祈求丰收的祭祀应该由耕种者来实行吧。[①]

## 二　天皇为什么必须祭祀众神？——作祟的众神

本部分主要探讨天皇为什么要祭祀众神，以及为什么必须要祭祀众神。天皇并不会祭祀所有的神；天皇祭祀的时候，他会隆重对待某些神明，有的并不会那么隆重。这一点是有必要事先了解的。

从历史研究的角度看，长期以来人们认为天皇祭祀众神意味着他掌控了全国的神明。人们的理解是，天皇会以统治全国各地首长的方式来统治众神。这个比喻通俗易懂，事实上也确实有这方面的原因。但仅凭这一点并不能解释为什么全国各地的官社分布有如此大的偏差——例如，在《延喜式》阶段，大和国有286座官社，出云国有187座，但伯耆国只有6座，长门国只有5座，萨摩国只有2座——这种解释无法令人信服[②]。以前认为天皇不祭祀某神是因为不能让其服从，或者是祭祀该神的部族势力过于强大不让天皇代劳，但事实并非这么简单。

相比之下，从传统神道史的角度来看，崇尚神明是理所当然的，然而并没有从这个观点出发提供进一步的解释。冈田庄司（岡田，2005：73～88）（岡田，2011：1～13）的研究大大改变了这一点。冈田认为，神明也能作祟，人们针对神明作祟采取了诸如献祭、祭祀等各种措施，神明与天皇、神社神祇官三方之间处于紧张的关系。在冈田理论的基础上，应该能更好地解释古代天皇与神明的关系。

基本上神明都能作祟。在《古事记》《六国史》《风土记》等众多古代历史文献中，都可以看到关于神明作祟的记载，本文列举《播磨国风土记》中的例子。

> 品太天皇之世，出云御荫大神，坐于枚方里神尾山。每遮行人，半死生。而时，伯耆人小保弖、因幡布久漏、出云都伎也三人，相忧

① 随着时代推移对十六社进行祈年谷奉币（为祈求丰年神社举行的奉币仪式——译者注），由此可以看出对祈年意识发生了变化。

② 控制力的强弱，面积、人口的多少无法有力说明数量的差别。

申朝廷，于是，遣额田部连久等等、令祷。（《播磨国风土记》揖保郡意此川条）

品太天皇（应神天皇）统治时期，出云的御荫大神被供奉在神尾山，他总是挡住过往的行人，只让一半人通过，而杀掉另一半人。于是，伯耆人小保弖、因幡人布久漏、出云人都伎也三人禀告朝廷，朝廷差遣额田部连久等人去安抚神明。

当发生神明作祟的灾难时，首先是个人、当地长老举行祭祀活动来平息神明的愤怒。神明的愤怒仍然难以平息的话，就向居于上位的朝廷申请帮助。如果能成功平复强大神明的怒火，反过来神明也会成为保护天皇的强大力量。换句话说，只有天皇才有能力祭祀和统治这些恶神。

这种观念并非古代日本独有。《三国志》《魏书·东夷传》夫余条中记载了夫余（也称扶余）旧俗，讲的是天候不顺、五谷歉收时，人们把责任归于君王，甚至要换君王或杀君王。

旧夫余俗，水旱不调，五谷不熟，则归咎于王，或言当易，或言当杀。

王的作用是拯救百姓于各种危险和灾难之中，带领百姓过上安稳的生活，如果不能完成自己的职责，王就会被取代，甚至会被杀死。王是统治自然和恶神的存在。（《三国志》卷30《魏书·东夷传》夫余条）

在这样的社会里，天皇经常受到神明作祟的威胁。因此，为了预防神明作祟、稳定统治，举行各种祭神仪式，其中包括“御体御卜”。

前文中已经简单介绍了“御体御卜”，每年六月和十二月举行两次，目的是通过占卜预知和预防全国各地的神明作祟，在祭祀后下个月开始的半年期间使天皇的身体不受伤害。斋部广成于大同二年（807）著《古语拾遗》中记载，在孝德天皇死后的白凤四年（653），任命讳部首作贺斯为祠官头，掌管卜筮，夏冬两季的“御卜”仪式也始于这个时期。文中出现的“夏冬二季御卜”被认为指的是“御体御卜”。

至于难波长柄丰前朝，白凤四年，以小花下讳部首作斯，拜祠官头，令掌叙王族、宫内礼仪、婚姻、卜筮，夏冬二季御卜之式，始起

此时。(《古语拾遗》)

需要注意的是，这里的“难波长柄丰前朝”指的是孝德天皇时代。在《日本书纪》中记载645年灭掉了苏我虾夷和入鹿（乙巳之变），孝德天皇以此为契机登基天皇，在位期间推动了“大化改新”。7世纪成书的《日本书纪》多有创作、改写的部分，因此史实到底如何，研究者之间看法不一。日本古代史学界一直对此存在着争议，认为不能盲目接受《日本书纪》所记载的内容。曾经有全面否定孝德朝改革的看法，但近年的研究表明，尽管确实存在美化的成分，但并非捏造史实，而是后人根据史实改写、补充的，孝德朝在全国各地设有地方行政单位——“评”的事实是不能否认的。①

“御卜”仪式与“天下立评”大约同时制定，这一点意义重大，因为这意味着“御体御卜”是在天皇统一、统治全国的前提下开始的。天皇统治全国，也就意味着全国的神明都可以对天皇作祟。从百姓的角度来看，在此之前由各地首长承担的维持社会稳定的责任变成了天皇的责任。

据南北朝时期所著《宫主秘事口传》记载，首先占卜御体是否安康，然后按照顺序占卜有无土公、水神、行幸、御膳过、炉神、北辰、鬼气、御身过作祟。第9步是占卜是否有神明作祟。如果确定有神明作祟②，下一步是依次占卜确认内宫的神（天照大神）是否作祟，外宫的神是否作祟，宫中的神是否作祟，京都的神是否作祟，五畿内的神是否作祟，七道的神是否作祟。如果是内宫中的神作祟③，则要进一步占卜确定作祟的原因；如果是七道中的神作祟，则要详细占卜确定是哪一地的神明，最终确定是哪位神明、以什么方式作祟。因此如果要想用这种方式占卜，手头必须掌握全国所有神社的名单。

根据以上几点，孝德朝确立“天下立评”，同时完善了“御体御卜”制度，是合情合理的。在日本全国都要归于天皇统治的时候，为了防止全国各地的神明作祟，有必要举行“御体御卜”仪式，这个仪式就应运而生（小倉，2013）。

① 关于乙巳之变与皇极天皇退位、孝德天皇即位的意义参考本人私见（小倉，2018a）。孝德朝的祭祀政策参考（小倉，2013）。

② 另外《宫主秘事口传》中的《中古问文》中，规定了只有土公祟和神祟。

③ 后世认为内宫的神一定会作祟，关于这一点详细参考（斎藤，1996：160~165）

通过“御体御卜”化解了神明作祟的风险后，天皇要祭祀包括皇祖神在内的各路神明。祭神的隆重程度取决于天皇与神明之间关系的强弱、比如是不是皇祖神，以及神明力量的强弱（基于人类对神明的认知），对一些神明只在祈年祭时进献贡品，而对另外一些神明，除了祈年祭之外，还增加了月次祭、新尝祭等进献贡品。

## 三 “神事优先”与“神佛隔离”——宫中祭祀特点

最后这一部分探讨了宫中祭祀的特点，即“神事优先”与“神佛隔离”（小倉，2018b：94～104）（小倉，2017）。“神事优先”是指祭神仪式要优先于其他任何事情。镰仓时代顺德天皇著《禁秘抄》开篇就写道：

> 凡禁中作法先神事，后他事。旦暮敬神睿虑，无懈怠。

意思是：宫中神事优先；无论白昼，随时要敬神。“神事优先的传统”常被说成日本文化的特征，但正因为这种说法太过于深入人心，为什么要“神事优先”、对什么要“神事优先”等问题还没有被深入探讨。

事实上从历史文献中关于“神事优先”的记载来看，“神事优先”能大体分成两类。

a. 先举行神事，后行政。

b. 在宗教仪式或宗教相关事务中，神事要安排在佛事之前。

其中 a 被认为是最初的类型。

《日本书纪》大化元年（645）七月庚辰（十四日）条。

> 苏我石川麻吕奏曰：“以先祭镇神祇，然后应议政事。”是日，遣倭汉直比罗夫于尾张国，忌部首子麻吕于美浓国，课供神之币。

这是在“乙巳之变”灭掉苏我虾夷和入鹿之后一个月的事，据说大臣苏我石川麻吕向新登基的幸德天皇建议，祭祀神祇后再处理政务，并立即派使者到尾张国和美浓国征集向神明供奉的贡品。简而言之，这意味着在开始任何事情之前都应该先祭神。如果这样理解的话，就会发现“神事优先”并不是宫中独有的，也不是日本独有的。世界各地存在泛灵信仰，人们在做其他事情之前首先要祭祀以获得神的理解。

《旧唐书》卷157东夷传百济国麟德二年（665）八月条。

> 隆到熊津城，与新罗王法敏刑白马而盟。先祀神祇及川谷之神，而后歃血。其盟文曰：往者百济先王，迷于逆顺，不敦临好，不睦亲姻，结托高丽，交通倭国，共为残暴，侵削新罗，破邑屠城，略无宁岁。天子悯一物之失所，怜百姓之无辜，频命行人，遣其和好。（后略）

与《旧唐书》相同的内容，同样记载在《三国史记》新罗本纪文武王五月八日条目中，都记录了唐朝傀儡熊津都督扶余隆（百济最后的王——义慈王的太子）与新罗王的结盟，盟约是“先拜神祇与河谷之神，然后歃血”。日本“神事优先”应该原来也是这种形式。日本之所以会强调这一原则，或许是因为神祇信仰在日本社会的影响本来就很大，建立律令制之初就是构想将神祇信仰作为国家宗教体系的支柱。在这一过程中，祭祀优先的特征受到了格外的重视，促成了这一原则的确立。律令制国家把神祇官置于官制之首，正说明了这一点。

这样确立的“神事优先”原则后来逐渐扩大了范围。9世纪上半叶，不仅祭祀本身，与祭祀相关的政务（例如向太政官上报决定由谁负责祭祀之类的祭祀事务）也开始与祭祀一样被列为优先事项。[①] 从9世纪后半期开始优先神事于佛事。宫中的佛事之一是灌佛会，即佛祖的生日庆典。在此之前灌佛会即使与国家祭祀在同一天也从未被取消过，但在贞观十六年（874）以后，如果与国家祭祀活动重叠，就逐渐以“神事优先”的理由取消了。

《日本三代实录》贞观十六年四月八日条：

> 是日，内殿依例应灌佛，而祠平野神，仍从停废焉。[②]

---

① 延喜太政官式一庶务条“凡内外诸司所申庶务、弁官惣勘申太政官、其史读申、皆依司次、若申数事、各先神事、申神事不申凶事、（后略）”。在《类聚符宣抄》第6，延喜七年七月十七日宣旨，弘仁式中也看到该规定（虎尾，1951：47）（虎尾，1992：30）。

② 《日本三代实录》“贞观十年四月八日条”：“灌佛于仁寿殿、平野祭如常、四月八日当诸祭祀、停灌佛仪、是日书灌佛、误欤。”应该是因为到《日本三代实录》编纂时有了不让佛事与神事重叠的意识，才这样记录。

此外，贞观十八年（874）十一月，从其父清和天皇继位的阳成天皇，以受禅（继承皇位）后的次月应先举行“神事”为由，阻止了在宫中举行佛名会（十二月中旬举行的诵读佛名经、称念诸佛名号以忏悔并祈求消除罪障的法会）。

《日本三代实录》贞观十八年十二月二十日条：

> 停佛名忏悔之事，受禅之后，将先行神事也。

阳成天皇登基是在十一月二十九日，十二月十一日举行神今食、月次祭。因此所说的“神事”不是指一般的“神事”。对此事件发生前后的“神事”调查发现，十二月十七日向伊势神宫派奉币使宣告登基的缘由，次年正月初三举行登基仪式。8日举行佛事御斋会，由此可见“神事”是指向伊势神宫派遣即位由奉币。①

从9世纪后半期的贞观年间开始，举行月次祭和新尝祭之前，逐渐禁止僧尼进入内里。可以在贞观十三年（871）实施的“贞观式”中看到相关的规定。②

建武元年系本《年中行事秘抄》所引贞观神祇式逸文如下。

> 贞观神祇式云：凡六月、十二月月次、十一月新尝等祭前后散斋之日，僧尼及重服夺情从公之辈，不得参入内里。虽轻服人、致斋之前③散斋之日，不得参入。

在此之前，为父母服丧的人被禁止进入内里，但僧尼却从未被禁止过。因此，“神事优先”范围的扩大，促进了“神佛隔离”。

---

① 《日本三代实录》贞观十八年十一月二十九日条、十二月十一日条、贞观十九年正月三日至八日条。表1中月次祭十一日派遣、十六日外宫祭祀、十七日内宫祭祀；如果是同样的日程，即位由奉币二十二日外宫祭祀、二十三日内宫祭祀。十一日条“月次、神今食祭、天皇不御、所司于神祇官致祭、亲王、公卿供事如常”，阳成天皇不亲自举行月次祭、神今食。天皇不亲自祭祀的理由与即位由奉币一样。

② 这个规定出自《贞观式》，可认为是根据贞观八年（866）神祇官提出的勘由状编制的（佐藤，1986：270～274）（佐藤，2017：155～156、170）。

③ 底本及群书类从等把“之前”2字写作“并”，本文根据（山本，1985：43）的校异注写成“之前”。

关于伊势神宫创建的由来，在9世纪初由伊势神宫内宫编撰的《皇太神宫仪式帐》中有所记载。

> 以次缠向珠城宫御宇活目天皇御世尔、倭姬内亲王远为御杖代斋奉支、（中略）次百船乎度会国、佐古久志吕宇治家田田上宫坐支、（中略）即所见好大宫地定赐支、朝日来向国、夕日来向国、浪音不闻国、风音不闻国、弓矢鞆音不闻国止、大御意镇坐国止悦给弖、大宫定奉支、（中略）亦种种乃事忌定给支、人打乎奈津止云、鸣乎盐垂止云、血乎阿世止云、完乎多气止云、佛乎中子止云、经乎志目加弥止云、塔乎阿良々支止云、法师乎发长止云、优婆塞乎角波须止云、寺乎瓦葺止云、斋食乎片食止云、死乎奈保利物止云、墓乎土村止云、病乎慰止云、如是一切物名、忌道定给支。（《皇太神宫仪式帐》）

据说倭姬为了寻找适合祭祀天照大神的土地，最终来到伊势，在那里规定了14个忌词。[①] 例如把“打”［打つ（殴る）］替换成“抚”（撫づ），将“哭泣”改为“垂盐”（塩垂る），把“血”说成“汗”，“动物的肉”（宍）用“蘑菇”（たけ）来替代，此外还有其他与佛教有关的说法，诸如“佛”“佛经”“佛塔”“法师”等7个，占了14个的一半。这些忌词是在《延喜式》卷五《斋宫式》中继承下来的，但在规定贺茂斋院的第6卷《斋院式》中，忌词不包括与佛教有关的词，共有7个。由此看来，对佛教用语的忌讳，原本只限于伊势斋宫。如上所述，直到9世纪后半叶开始宫中祭祀才对佛教变得忌讳。

《神祇令》中有关于禁止在神事期间吃肉、吊唁、行刑、奏乐的规定，但没有规定避讳佛教。据《令义解》《令集解》记载，平安时代初年所著的《穴记》[②] 只是介绍了佛教在忌讳之列的世俗观点，而《穴记》作为令制本身却否定了这种观点。因此，在斋宫的忌词中包括与佛教有关的词汇，并不是从令制实行之初存在，而是在8世纪末以后才出现的。

为什么在这个时期斋宫开始忌讳佛教？笔者认为其与称德天皇密切相关。

---

① 伊势神宫忌讳使用的词。

② 关于《穴记》的完成时期，有797~798年、810~834年、834~848年等多种说法。20世纪80年代的研究参考（川島，1989：72~73），其后的研究以及承和期观点参考（森田，2005）。

称德天皇是8世纪后半的天皇，也是古代最后一位女天皇（见图3）。称德天皇是其父圣武天皇的皇太子，一度登上皇位（称孝谦天皇），但由于没有继承人，将皇位传给天武天皇的孙子大炊王（淳仁天皇），在退位后出家。然而孝谦太上天皇与淳仁天皇不睦，并逐渐疏远当权者藤原仲麻吕，导致了仲麻吕的叛乱［天平宝子八年（764）九月］。最终仲麻吕失败，孝谦太上天皇再次登上皇位。

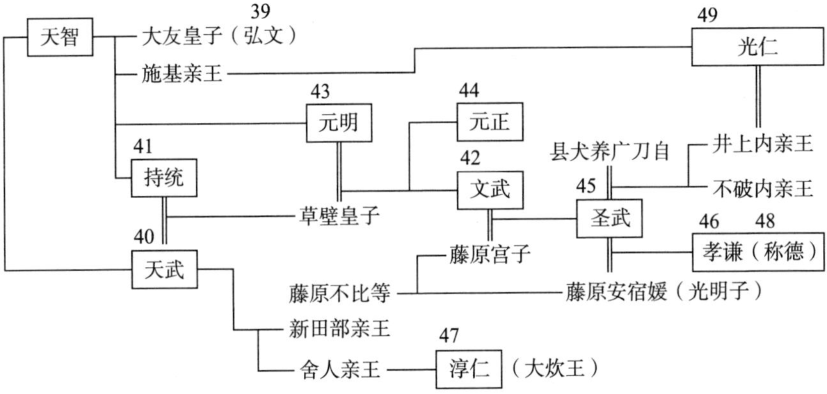


**图3　称德天皇、淳仁天皇关系**

天平神护元年（765）十一月，称德天皇为复位举行了隆重的大尝祭，在祭祀最后的丰明节会时她说了如下的话：

> （前略）又诏曰、今敕久、“今日方大新尝乃犹良比乃丰明闻行日仁在、（中略）”复敕久、“神等乎方三宝余利离天不触物曾止奈毛人乃念天在、然经乎见末都礼方、佛乃御法乎护末都利尊末都流方诸乃神多知仁伊末志家利、故是以、出家人毛白衣毛想杂天供奉人岂障事波不在止念天奈毛、本忌之可如久方不忌之天、此乃大尝方闻行止宣御命乎、诸闻食”止宣。（《续日本纪》天平神护元年十一月二十三日条）

其内容是：“直到现在，人们都认为神明是远离佛祖的，但如果研究佛经就会发现，各路神明都在保护和尊重佛法。所以，出家人和非出家人一起奉佛不会有任何不妥。因此，不要像过去那样忌讳，在此举行大尝祭的直会。"①

这段史料被当作"神佛隔离"观念存在的依据。"不要像过去那样忌讳"说明之前确实有这种想法。但是需要注意的是，正如文中"人们都认为神明是远离佛祖的"所表述的那样，被认为要远离的是神明，而不是佛教（新野，1981：11），核心在佛教。正是这一点才隐藏了"神佛隔离"的出发点。也就是说，"神佛隔离"的观念源于佛教。

佛教信仰原本并不否定本土信仰。不仅日本如此，中国、韩国以及佛教发源地印度也是如此。但是为了弘扬佛法，日本僧侣们认为有必要突出佛教与本土神祇信仰不同，并且还要将佛教与俗世加以区别。活跃在 8 世纪上半叶的僧人道慈，拒绝参加长屋王邀请的宴会时写下了一首汉诗。

《怀风藻》

释道慈作 五言 初春在竹溪寺于长王宅宴追致辞

缁素杳然别，金漆谅难同。衲衣蔽寒体，缀钵足饥咙。

结萝为垂幕，枕石卧岩中。抽身离俗累，涤心守真空。

策杖登峻岭，披襟禀和风。桃花雪冷冷，竹溪山冲冲。

惊春柳虽变，余寒在单躬。僧既方外士，何烦入宴宫。

道慈说："僧与俗如同金与漆一般，其本性相差甚远。僧衣遮蔽寒体，铁钵接受施舍以抵御饥饿。""我一介脱离俗世的僧人，如何能出入宴会?"他认为俗世与僧侣世界应该有所区别。

相比之下，包括朝廷在内的世俗社会，似乎并不太看重僧俗的区别。例如 7 世纪的天武天皇，在登基前就已经受戒，但没过多久还俗，在 672 年的壬申之乱后再次登基。② 像这样从 7 世纪末到 9 世纪出家再还俗的情况并不少见，在《六国史》中可以找到很多让有技术才能的僧人还俗并录用官职的例子。③ 当然，僧俗有别正是他们还俗的原因，但这种差别很容易

① 同丰明节会，祭祀最后环节。——译者注

② 《日本书纪》天智天皇十年十月庚辰（十七日）、壬午（十九日）条、天武天皇即位前纪、天武天皇二年二月癸未（二十七日）条。

③ 《日本书纪》持统天皇六年十月壬申（十一日）条山田御方、同七年六月朔日条福嘉、《续日本纪》文武天皇四年八月乙丑（二十日）条阳侯史久尔曾、吉宜、大宝元年二月壬辰（十九日）条春日仓首老、和铜七年三月丁酉（十日）条大津连意毗登等。

改变。

有人认为，避讳佛教的间接原因是世俗对僧尼剃发、穿黑袍等装扮存在一种不适应和反感。然而事实并非如此，僧人最初为了传播“正法”而有意区别于普通人采取的积极策略。称德天皇虽然是出家僧人却主持了大尝祭，她的辩解是针对寺院社会，更是针对佛教而发的。

不过，由于没有直系血缘的子孙，正德天皇必须考虑下一步由谁来继承皇位。一种考虑是将皇位传给皇族远亲，像传位于孝谦天皇时代的皇太子淳仁天皇。还有一种想法即按照佛教理论传承皇位。如圣武天皇在东大寺建造大佛，天皇是佛教的庇护者，按照佛教的逻辑佛教的庇护者更适合国王的位置。淳仁天皇失败后，称德天皇采用了后一种方式。其结果是导致了神护景云三年（769）宇佐八幡宫的“神谕事件”，由宇佐八幡宫宣布“道镜宜就皇位”。然而，和气清麻吕被派去确认“神谕”真伪时，称“神谕”是假的，应该由具有皇族血统的人继承皇位，道镜以失败告终。[①] 最终，支持朝廷的贵族阶层拒绝承认按照佛教逻辑继承皇位，认为皇位应该像以前一样，应该由拥有皇室血统的后代继承。

神护景云四年（770）称德天皇驾崩，天智天皇的孙子光仁天皇登基。从光仁朝开始有了明显的“神佛隔离”。宝龟三年（772）八月，有预言风雨异象是伊势月读神作祟，原来建在度会郡的伊势神宫的神宫寺被迁到饭高郡的渡濑山房[②]，就是其中一例。但是“神佛隔离”只是初步在伊势神宫及其周边得以确认，并没有广泛普及于一般宫廷。进入光仁朝并不意味着此前在宫中举行的佛教活动就停止了。也有人认为，一般贵族对称德天皇时代道镜政治的不满和反抗导致了光仁朝排佛（高取，1993：58～60），但光仁天皇本人仍参与了抄写佛经的活动。在考虑“神佛隔离”的问题时这一点也很有参考价值。

那么，为什么“神佛隔离”会从伊势神宫开始呢？可能因为伊势神宫是供奉皇祖神的神社。为了彻底否定称德天皇考虑过的佛教继承皇位的可能性，他们推动了伊势神宫内的排佛行动。

祭祀皇祖神的伊势神宫排佛，是否表明朝廷和伊势神宫的意见一致并

---

① 《续日本纪》神护庆云三年九月己丑（二十五日）条。

② 《续日本纪》同月甲寅（六日）条。

不能定论。延历二十二年（803）[①] 桓武天皇把领地多气、饭野两郡的垦田赐予东大寺，弘仁七年（816）负责伊势大社祭祀行政的伊势大神宫司大中臣朝臣清持因犯污秽罪和举行佛教仪式的罪名而被革职[②]。此外，伊势神宫的领地中也有寺院的领地，尽管伊势神宫的时任神祇官被解职，但他们有时也会进行佛事。

尽管如此，伊势神宫的避讳佛教逐渐盛行，而且“神道优先”的思想影响逐渐扩大。这样一来，在宫中祭祀活动中就确立了“神佛隔离”的观念。

综上所述，区别佛教与世俗的想法最早是由佛教方面提出来的，后来由于称德天皇时代佛教与皇位继承的关系成为问题，光仁朝以后在祭祀皇祖神的伊势神宫开始推行“神佛隔离”，并进一步扩大到宫廷祭祀，乃至整个贵族社会。

## 结　语

首先，本文主要探讨古代天皇和神祇祭祀的关系及其变化过程。国家祭祀有不同层次，并不是所有的祭祀都必须由天皇来进行，有时反而为了减少神明作祟的危险，对天皇祭祀有所限制。天皇主持神祇祭祀是基于统治者应当驾驭神明并接受其报应的想法。其次，本文考察了宫中祭祀特点，即“神事优先”和“神佛隔离”。引入律令制时，把神祇信仰定为国家宗教体制的支柱，强化了泛灵信仰，最终形成了“神事优先”的日本神祇祭祀的特点。此外，原本为了与俗世加以区分，佛教方面产生了让佛远离神的思想；由于佛教与皇位继承的关系成为问题，从伊势神宫兴起的排佛举动进一步扩大到宫廷祭祀乃至整个贵族社会。

### 参考文献

〔日〕藤森馨：「鎮花祭と三枝祭の祭祀構造」，『古代の天皇祭祀と神宮祭祀』，東京：吉川弘文館，2017，第 222 ~ 238 頁，初出 2008。

---

① 承和十二年（845）九月十日民部省符案（平安遗文 76 号）。另外东寺领川合、大国庄关系文书中也包含后世所写文书（勝山，2009）（勝山，2012），这一点需要注意。

② 《类聚国史》卷 19 所引《日本后纪》弘仁七年六月丙辰（22 日）条逸文。

〔日〕福島好和:「大宝神祇令の復元と二、三の問題」,『ヒストリア』59,1972,第35~61頁。

〔日〕池田温(代表):「唐日両令対照一覧」,『唐令拾遺補』,〔日〕仁井田陞(原著)、池田温(代表編集),東京:東京大学出版会,1997,第971~995頁。神祇令部分的大宝令复原担当为〔日〕古瀬奈津子。

〔日〕井上亘:「「御体御卜」と『新撰亀相記』」,『東アジア文化環流』,2008,第1~2頁、第40~64頁。

〔日〕井上亘:「御体御卜考」,『古代官僚制と遣唐使の時代』,東京:同成社,2016,第287~329頁,初出2005。

〔日〕彌永貞三:「大伴家持の自署せる太政官符について」,『日本古代の政治と史料』,東京:高科書店,1988,※-※,初出1955。

〔日〕勝山清次:「東寺領伊勢国川合・大国荘とその文書」,『中世伊勢神宮成立史の研究』,東京:塙書房,2009,※-※,初出1989。

〔日〕勝山清次:「東寺領伊勢国川合荘の出現と退転」,『立命館文学』624,2012,第141~151頁。

〔日〕川島晃:「『令集解』研究史一覧」,『〈日本古代・中世史〉研究と資料』4,1989,第68~81頁。

〔日〕木村大樹:「神今食を中心とした祭儀体系への一試論」,『神道宗教』243,2016,第105~134頁。

〔日〕黒崎輝人:「新嘗祭班幣の成立」,『日本思想史研究』14,1982,第1~15頁。

〔日〕森田悌:「『令集解』穴記の考察」,『王朝政治と在地社会』,東京:吉川弘文館,2005,第246~275頁,初出2003。

〔日〕新野直吉:「神仏習合の前提」,『国史談話会雑誌』22,1981,第5~14頁。

〔日〕西宮秀紀:「律令国家に於ける神祇職」,『律令国家と神祇祭祀制度の研究』,東京:吉川弘文館,2004,第143~195頁,初出1985。

〔日〕西宮秀紀:『伊勢神宮と斎宮』,岩波新書1767,東京:岩波書店,2019。

〔日〕小倉慈司:「8・9世紀における地方神社行政の展開」,『史学雑誌』103-3,1994,第74~99頁。

〔日〕小倉慈司:「律令制成立期の神社政策」,『古代文化』65-3,2013,第85~94頁。

〔日〕小倉慈司:「古代東アジアにおける「神」信仰」,『日本古代交流史入門』,〔日〕鈴木靖民ほか(編),東京:勉誠出版,2017,第455~466頁。

〔日〕小倉慈司:「「退位」「譲位」の誕生」,『日本歴史』840,2018a,第2~13頁。

〔日〕小倉慈司:「「神事優先」と「神仏隔離」の論理」,〔日〕小倉慈司、〔日〕山口輝臣:『(天皇の歴史9)天皇と宗教』,東京:講談社学術文庫,2018b,第92~

110頁，初出2011。
〔日〕岡田莊司:「平安前期　神社祭祀の公祭化」上・下，『平安時代の国家と祭祀』，東京：続群書類従完成会，1994，第51～166頁，初出1986。
〔日〕岡田莊司:「天皇と神々の循環祭祀体系」，『神道宗教』199・200，2005，第73～88頁。
〔日〕岡田莊司:「古代の天皇祭祀と災い」，『国学院雑誌』112－9，2011，第1～13頁。
〔日〕利光三津夫:「律令における「大社」の研究」，『律令制とその周辺』，東京：慶應義塾大学法学研究会，1967，第278～294頁，初出1964。
〔日〕佐々田悠:「律令制祭祀の形成過程」，『史学雑誌』，2002，111－12.36－62。
〔日〕佐藤眞人:「平安時代宮廷の神仏隔離」，二十二社研究会（編）:『平安時代の神社と祭祀』，東京：国書刊行会，1986，第250～300頁。
〔日〕佐藤眞人:「神仏隔離の要因をめぐる考察」，『宗教研究』81－2，2007，第149～173頁。
〔日〕斎藤英喜:「「御体御卜」という謎」，『アマテラスの深みへ』，東京：新曜社，1996，第143～179頁。
〔日〕高取正男:「神仏隔離の論拠」，『神道の成立』，東京：平凡社，平凡社ライブラリー5，1993，初出1977，第47～161頁。
〔日〕虎尾俊哉:「貞観式の体裁　附『式逸々』」，『史学雑誌』60－12，1951，第36～51頁。
〔日〕虎尾俊哉編:『弘仁式貞観式逸文集成』，東京：国書刊行会，1992。
〔日〕山口えり:「広瀬大忌祭と龍田風神祭の成立と目的」，『古代国家の祈雨儀礼と災害認識』，東京：塙書房，2020，初出2008，第39～72頁。
〔日〕山本昌治:「校訂年中行事秘抄（五）」，『大阪青山短期大学研究紀要』12，1985，第13～54頁。

## 史料依据刊本

『延喜式』（訳注日本史料）、『播磨国風土記』（山川出版社『風土記』）、『平戸記』（史料大成）、『本朝文粋』（新訂増補国史大系）、『懐風藻』（日本古典文学大系）、『禁秘抄』（尊経閣善本影印集成）、『皇太神宮儀式帳』（佐野真人.2016.「『皇太神宮儀式帳』校訂私案」『皇学館大学研究開発推進センター紀要』2）、『古語拾遺』（西宮一民校注岩波文庫本）、『旧唐書』（中華書局点校本）、『宮主秘事口伝』（安江和宣.1979.『神道祭祀論考』.神道史学会）、『師守記』（史料纂集）、『年中行事秘抄』（山本昌治校訂）、『日本三代実録』（新訂増補国史大系）、『日本書紀』（日本古典文学大系)、『類聚三代格』(新訂増補国史大系・神道大系)、『令集解』(新訂増補国史大系)、『続日本紀』(新日本古典文学大系)、『三国志』(中華書局点校本)、養老律・令(日本思想大系・訳註日本律令)

## A Study on *Tenno* and *Kami* Rituals in Ancient Japan

**Abstract**: This paper examines the relationship between ancient *Tenno* and *Kami* rituals and the process of their transformation. There were various levels of *Kami* rituals performed by the Imperial Court, and *Tenno* did not have to perform all the rituals, but rather had to be limited in order to reduce the risk of being taken over. Behind *Tenno's* rituals of the gods was the idea that the ruler was also the one who controlled the gods and took their curses. When the *Ritsuryo* system was introduced, it was envisioned that the belief in *Kami* beliefs would be a pillar of the national religious system, reinforcing the animistic beliefs, and eventually the "priority of *Kami* beliefs" became a feature of Japanese *Kami* rituals. On the other hand, there was originally an idea to keep the gods away from Buddhism because of the consciousness of the Buddhists who wanted to distinguish it from the mundane world, but the awareness of the relationship with Buddhism in the issue of succession to the imperial throne caused a movement to exclude Buddhism from the area around the *Ise* Grand Shrine as a reaction, and it spread to the court and aristocratic society.

**Keywords**: The Laws of *Kami* Rituals; *Engishiki* (set of ancient Japanese governmental regulations); *Ise* Grand Shrine; *Kami* Rituals of the Imperial Court

# 日本古代天皇制国家的构建与谶纬思想

潘　蕾*

【摘　要】谶纬是盛行于中国两汉时期的神学思潮，极大地影响了经学，常为各派政治力量所利用，一度成为官方的统治思想。后被王朝统治者所忌惮，相关著述屡屡遭到禁绝，至隋唐时期已经散佚大半。但是，谶纬文献传入日本之后，不仅被较好地保存，其思想内容还被运用到政治当中。本文在回顾中国的谶纬思想与皇权构建的基础之上，通过对日本六国史中相关天皇纪的解读，探讨了谶纬思想在日本古代天皇制国家构建过程中发挥的作用及其对后世的影响。

【关键词】天皇制　谶纬　天武　桓武

## 引　言

2019年5月1日，日本第126代天皇德仁即位，同日改元“令和”，“令和”成为日本历史上第248个年号。自公元645年日本模仿中国首次选用“大化”作为年号以来，主要基于以下四大理由进行改元。

第一，代始改元，即伴随新天皇即位改元，改元“令和”即为此类，又如延历二十五年（公元806）五月第51代平城天皇即位，改元“大同”。

第二，祥瑞改元，即因为祥瑞事物的出现而改元，如第36代孝德天皇大化六年（公元650）二月，因为穴户国献上白雉，改元“白雉”；第42代文武天皇大宝四年（公元704）五月，因为藤原京出现庆云，改元“庆

* 潘蕾，北京外国语大学北京日本学研究中心副教授，研究方向：日本古代史，中日文化比较。

云”。此类改元多见于平安时代以前。

第三，灾异改元，即为了降低灾异所带来的不良影响而改元，如第48代称德天皇天平宝字九年（公元765）正月，因为藤原仲麻吕之乱和严重的歉收，改元“天平神护”；第60代醍醐天皇延喜二十三年（公元923）正月，因为洪水、疾疫肆虐，改元“延长”。

第四，革年改元，即在革命之年辛酉年、革令之年甲子年改元，如第62代村上天皇天德五年（公元961）二月，因为当年正值辛酉之年，改元“应和”；第68代后一条天皇治安四年（公元1024）七月，因为当年正值甲子之年，改元“万寿”。[①]

以上后三类改元，均与起源于中国的谶纬思想渊源颇深，尤其是革年改元，平安时代前期的文人官僚三善清行（公元847～919）曾经在昌泰四年（公元901）呈给第60代醍醐天皇的《革命勘文》中对革年改元的必要性做过详细的论述。在《革命勘文》中，三善清行引用《易纬》的“辛酉为革命，甲子为革令”和《诗纬》的“戊午革运，辛酉革命，甲子革政”[②]，指出当年（公元901）干支辛酉，正值大变革命之年，请求顺应天道进行改元，并引用魏博士宋均对《诗纬》的注释“周文王，戊午年决虞芮讼，辛酉年青龙衔图出河，甲子年赤雀衔丹书。而圣武伐纣，戊午日军渡孟津，辛酉日作泰誓，甲子日入商郊”[③]，以中国历史上被视为圣王的周文王、周武王为例，进一步强调了戊午、辛酉、甲子这三个时间节点的特殊性与重要性。与此同时，三善清行还回顾日本历史，列举第1代神武天皇和第38代天智天皇均即位于辛酉年[④]、圣德太子的“冠位十二阶”和“宪法十七条”以及天智天皇的“冠位二十六阶”均制定于甲子年[⑤]等，试图证

① 关于日本历史上的改元，主要参考〔日〕森鴎外：『元号通覧』，東京：講談社，2019。

② 〔日〕塙保己一編『群書類従』第二十六辑，雑部卷第四百六十一，東京：続群書類従完成会，1980，第195頁。

③ 〔日〕塙保己一編『群書類従』第二十六辑，雑部卷第四百六十一，東京：続群書類従完成会，1980。

④ 〔日〕塙保己一編『群書類従』第二十六辑，雑部卷第四百六十一，東京：続群書類従完成会，1980，第196～197頁。根据《日本书纪》的记载，神武天皇即位于公元前660年，天智天皇称制（三善清行所书“即位”应为“称制”之误——笔者注）于公元661年，均为辛酉年。

⑤ 〔日〕塙保己一編『群書類従』第二十六辑，雑部卷第四百六十一，東京：続群書類従完成会，1980，第197頁。根据《日本书纪》的记载，圣德太子的“冠位十二阶”和“宪法十七条”制定于公元604年，天智天皇的“冠位二十六阶”制定于公元664年，均为甲子年。

明日本也有辛酉年革命、甲子年革令的传统。

醍醐天皇采纳了三善清行的建议，于昌泰四年（公元 901）七月改元“延喜”。醍醐天皇之子第 62 代村上天皇应和四年（公元 964）七月，依据甲子革令（政）的原则改元“康保”。此后，从公元 901 年至公元 1868 年明治天皇改元之间的 17 个辛酉年，共计改元 15 次；从公元 964 年至明治天皇改元之间的 16 个甲子年中，共计改元 15 次。可以说，在近千年的日本历史中，辛酉、甲子年改元已经成为一种惯例。

三善清行在《革命勘文》中所引的《易纬》、《诗纬》和《春秋纬》（《春秋运斗枢》、《春秋文耀钩》）等均为中国西汉末至东汉时期制作的纬书，可见平安时代前期，不仅纬书传入了日本，而且谶纬思想已经被运用到政治当中。值得注意的是，由于中国历史上对纬书的屡次禁绝，“戊午革运，辛酉革命，甲子革令（政）”的记载并未见于中国现存的纬书，与此相对，纬书及其所体现的谶纬思想在日本被保留、被运用、被继承，一定程度上体现了其与古代天皇制国家的“适配性”。

## 一　“谶”与“纬”

关于“谶”与“纬”的关系，清代官修丛书目录《四库全书总目》卷六·经部易类六《易纬坤灵图》（一卷，永乐大典本）案语曰：“儒者多称谶纬，其实谶自谶，纬自纬，非一类也。谶者诡为隐语，预决吉凶。（中略），纬者经之支流，衍及旁义。”① 指出“谶”与“纬”本非一类。

东汉儒学家、文字学家许慎在《说文解字》卷三上·言部中将“谶”解释为：“验也。从言韱声。”② 可见“谶”的本义为应验，指将要应验的预示吉凶的隐语。此类隐语起源于先秦，流行于民间，分散地存在，并无系统。如据《史记》卷六·秦始皇本纪第六记载：“燕人卢生使入海还，以鬼神事，因奏录图书，曰‘亡秦者胡也’。始皇乃使将军蒙恬发兵三十万人北击胡，略取河南地。”③ 因为秦始皇认为亡秦之胡指胡人，所以“北击胡”，又修筑长城防止胡人南侵，以绝亡秦之患。对于这段记载，南朝宋学

① （清）永瑢等（撰）：《四库全书总目》，中华书局，1965，第 47 页。
② （汉）许慎：《说文解字》附检字，中华书局，1963。
③ （汉）司马迁（撰），（宋）裴骃（集解），（唐）司马贞（索引），（唐）张守节（正义）：《史记》，中华书局，1959，第 252 页。

者裴骃在《史记集解》中引东汉儒学家郑玄语："胡，胡亥，秦二世名也。秦见图书不知此为人名，反备北胡。"① 这说明"胡"并非指胡人，而是指暴虐无道、导致秦朝灭亡的秦二世胡亥。如此，预言得到了验证。这则记载中的"亡秦者胡也"即为"谶"，卢生所奏《录图书》，即为"谶书"。

许慎在《说文解字》卷十三上"糸部"中将"纬"解释为："织横丝也。从糸韦声。"② 可见其本义是纺织品的横丝，相对于纵丝"经"而言。由此义引申开去，汉武帝独尊儒术以后，伴随着经学地位的大幅提升，儒生用神学观点依傍、比附经义之书日益涌现，此类书籍被称为纬书。也就是说，纬书是汉儒用神学观点对儒家经典所做的解说。

由于儒家需要借用谶的神秘内容为封建皇权的统治进行论证，谶也需要依傍经义来扩大其宣传效果，汉成帝以后，谶纬逐渐合流。

第二次世界大战后，日本学者较中国学者早一步展开了对谶纬思想的系统研究，代表人物为安居香山和中村璋八，两人从20世纪50年代开始合作研究谶纬并开展辑佚工作，1963年完成六卷八册的《纬书集成》，后又对原书做了进一步的修订补充，改名《重修纬书集成》，仍为六卷八册，由明德出版社陆续出版，1992年全部出齐。全书共计400余万字，在明清以来诸家谶纬辑佚书的基础上，综合参校，注明出典，还补充了中日两国资料中为前人所漏辑的谶纬佚文。1994年，河北人民出版社出版了这部辑佚著作的中译本，仍用旧名《纬书集成》。同年，上海古籍出版社也出版了同名的《纬书集成》，此版《纬书集成》为中国学者自编。两版集成交相呼应，为谶纬研究的展开提供了坚实的文献基础。

任蜜林指出，"在中国思想史的研究中，汉代思想的研究相对来说一直处于比较薄弱的地位"，"谶纬就是人们较少关注而又非常重要的汉代思想之一"。③ 但是，自20世纪90年代以来，伴随着中日两国谶纬辑佚书籍的陆续出版，研究成果逐渐增多，中国学者从文献学、神话学、文字学、文学等多角度对谶纬思想展开了深层次的研究，钟肇鹏的《谶纬论略》（辽宁教育出版社，1991）、王步贵的《神秘文化：谶纬文化新探》（中国社会科学出版社，1993）、冷德熙的《超越神话：纬书政治神话研究》（东方出版社，1996）、徐兴无的《谶纬文献与汉代文化构建》（中华书局，2003）、张

---

① 《史记》，第253页。

② （汉）许慎：《说文解字》附检字，中华书局，1963，第271页。

③ 任蜜林：《百年来中国谶纬学的研究与反思》，《云梦学刊》2006年第2期。

泽兵的《谶纬叙事研究》（社会科学文献出版社，2013）、孙英刚的《神文时代：谶纬、术数与中古政治研究》（上海古籍出版社，2015）等专门研究谶纬的代表性著作相继问世。

21世纪10年代以来，中国研究者日益把目光投向邻国日本，取得了一定的成果。如孙英刚在《神文时代：谶纬、术数与中古政治研究》一书中专门设章节探讨谶纬思想对日本政治的影响，指出在中国散佚却在日本得以保存的谶纬相关文献，为我们重新理解当时的历史和思想提供了重要的史料基础；[①] 王小林在《古事记与东亚的神秘思想》一书中从《古事记》中的文字表述入手，考察了《古事记》中对中国古代谶纬思想的吸收以及改造情况，探讨了《古事记》的成书过程。[②]

## 二 中国的谶纬思想与皇权构建

谶纬思想形成于西汉时期。西汉帝王大多热衷于肉身成仙、长生不朽之术，痴迷于齐地方士编造的圣王神迹故事。在这一背景之下，儒学家董仲舒援用阴阳五行学说，把罕言天道、不语怪力乱神的先秦儒学，改造成了主张天人感应、阴阳灾异的儒家神学。他在《春秋繁露》卷十三·同类相动第五十七中写道："美事召美类，恶事召恶类，类之相应而起也。（中略）帝王之将兴也，其美祥亦先见；其将亡也，妖孽亦先见。"[③] 他指出出现祥瑞和灾异的根本原因在于天子政治的善恶。但是，正如杨念群所指出的："在儒生的'天谴灾异说'和方士的'圣身仙化说'之间，儒家明显处于下风。于是儒生改弦更张，效法方士，通过制作谶纬经书，同时唤醒最初儒家的'巫祝'身份，把孔子比拟为远古圣王，为汉帝制法。"[④] 不同之处在于，董仲舒是根据过去的灾异事实对天子提出谴告，而谶纬学说则将各种珍禽异兽、祥瑞灾异等视为具有警示意义的符号，借此预测政治社会的未来动向，是一种对未来的政治预言。

因为谶纬以预测皇权统治兴衰为核心，阐释天道、王道、人道间的因

---

① 孙英刚：《神文时代：谶纬、术数与中古政治研究》，上海古籍出版社，2015，第369页。

② 王小林：『古事記と東アジアの神秘思想』，東京：汲古書院，2018。

③ （汉）董仲舒（撰），张祖伟（点校）：《春秋繁露》，山东人民出版社，2018，第124页。

④ 杨念群：《汉代"正统论"溯源——从"灾异天谴论"到"符命授受说"的历史演变》，《河北学刊》2021年第1期。

果律，所以受到皇权统治者的重视。首先对其大肆利用的便是篡汉建新的王莽（公元前45年～公元23年），翻开《汉书》卷九十九上·王莽传第六十九上，白雉、嘉禾、甘露等祥瑞频现，如对汉平帝元始元年（公元元年）蛮夷进献白雉之事进行了详细的记载。

> 始，风益州令塞处蛮夷献白雉，元始元年正月，莽白太后下诏，以白雉荐宗庙。群臣因奏言太后"委任大司马莽定策定宗庙。故大司马霍光有安宗庙之功，益封三万户，畴其爵邑，比萧相国。莽宜如光故事"。太后问公卿曰："诚以大司马有大功当著之邪？将以骨肉故欲异之也？"于是群臣乃盛陈"莽功德致周成白雉之瑞，千载同符。圣王之法，臣有大功则生有美号，故周公及身在而托号于周。莽有定国安汉家之大功，宜赐号曰安汉公，益户，畴爵邑，上应古制，下准行事，以顺天心"。太后诏尚书具其事。①

对于蛮夷进献白雉，群臣认为是因为王莽定国安汉家的功德而使千年之后"周成王白雉之瑞"再现，为了顺应天心，建议赐予王莽"安汉公"的美号。所谓"周成王白雉之瑞"，是指周成王时期，周公居摄政六年，制礼作乐，天下太平，越裳国使者在朝贡白雉时称，他们国家有一个说法，如果长期没有烈风雷雨，则说明中国出现了圣人，所以越裳国决定要去周王朝朝贡（《后汉书》卷八十六·南蛮西南夷列传第七十六）。越裳国向周王朝贡献白雉的典故，成为后世粉饰太平的样板；汉平帝时期的白雉进献，也为日后的王莽登基做了铺垫。

不仅如此，王莽还利用了符命，《汉书》王莽传记载："（元始五年十二月）是月，前辉光谢嚣奏武功长孟通浚井得白石，上圆下方，有丹书著石，文曰：'告安汉公莽为皇帝。'符命之起，自此始矣。"② 对于朱笔书于上圆下方白石上的符命，太后王政君下诏称"云'为皇帝'者，乃摄行皇帝之事也"③，令王莽如周公一般摄政，但是结合之后初始元年（公元8）十二月王莽逼迫太后交出传国玉玺、接受孺子婴禅让称帝、改国号为新的一系列历史来看，白石上所书的："告安汉公莽为皇帝"得到应验并不是元始五

① （汉）班固（撰），（唐）颜师古（注）：《汉书》，中华书局，1962，第4046页。
② 《汉书》，第4078～4079页。
③ 《汉书》，第4079页。

年（公元 5）的王莽摄政，而是三年后的王莽称帝建立新朝。自王莽利用符命成功登上皇位以后，谶纬思想大为流行，钟肇鹏指出："零星的谶语虽然早已存在，但把它们集中起来，编成《易纬》《诗纬》《书纬》《礼纬》《乐纬》《春秋纬》这样的书籍，则不能早于王莽时代。"① 可以说，王莽时期实现了对谶纬文献的第一次大规模整理。

王莽时期对谶纬文献的整理，也为日后刘秀（公元前 6 ~ 公元 57）再次利用谶纬思想推翻王莽政权、重兴汉室奠定了理论基础。《后汉书》卷一上·光武帝纪第一上记载："莽末，天下连岁灾蝗，寇盗锋起。地皇三年，南阳荒饥，诸家宾客多为小盗。光武避吏新野，因卖谷于宛。宛人李通等以图谶说光武云：'刘氏复起，李氏为辅。'光武初不敢当，然独念兄伯升素结轻客，必举大事，且王莽败亡已兆，天下方乱，遂与定谋，于是乃市兵弩。十月，与李通从弟轶等起于宛，时年二十八。"② 从这段文字可以看出，在刘秀决定与其兄刘演（字伯升）联合李轶起兵伐莽的过程中，李通等人利用图谶游说刘秀的"刘氏复起，李氏为辅"起到了推动作用。

而随后出现的"赤伏符"则进一步预言了刘秀将重兴汉室。《后汉书》光武帝记载："行至鄗，光武先在长安时同舍生彊华自关中奉赤伏符，曰'刘秀发兵捕不道，四夷云集龙斗野，四七之际火为主。'群臣因复奏曰：'受命之符，人应为大，万里合信，不议同情，周之白鱼，曷足比焉？今上无天子，海内淆乱，符瑞之应，昭然著闻，宜答天神，以塞群望。'光武于是命有司设坛场于鄗南千秋亭五成陌。六月己未，即皇帝位。"③ 对于"四七之际火为主"，唐章怀太子李贤注曰："四七，二十八也。自高祖至光武初起，合二百二十八年，即四七之际也。汉火德，故火为主也。"④ 也就是说，"四七"预示着 228 年后刘秀的兴起，"火为主"则预示着以火为德的汉王朝⑤的重兴。于是，刘秀顺应天命，于同年（公元 25）六月在河北鄗

① 钟肇鹏：《谶纬论略》，辽宁教育出版社，1991，第 26 页。

② （宋）范晔（撰），（唐）李贤等（注）：《后汉书》，中华书局，1965，第 2 页。

③ 《后汉书》，第 21 ~ 22 页。

④ 《后汉书》，第 22 页。

⑤ 战国时期的阴阳家邹衍用金、木、水、火、土五德的循环来解释王朝的更替、历史的变迁，指出"五德之次，从所不胜，故虞土、夏木、殷金、周火"，"木克土、金克木、火克金、水克火、土克水"，以此推算，秦灭周，应为水德，汉灭秦，应为土德，汉武帝时便采用此说。但是后来王莽时期经学家刘向、刘歆父子否认秦为正统王朝，根据"木生火，火生土，土生金，金生水，水生木"的五行相生说，将古代王朝重新逐一推衍，推出周为木德，而木生火，所以汉当为火德。

城即位称帝，是为光武帝。

即位后的刘秀沉迷于图谶[①]，利用图谶宣扬皇权天授，常将祥瑞灾异与现实政治联系起来。建武二十二年（公元46）九月，南阳发生大地震，光武帝颁布诏令，称“夫地者，任物至重，静而不动者也。而今震裂，咎在君上。鬼神不顺无德，灾殃将及吏人，朕甚惧焉”[②]，指出罪在自己，并下令减免当地的租税、减轻刑罚、抚恤灾民，以求得到上天的宽恕。不仅如此，建武中元元年（公元56），光武帝登泰山封禅，命人筑“灵台”（即观象台），“宣布图谶于天下”[③]，把谶纬之学正式确立为官方的统治思想。在这一背景下，实现了对谶纬文献的第二次大规模整理，郑玄、宋均等儒学家纷纷对纬书进行注释，部分作品流传于后世。

如前所述，因为谶纬思想多被用于易姓革命，所以统治者在利用的同时也逐渐意识到其中的危险。《隋书》卷三十二·志第二十七经籍一记载：“至宋大明中，始禁图谶，梁天监已后，又重其制。及高祖受禅，禁之逾切。炀帝即位，乃发使四出，搜天下书籍与谶纬相涉者，皆焚之，为吏所纠者至死。自是无复其学，秘府之内，亦多散亡。今录其见存，列于六经之下，以备异说。”[④] 可见自南北朝时期以来，历代王朝多视谶纬之书为禁书，屡屡禁之。隋炀帝时期更是进行了大规模的焚书，以致相关文献散佚大半，这也是前述《革命勘文》中所引“戊午革运，辛酉革命，甲子革令（政）”不见于中国纬书的主要原因所在。

## 三　谶纬思想的东传

《后汉书》记载，就在光武帝宣布图谶于天下的第二年（公元57），“东夷倭奴国王遣使奉献”[⑤]，虽然我们不能据此推断此时谶纬思想的相关内容已被倭奴国使节传入日本，但是可以想象，光武帝时期利用谶纬思想的大规模的政治宣传，或多或少会在倭奴国使节的记忆中留下印记。而有文

---

① 所谓“图谶”，唐章怀太子李贤注曰：“图，河图也。谶，符命之书。谶，验也。言为王者受命之征验也。”（《后汉书》，中华书局，1965，第2页）

② （宋）范晔（撰），（唐）李贤等（注）：《后汉书》，中华书局，1965，第74页。

③ 《后汉书》，第84页。

④ （唐）魏征等：《隋书》，中华书局，1973，第941页。

⑤ （宋）范晔（撰），（唐）李贤等（注）：《后汉书》，中华书局，1965，第84页。

字可循的东传记录出现在日本史书中，《日本书纪》推古天皇十年（公元603）条载："冬十月，百济僧观勒来之。仍贡历本及天文、地理书，并遁甲、方术之书也。"[①] 所谓"遁甲"，唐章怀太子李贤在对《后汉书》卷八十二上·方术列传第七十二中的"遁甲"进行注释时称"遁甲，推六甲之阴而隐遁也"[②]，可知遁甲通过推算六甲的阴数以趋吉避凶，是一种占卜之术。遁甲起于纬书《易纬》中的一篇《易纬乾凿度》的太乙行九宫法，由此可见，谶纬思想的相关内容至迟于飞鸟时代前期已经传入日本。

**表 1　《日本国见在书目录》与《隋书》经籍志所录现存纬书[③]**

| 《日本国见在书目录》 | 《隋书》经籍志 |
|---|---|
| 《河图》一卷 | |
| 《河图龙文》一卷 | 《河图龙文》一卷 |
| 《易纬》十卷郑玄注 | 《易纬》八卷郑玄注 |
| | 《尚书纬》三卷郑玄注 |
| | 《尚书中候》五卷郑玄注 |
| 《诗纬》十卷魏博士宋均注 | 《诗纬》十八卷魏博士宋均注 |
| 《礼礼》[④] 三卷郑玄注 | |
| 《礼礼》[⑤] 三卷宋均注 | |
| | 《礼记默房》二卷宋均注 |
| 《乐纬》三卷宋均注 | 《乐纬》三卷宋均注 |
| 《春秋纬》四十卷宋均注 | |
| | 《春秋灾异》十五卷郗萌撰 |
| 《孝经钩命决》六卷宋均注 | 《孝经钩命决》六卷宋均注 |
| 《孝经援神契》七卷宋均注 | 《孝经援神契》七卷宋均注 |
| 《孝经援神契音隐》一卷 | |
| 《孝经内事》一卷 | 《孝经内事》一卷 |

① 〔日〕小島憲之、直木孝次郎、西宮一民、蔵中進、毛利正守（校注、訳者）：『日本書紀』②，新編日本古典文学全集 3，東京：小学館，1996，第 538 頁。

② （宋）范晔（撰），（唐）李贤等（注）：《后汉书》，中华书局，1965，第 2704 页。

③ 本表的制作参照了以下文献：宫内庁書陵部所蔵室生寺本，『日本国見在書目録』，東京：名著刊行会，1996，第 19～20 頁；（唐）魏征等（撰）：《隋书》，中华书局，1973，第 940 页。

④ 此处应为《礼纬》之误。

⑤ 此处应为《礼纬》之误。

**续表**

| 《日本国见在书目录》 | 《隋书》经籍志 |
|---|---|
| 《孝经雄图》三卷 | |
| 《孝经雌图》三卷 | |
| 《孝经雌雄图》三卷 | |

成书于第59代宇多天皇宽平三年（公元891）前后的日本现存最古的汉籍目录《日本国见在书目录》（藤原佐世撰），记录了日本平安时代前期国家实际收藏的汉籍书目，其分类方式基本依据《隋书》经籍志的经、史、子、集的四部四十类分类法，但不分"部"，并将"类"改为"家"，直接按四十家逐一列出。《日本国见在书目录》中至少收录了15种纬书，被分在异说家中。笔者依据《日本国见在书目录》九·异说家和《隋书》卷三十二·志第二十七经籍一的记载，将两书中收录的现存纬书汇总在表1中，可以看出，《日本国见在书目录》收录纬书15种95卷，《隋书》经籍志收录纬书11种69卷，无论是在种类上还是在卷数上日本现存纬书均超过中国。因此，我们可以推断，平安时代前期日本所存的大部分纬书极有可能是在隋炀帝（公元604~618年在位）进行大规模焚书之前传入日本的。

此外，成书于唐高祖武德七年（公元624）的中国现存最古的官修类书《艺文类聚》（欧阳询等撰）中，常引纬书的相关内容，而据《日本国见在书目录》卌·杂家记载①，《艺文类聚》百卷至迟在平安时代前期已经传入日本。小岛宪之也曾指出，在日本现存最古的正史《日本书纪》的编纂过程中，大量参考了类书《艺文类聚》②。因此，也不排除谶纬思想的相关内容通过类书传入日本的可能性。

以预测皇权统治兴衰为核心的谶纬思想，在传入日本之后，很快被运用在古代天皇制国家的构建当中。统观以《日本书纪》为首的日本古代的六部正史"六国史"，笔者认为，最能体现谶纬思想的部分是《日本书纪》中的天武天皇纪和《续日本纪》中的桓武天皇纪。

---

① 宮内庁書陵部所蔵室生寺本，『日本国見在書目録』，東京：名著刊行会，1996，第54頁。

② 〔日〕小島憲之：『上代日本文学と中国文学　上——出典論を中心とする比較文学的考察』，東京：塙書房，1962。

## 四 《日本书纪》天武天皇纪与谶纬思想

《日本书纪》的编纂始于第 40 代天武天皇十年（公元 681），天皇下诏命 6 名皇族与 6 名朝臣共同记录帝纪及上古诸事（《日本书纪》天武天皇十年三月丙戌条），第 44 代元正天皇养老四年（公元 720），天武天皇之子一品舍人亲王奉上完成的纪三十卷与系图一卷（《续日本纪》元正天皇养老四年五月癸酉条）。《日本书纪》分两卷记录天武天皇的事迹，卷第二十八主要记录大海人皇子（即天武天皇）与第 38 代天智天皇之子大友皇子围绕皇位继承而展开的壬申之乱的始末，卷第二十九主要记录天武天皇即位后的治世。

《日本书纪》中，天武天皇是一位充满神秘色彩的天皇，书纪中并没有记载他的出生年月，对其壬申之乱爆发前的活动轨迹也甚少着墨。在卷第二十八的开头部分，有对青少年时期天皇的简要描述，称其“生而有岐嶷之姿。及壮雄拔神武，能天文遁甲”①。也就是说，天皇自幼聪慧过人，成年后勇猛无敌，擅长天文、遁甲，这段文字不仅展现了天皇异于常人之处，也点出其擅长占卜，可以读懂天的意志。与之相呼应的是天武天皇元年（公元 673）六月的记载：“将及横河，有黑云。广十余丈经天。时天皇异之，则举烛亲秉式，占曰，天下两分之祥也。然朕遂得天下欤。”② 壬申之乱之际，行至横河的天皇，对于天空中笼罩的数十丈黑云，秉持灯火亲自进行占卜，预言黑云为天下两分之前兆、自己将得天下。③ 同月丁亥夜，“雷电雨甚。天皇祈之曰，天神地祇扶朕者，雷雨息矣。言讫即雷雨止之”④。天皇的祈誓迅速得到回应，可见天神地祇对天皇的肯定。如此，天武天皇将云雨雷电等自然现象视作具有警示意义的符号，通过对这些符号进行解释来表达天意，以期达到控制舆论导向的目的。天武天皇即位后，还曾设专门设施观察天象以占卜吉凶，天武天皇四年正月庚戌条载：“始兴占星台。”⑤ 这一做法与前述汉光武帝筑灵台、宣布图谶于天下的做法如出一辙。

---

① 〔日〕小島憲之、直木孝次郎、西宮一民、蔵中進、毛利正守（校注、訳者）：『日本書紀』③，新編日本古典文学全集 4，東京：小学館，1998，第 300 頁。

② 『日本書紀』③，第 312 頁。

③ 预言后来得到验证，天武天皇打败大友皇子，即位为皇。

④ 『日本書紀』③，第 322 頁。

⑤ 『日本書紀』③，第 358 頁。

天武天皇即位后，祥瑞频现，笔者将《日本书纪》中天武天皇在位期间的祥瑞记载统计在表2中。从表2可以看出，天武天皇在位13年，祥瑞出现达21次，几乎每年都有关于祥瑞的记载。平安时代中期的法律实施细则《延喜式》（公元927年完成，967年施行）卷二十一治部省式的“祥瑞”条中，参照唐礼部式祥瑞条将祥瑞分为大瑞、上瑞、中瑞、下瑞四个等级①。表2依据《延喜式》的记载对天武天皇年间出现的祥瑞进行了分类，可见共出现大瑞1次、上瑞5次、中瑞1次、下瑞3次，其余虽未出现在《延喜式》的祥瑞列表中，但或因其祥瑞之色（白鹰、赤龟等），或被直称为瑞物（瑞鸡、瑞稻），在《日本书纪》中均被当作祥瑞之物上贡给天皇。祥瑞出现之后，天皇常常施以恩泽，如：二年三月备后国司贡上“白雉”后，天皇令“当郡课役悉免，仍大赦天下”②。六年十一月筑紫大宰献上“赤乌”后，则“大宰府诸司人赐禄各有差。且专捕赤乌者赐爵五级，乃当郡郡司等，加增爵位。因给复郡内百姓，以一年之。是日，大赦天下”③。八年八月缦造忍胜献上“嘉禾”后，十二月丁未朔戊申“由嘉禾，以亲王、诸王、诸臣及百官人等给禄各有差。大辟罪以下悉赦之”④。由此可见，根据祥瑞等级的不同，天皇施以的恩泽也不相同，当上瑞（赤乌）出现时，不仅捕获者加官晋爵，当地官民悉数受益；而当下瑞“嘉禾”出现时，只有文武百官根据等级获得相应的赏赐。

**表2　天武天皇在位期间的祥瑞记载⑤**

| 记事 | 贡者 | 祥瑞 | 祥瑞等级 |
|---|---|---|---|
| 二年三月丙戌朔壬寅 | 备后国司 | 白雉 | 中瑞 |

① 《旧唐书》卷四十三志第二十三职官二记载：“凡祥瑞，皆辨其名物。有大瑞、上瑞、中瑞，皆有等差。”（《旧唐书》，中华书局，1975，第1830页。）其将祥瑞分为三个等级，但后附“校勘记”曰：“唐六典卷四‘中瑞’下有‘下瑞’二字。”（《旧唐书》，第1857页）

② 〔日〕小島憲之、直木孝次郎、西宮一民、蔵中進、毛利正守（校注、訳者）：『日本書紀』③，新編日本古典文学全集4，東京：小学館，1998，第350頁。

③ 『日本書紀』③，第378~380頁。

④ 『日本書紀』③，第394頁。

⑤ 本表的制作参照了以下文献：①〔日〕小島憲之、直木孝次郎、西宮一民、蔵中進、毛利正守（校注、訳者）：『日本書紀』③，新編日本古典文学全集4，東京：小学館，1998，第348~469頁；②〔日〕藤原時平等：『延喜式』第4，東京：日本古典全集刊行会，1929，第127~131頁。

续表

| 记事 | 贡者 | 祥瑞 | 祥瑞等级 |
| --- | --- | --- | --- |
| 四年春正月壬戌 | 大倭国 | 瑞鸡 | |
| | 东国 | 白鹰 | |
| | 近江国 | 白鵄 | |
| 五年夏四月戊戌朔辛丑 | 倭国添下郡鳄积吉事 | 瑞鸡 | |
| 六年十一月己未朔 | 筑紫大宰 | 赤乌 | 上瑞 |
| 七年秋九月 | 忍海造能麻吕 | 瑞稻 | |
| 七年冬十月甲申朔 | — | 甘露 | 上瑞 |
| 八年八月庚午 | 缦造忍胜 | 嘉禾 | 下瑞 |
| 八年 | 纪伊国伊刀郡 | 芝草 | 下瑞 |
| 八年 | 因播国 | 瑞稻 | |
| 九年二月辛未 | — | 鹿角（驎角） | 大瑞 |
| 九年三月丙子朔乙酉 | 摄津国 | 白巫鸟 | |
| 九年七月癸未 | — | 朱雀 | 上瑞 |
| 九年八月癸卯朔丁未 | 法官人 | 嘉禾 | 下瑞 |
| 十年秋七月戊辰朔 | — | 朱雀 | 上瑞 |
| 十年八月壬午 | 伊势国 | 白茅鸱 | |
| 十年九月辛丑 | 周芳国 | 赤龟 | |
| 十二年春正月己丑朔庚寅 | 筑紫大宰丹比真人嶋等 | 三足雀 | 上瑞 |
| 十三年三月癸未朔庚寅 | 吉野人宇闭直弓 | 白海石榴 | |
| 朱鸟元年春正月壬寅朔癸卯 | 摄津国人百济新兴 | 白马瑙 | |

将祥瑞分为四个等级，源于对各个祥瑞的不同解释，而纬书中就有大量关于祥瑞的解释。如同样出现在王莽时期的“白雉”，《艺文类聚》卷九十九·祥瑞部下所引纬书《孝经援神契》曰：“周成王时，越裳献白雉，去京师三万里，王者祭祀不相逾，宴食衣服有节，则至。又曰：德至鸟兽，故雉白首，妃房不偏，故白雉应。”也就是说，谶纬思想认为当王者祭祀不逾矩、衣食有节制时，白雉就会出现。再举一例，日本学者早已指出，从天武天皇九年二月辛未条的内容来看（参照表 2），此处的“驎”应指中国想象中的灵兽麟①，麟在《延喜式》中被归为大瑞。不仅如此，如“其角本

① 〔日〕小島憲之、直木孝次郎、西宮一民、蔵中進、毛利正守（校注、訳者）：『日本書紀』③，新編日本古典文学全集 4，東京：小学館，1998，第 396 頁注一。

二枝而末合有宍”[①] 所述，骥（麟）角根部为两支顶部却合为一支的样貌如同“木连理”一般，木连理在《延喜式》中被归为中瑞。而《艺文类聚》卷九十八·祥瑞部上所引纬书《孝经援神契》曰：“德至鸟兽，则麒麟臻。”《礼斗威仪》曰：“君乘金而王，其政平，麒麟在郊。”《春秋感精符》曰：“麟一角，明海内共一主也。”且《孝经援神契》曰：“德至于草木，则木连理。”可见，谶纬思想认为君主至德，麟、木连理才会出现，而麟的一角则象征着海内一统。《日本书纪》所描述的壬申之乱之后的天武治世也的确如麟角、木连理所象一般，天下一统，政清人和。

天武天皇还曾专门谈及连年出现的祥瑞。天武天皇十二年春正月己丑朔庚寅，筑紫大宰丹比真人嶋等贡上“三足雀”，乙未，天皇在大极殿前将三足雀展示给亲王以下及群卿，丙午，下诏曰：

> 明神御大八洲倭根子天皇敕命者，诸国司、国造、郡司及百姓等，诸可听矣。朕初登鸿祚以来，天瑞非一二多至之。传闻，其天瑞者，行政之理，协于天道，则应之。是今当于朕世，每年重至。一则以惧，一则以嘉。是以亲王、诸王及群卿、百僚并天下黎民，共相欢也。乃小建以上，给禄各有差。因以大辟罪以下，皆赦之。亦百姓课役并免焉。[②]

诏书中，天皇首先回顾登基后天瑞多次出现；其次指出天瑞的出现是由于政道之理顺应天道；再次，表达了既惶恐又喜悦的心情，希望百官黎民与其共情；最后，赐俸禄、薄赋敛、减刑罚，施以恩泽。可以看出，天皇非常在意“天瑞”，也熟识各种“天瑞”出现的深层次含义，并且努力回应上天。

除祥瑞外，天武天皇纪中还有关于灾异的记载，天武天皇十三年（公元684）七月壬申条载：“彗星出于西北，长丈余。”[③] 彗星在中国史书中历来被视为妖星、灾星，甄尽忠指出，中国古代星占学对彗星象征意义最基本的解释为“除旧布新的象征”，《史记》《汉书》《后汉书》中多次提及彗星“除旧布新”的占辞，但都没有指明具体的占书，说明这是汉代星占学

① 『日本書紀』③，第394～396頁。
② 『日本書紀』③，第426頁。
③ 『日本書紀』③，第436頁。

一致的观点。[①] 天武天皇显然深谙此解释，彗星出现后迅速采取了相应措施，即同年“冬十月己卯朔，诏曰，更改诸氏之族姓，作八色之姓，以混天下万姓”[②]，通过制定八色之姓确立新的身份秩序，抬高皇族地位，展开其皇亲政治，实现了真正意义上的“除旧布新”，以此回应上天。这种观点为后世所因袭，三善清行曾在《革命勘文》中用“此除旧布新之象也”[③]来解释昌泰三年（公元 900）出现的彗星，作为其革年改元必要性的论据之一。

不仅如此，前述《革命勘文》所引中国纬书的“戊午革运，辛酉革命，甲子革令（政）”的观点也体现在天武天皇纪中，如十年（公元 681）二月“甲子”日，天皇召集亲王、诸王及诸臣，下令编纂律令[④]，立草壁皇子为皇太子[⑤]；十一年（公元 682）三月“辛酉”日，禁止亲王以下百官着第 38 代天智天皇于甲子年（公元 664）颁布的“冠位二十六阶”所定之冠[⑥]，为之后十四年正月丁卯正式颁布“冠位六十阶”[⑦] 做准备；十五年（公元 665）七月“戊午”日，改元“朱鸟”，定宫名为“飞鸟净御原宫”[⑧]。律令的制定、立太子、官位制度的变革、改年号、定宫名，每一件都是对以天皇为中心的律令制中央集权国家来说至关重要的事项，这一写法与《革命勘文》所引魏博士宋均对《诗纬》的注释“圣武伐纣，戊午日军渡孟津，辛酉日作泰誓，甲子日入商郊”极为相似。

## 五　《续日本纪》桓武天皇纪与谶纬思想

《续日本纪》是继《日本书纪》之后日本第二部正史，成书于桓武天皇

---

① 甄尽忠：《彗星星占及其政治影响》，《求索》2017 年第 6 期。

② 〔日〕小島憲之、直木孝次郎、西宮一民、蔵中進、毛利正守（校注、訳者）：『日本書紀』③，新編日本古典文学全集 4，東京：小学館，1998，第 436～438 頁。

③ 〔日〕塙保己一編『群書類従』第二十六辑，雑部卷第四百六十一，東京：続群書類従完成会，1980，第 198 頁。

④ 后在第 41 代持统天皇年间完成“飞鸟净御原令”。

⑤ 〔日〕小島憲之、直木孝次郎、西宮一民、蔵中進、毛利正守（校注、訳者）：『日本書紀』③，新編日本古典文学全集 4，東京：小学館，1998，第 404～406 頁。

⑥ 『日本書紀』③，第 416 頁。

⑦ 『日本書紀』③，第 444 頁。

⑧ 『日本書紀』③，第 464 頁。

延历十六年（公元797）[1]，记录了自第42代文武天皇元年（公元697）至第50代桓武天皇延历十年（公元791）之间的历史。桓武天皇共在位26年，前10年的治世被记录在《续日本纪》中，后10余年的治世被记录在《日本后纪》中，但是由于《日本后纪》桓武天皇纪十三卷中仅存四卷，对其治世的研究很大程度上依赖《续日本纪》的记载。

桓武天皇是第49代光仁天皇的长子，母亲为高野新笠。如前所述，壬申之乱打败天智天皇之子大友皇子后，天武天皇即位。之后的近百年间，天武一系的天皇陆续即位。但是，由于第48代称德女皇独身没有留下继承人，神护景云四年（公元770），天智之孙、61岁的光仁得以继位。也就是说，在天武系皇族陆续即位的大环境下，光仁的即位存在一定的偶然性，桓武的出身难称至尊。而桓武的母亲高野新笠为百济系渡来人之后，也并非出自皇族。笔者认为，《续日本纪》中一段关于高野新笠的记载值得关注，桓武天皇延历八年十二月条付载明年正月壬子条载：

> 皇太后，姓和氏，讳新笠。赠正一位乙继之女也。母赠正一位大枝朝臣真妹。后先出自百济武宁王之子纯陀太子。皇后，容德淑茂，夙着声誉。天宗高绍天皇龙潜之日，娉而纳焉。生今上、早良亲王、能登内亲王。宝龟年中，改姓为高野朝臣。今上即位，尊为皇太夫人。九年，追上尊号，曰皇太后。其百济远祖都慕王者，河伯之女，感日精而所生。皇太后，即其后也。[2]

这段记载称高野新笠的远祖都慕王（朱蒙）为河伯之女感日精所生，而河伯之女感日精而生朱蒙的详细记载详见于中国史书。《魏书》卷一百·列传第八十八·高句丽　百济　勿吉　失韦　豆莫娄　地豆于　库莫奚　契丹　乌洛侯曰："高句丽者，出于夫余，自言先祖朱蒙。朱蒙母河伯女，为夫余王闭于室中，为日所照，引身避之，日影又逐。既而有孕，生一卵，大如五升。(后略)"[3] 可见朱蒙之母受孕是源于太阳的照射。此类神话被称为感生神话。在中国，谶纬盛行的两汉时期，为了配合统治者宣扬天命思

---

① 因为当时正值桓武天皇治世，所以桓武天皇在《续日本纪》中被称为"今皇帝"或"今上"。

② 〔日〕青木和夫、稲岡耕二、笹山晴生、白藤禮幸（校注）：『続日本紀』（五），新日本文学大系16，東京：岩波書店，1998，第452頁。

③ （北齐）魏收：《魏书》，中华书局，1974，第2213页。

想，大量的感生神话出现在儒生造作的纬书当中，尧、舜、商王汤、汉高祖刘邦、孔子、老子等的出生均被描绘成女性感应某种神奇力量而受孕生子。很显然，《续日本纪》桓武天皇纪中附上高野新笠远祖的出生神话，强调她为日神的子孙，目的在于展现桓武天皇出身的高贵。可以说，此处的行文有着强烈的谶纬色彩。

天武天皇在位期间频频出现的祥瑞在桓武天皇即位前和即位后都曾出现。《续日本纪》光仁天皇天应元年（公元 781）正月辛酉条记载，伊势斋宫出现美云，正合大瑞，天皇下诏大赦天下，改元“天应”，并且加官级、赐俸禄、薄赋敛、济贫困。① 公元 781 年为辛酉年，也就是说，辛酉年的辛酉日，光仁天皇进行了改元。不仅如此，同年四月辛卯，桓武接受其父光仁天皇的禅让，即位为天皇②，皇位由光仁传至桓武，意味着皇统从天武系重新回到天智系，实现了真正意义上的“革命”，即实施变革以应天命。但是，需要指出的是，此处的“革命”并非通常所说的汤武放伐般的易姓革命，而是类似于尧舜禹的禅让革命，同时也是辛酉年的干支革命。

桓武天皇即位后，祥瑞再次出现，《续日本纪》桓武天皇延历四年（公元 785）五月癸丑条记载，皇后宫出现赤雀，天皇命人查阅图谍，称“孙氏瑞应图曰，赤雀者，瑞鸟也。王者奉己俭约，动作应天时则见”，指出赤雀的出现“既叶旧典之上瑞，式表新邑之嘉祥”③，于是给百官赐爵、免除山背国的田租。④ 此处所引《孙氏瑞应图》为南朝梁孙柔之所撰，记录动植器用、祯祥瑞应，类似于汉代纬书，《艺文类聚》祥瑞部常引此书，《日本国见在书目录》卅六“五行家”也收录有“瑞应图十五”⑤。《孙氏瑞应图》将赤雀视为瑞鸟，称其出现代表上天对王者言行的肯定，桓武天皇则将其与新邑（即长冈京）联系起来，认为是上天对他前一年迁都长冈京的嘉奖。如表 2 所示，天武天皇时期也曾两次出现“朱雀”之祥，赤雀被视作大瑞源于“赤雀衔丹书”的典故，这一典故记载于《尚书帝命验》《尚书中候》等纬书中，称周文王为西伯侯时，季秋之月甲子，有赤雀衔丹书止于其户，

① 〔日〕青木和夫、稲岡耕二、笹山晴生、白藤禮幸（校注）：『続日本紀』（五），新日本文学大系 16，東京：岩波書店，1998，第 166 ~ 170 頁。

② 『続日本紀』（五），第 178 頁。

③ 『続日本紀』（五），第 326 頁。

④ 『続日本紀』（五），第 326 ~ 328 頁。

⑤ 宫内庁書陵部所藏室生寺本，『日本国見在書目録』，東京：名著刊行会，1996，第 73 頁。

授以天命。后来文王之子武王灭商建周，于是“赤雀”成为帝王顺天受命之祥瑞。如前所述，三善清行在《革命勘文》中也曾引用魏博士宋均对《诗纬》的注释“周文王，(中略) 甲子年赤雀衔丹书”。

桓武天皇的治世，有两大政治主题，即“军事”与“造作”，“军事”是指对虾夷的征讨，“造作”是指新京的建设。作为天智系天皇初登大宝的桓武天皇，迫切需要与过于强势的佛教旧势力以及天武系势力决裂，迁都被提上日程。公元784年正值甲子之年，按照中国纬书的说法，“戊午革运，辛酉革命，甲子革令（政)”，正是实施变革的好时机，于是桓武天皇援用谶纬思想为其新京建设、迁都展开宣传。

我们来看《续日本纪》的记载，首先，桓武天皇延历三年（公元784）五月癸未条记载：“癸未，摄津职言，今月七日卯时，虾蟆二万许，长可四分，其色黑斑，从难波市南道，南污池列可三町。随道南行，入四天王寺内。至于午时，皆悉散去。”[①] 此条记述了摄津职对于本月七日早上二万余只黑斑虾蟆（蟾蜍）自难波市南道行进三町进入四天王寺一事所做的报告。紧接着，同月丙戌条载：“敕遣中纳言正三位藤原朝臣小黑麻吕、从三位藤原朝臣种继，(中略) 等于山背国，相乙训郡长冈村之地。为迁都也。”[②] 也就是说，在虾蟆大移动的三天之后，天皇派中纳言藤原小黑麻吕、藤原种继等视察乙训郡长冈村，以便未来迁都。接下来，同年十一月戊戌朔“敕曰，十一月朔旦冬至者，是历代之希遇，而王者之休祥也。朕之不德，得值于今。思行庆赏，共悦嘉辰。王公已下，宜加赏赐。京畿当年田租并免之”。[③] 因为朔旦冬至为历代之希遇，天皇下令加赏赐、免田租，共庆嘉辰。最后，同月戊申“天皇，移幸长冈宫”[④]，实现迁都。

以上四条记载之间有着紧密的联系。延历三年五月癸未条的虾蟆的大移动是为半年后的迁都所做的铺垫。动物的大量移动被认为是迁都的征兆，《日本书纪》中多有记载，如天智天皇五年（公元666）条曰：“是冬，京都之鼠向近江移。”[⑤] 于是第二年三月辛酉朔己卯，桓武天皇的曾祖父天智

① 〔日〕青木和夫、稲岡耕二、笹山晴生、白藤禮幸（校注)：『続日本紀』(五)，新日本文学大系16，東京：岩波書店，1998，第296頁。

② 『続日本紀』(五)，第296頁。

③ 『続日本紀』(五)，第304～306頁。

④ 『続日本紀』(五)，第306頁。

⑤ 〔日〕小島憲之、直木孝次郎、西宮一民、蔵中進、毛利正守（校注、訳者)：『日本書紀』③，新編日本古典文学全集4，東京：小学館，1998，第268頁。

天皇迁都近江。[①] 从在摄津职报告虾蟆大量移动仅仅三天之后，桓武天皇就派人视察迁都之地这一点也可以看出，桓武朝廷将虾蟆的大移动与迁都联系在了一起。而十一月朔旦冬至日的敕书，则进一步将迁都合理化。所谓"朔旦冬至"，是指十一月的初日（朔旦）与一年的初日（冬至）相重合的日子，为 19 年一遇的吉日，而作为干支之首的甲子之年的朔旦冬至则更为稀有，桓武天皇通过这一吉日展示"天意"，并且施以恩泽、与民同庆，尽显有德天子之风貌，为其迁都长冈京打下了良好的舆论基础，使得甲子年的迁都在 10 天后顺利实现。不仅如此，如前所述，迁都完成之后，桓武朝廷再次利用出现在皇后宫的赤雀进行政治宣传。以上《续日本纪》对于桓武天皇的新京建设、迁都的记述与前述《汉书》中王莽利用"周成白雉之瑞"为日后自己篡汉建新进行政治宣传的记述有着异曲同工之妙。

## 结　语

自古以来，日本人认为灾异源于"神"的怒气，努力通过镇抚"神"的怒气来实现自我保护。6 世纪以后，随着外来宗教、思想的传入，日本人对于灾异有了新的认识，他们开始借助书籍来对各种灾异做出解释，并试图通过观测防止灾异的发生。在这一过程中，自中国传入的谶纬之书无疑发挥了一定的作用。如前所述，谶纬之书将各种珍禽异兽、祥瑞灾异等视作具有警示意义的符号，借此预测皇权统治的兴衰，因此，其中对灾异的种种解释对于统治者来说具有极强的借鉴意义。日本历史上的多次祥瑞、灾异改元，便是借鉴谶纬思想的一种体现。

日本古代天皇制国家创建的初级阶段，统治者亟须借鉴外来思想巩固其统治，第 40 代天武和第 50 代桓武两位天皇，出于自身的政治需要，援用了谶纬思想。在中国，王莽、刘秀登上皇位时均发生朝代更替，谶纬思想主要用于证明其建立新王朝的正当性。在日本，虽然没有发生改朝换代，但是如图 1 所示，天武、桓武的即位也同样面临证明其即位正统性的课题。

《日本书纪》记载，第 38 代天智天皇弥留之际，曾召皇弟大海人皇子（天武）来到病榻之前，欲将后事托付于他，但是大海人称病固辞，并申请

① 『日本書紀』③，第 270 頁。

出家，主动退出了皇位继承候选人的行列。[①] 但是当天智天皇驾崩之后，大海人皇子又与天智之子大友皇子展开皇位争夺，最终获胜即位为皇。较之天智系的大友皇子，天武的即位不具有正统性，因此，天武即位之后，利用谶纬思想展开了大规模的政治宣传。天武天皇纪中，不仅将天武的出生神秘化，而且称其可以读懂天的意志，更是频繁地通过祥瑞展现天武治世期间天下一统、政清人和的繁荣景象。当灾异出现时，及时通过政治改革回应上天，而在谶纬思想主张的“变革”的重要时间节点，也安排了对于建设以天皇为中心的律令制中央集权国家来说至关重要的事项。以上种种，无不昭示着天武时代的到来。历史证明，天武之后的近百年间，天武一系的天皇陆续即位，带领日本在律令制国家建设的道路上不断前进。

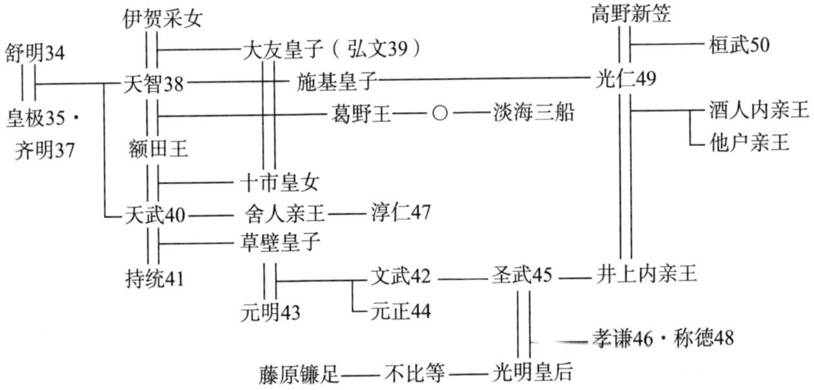


**图1　天皇谱系（舒明～桓武）**

但是，伴随着第49代光仁、第50代桓武天皇的即位，皇统由天武系回到天智系，桓武天皇需要再次证明其即位的正统性。于是《续日本纪》利用感生神话提高桓武天皇的出身，通过祥瑞来展现桓武即位、迁都的合理性，并且将即位、迁都两大重要事项的时间点分别安排在辛酉年和甲子年，实现了真正意义上的辛酉革命、甲子革令（政），以此昭告天下，新的桓武时代的到来。之后的历史也证明，以“军事”和“造作”为两大政治主题的桓武天皇，不仅通过造都、迁都与旧势力决裂，形成新的国家支配的中枢，而且通过征夷进一步扩大国家支配的空间，开创了平安时代。

需要特别指出的是，日本古代天皇制国家对于“革命”的理解并非仅

① 〔日〕小島憲之、直木孝次郎、西宮一民、藏中進、毛利正守（校注、訳者）：『日本書紀』③，新編日本古典文学全集，東京：小学館，1998，第292頁。

限于伴随着王朝交替的汤武放伐般的易姓革命，还包括尧舜禹般的禅让革命以及戊午、辛酉、甲子的干支革命。所以，他们并没有如中国历代统治者一般视谶纬思想为洪水猛兽、时时提防，而是根据实际的政治需要加以利用，并将其文献较好地保存了下来。明治以前延续近千年的革年改元便是很好的证明。

## The Construction of Japan's Ancient Imperial State and Thoughts of Chenwei

**Abstract**: Chenwei (Divination) was a prevailing theological trend of thought in the Han Dynasty. It greatly influenced the study of Confucian classics, and often used by various factions of political forces. It once became the official ruling ideology, but later it was feared by the dynastic rulers, so the relevant writings have been repeatedly banned. By the Sui and Tang Dynasties, most of them had been lost. However, after Chenwei was introduced into Japan, Not only has it been well preserved, but its ideological content has been applied to politics. On the basis of reviewing China's Chenwei and the construction of imperial power, this paper discusses the role played by thoughts of Chenwei in the construction of Japan's ancient imperial state and its influence on the later generations through the interpretation of relevant Tenno's (emperor) records in the Six National Histories of Japan.

**Keywords**: Japanese Emperor System; Chenwei (Divination); Tenmu; Kanmu

# 天狗与皇权

王　鑫*

**【摘　要】** 天狗是中日两国著名的妖怪之一。中国的天狗自诞生之初便与皇权统治紧密结合。然而中国此种性格的天狗并未被日本所接受，其与中日两国有关皇权统治正当化的思想背景差异有关。日本的天狗随着皇权争斗出现在佛教与修验道中，特别是与修验道结合后的天狗，其性质发生了巨大转变，从蹩脚的反佛法小丑转变为佛法护法、灵山的守护神，一跃成为修验者崇信的对象。本文对天狗与皇权的关系进行了考察，并着重考察了其化作守护神的过程及其思想背景。

**【关键词】** 天狗　皇权　守护神　修验道

"天狗"在中国与日本都可谓是家喻户晓的妖怪。"天狗"一词诞生于中国，与皇权统治有着密切联系，早期中国的天狗是"流星"等星辰的代名词。然而，流星状天狗虽然传入日本，却未被日本所接受。日本的天狗走上了与中国天狗大相径庭之路。现代日本的天狗有大小天狗之分，"大天狗"又称"鼻高天狗"，赤颜长鼻，身着山伏①服饰。"小天狗"又称"鸦天狗"，人身、鸟嘴、一对大翅膀。

天狗与皇权统治有怎样的关系？日本缘何没有接受中国流星状天狗？日本的天狗是如何从与皇权统治密切相关的"妖怪"华丽转身为"守护神"的？其形成的思想文化背景如何？

中国以往的研究多偏重于天狗形象的研究，考察天狗与皇权统治的关

---

* 王鑫：北京大学医学人文学院副教授。主要从事日本思想史、文化史、妖怪学研究。

① "山伏"也称"修验者"，日本修验道行者的统称。又称山卧、修验者、行者。

系，以及日本天狗守护神性格的形成等方面的研究尚显不足。[①] 日本关于天狗的研究虽然不少，但探讨与中国思想关联的研究不多。[②] 因此，本文在先行研究的基础上首先探讨天狗的产生与皇权统治的关系，揭示中国天狗未被日本接受的深层原因；其次，考察日本天狗演变成守护神的过程及其与皇权的关系，并从思想史视角分析其形成背后的思想原因。

## 一　天狗的产生与皇权统治

“天狗”一词诞生于中国，最早见于《山海经》。《大荒西经》中记载：“有巫山者。……有赤犬，名曰天犬，其所下者有兵。”[③] 晋朝郭璞对其进行注释时，将“天犬”注释为“天狗”，并引《周书》，谓：“周书云：‘天狗所止地尽倾，余光烛天为流星，长数十丈，其疾如风，其声如雷，其光如电。’吴楚七国反时吠过梁国者是也。”[④] 此后，天狗乃流星等星辰的代名词成为中国当时的普遍认识。在《晋书》《史记》《汉书》等诸多史书中都有相关记载。

中国这一天狗也传入了日本，最早出现在《日本书纪》舒明天皇条中：

> 舒明天皇记，九年二月戊寅，大星从东流西，便有音似雷。时人曰流星之音亦曰地雷，于是僧旻曰，非流星，是天狗也。其吠声似雷耳。[⑤]

僧旻看到天空划过的流星说：“那不是流星，而是天狗。”僧旻是归化日本的中国人后裔，随日本第二次遣隋使小野妹子一同来到中国，学习了儒

① 姚琼的《中日古代天狗形象考》一文主要介绍了中日古代天狗的形象。[姚琼：《中日古代天狗形象考》，《徐州工程学院学报》（社会科学版 ）2018年第3期。] 拙著《妖怪、妖怪学与天狗——中日思想的冲突与融合》一书对中日古代天狗的形象与功能进行了分析，对其演变过程的思想背景进行了考察。对于守护神性格的日本天狗未做详细考察。

② 知切光岁的《天狗的研究》一书对日本天狗变身的历史进行了详细考察，但对其背后的思想文化背景，特别是中国文化对其产生的影响未做详细考察。日本关于修验道中的天狗研究多以个案形式进行。如村山修一的《爱宕山与天狗》、小仓学的《加贺能登的天狗传说考》、五来重的《天狗与庶民信仰》等。

③ 伯益：《山海经全书》，内蒙古人民出版社，2010，第318页。

④ （清）郝懿行：《山海经笺疏》，巴蜀书社，1985，第26页。

⑤ 経済雑誌社編『国史大系・第1巻日本書紀』，東京：経済雑誌社，1897，第405頁。

家关于宇宙观的知识以及预测未来的各种技术。① 吠声如雷的流星状天狗也是僧旻带回日本的概念。

然而，自《日本书纪》之后的200多年间天狗销声匿迹，进入平安时代，天狗再次出现在《宇津保物语》中时已改头换面，成为山中神秘的抚琴者，只闻其声不见其形。

流星状天狗缘何未被日本接受？关于这一问题，日本自江户时代起便不断有学者指出，却一直未能给出答案。从结论来讲，笔者认为这与日本对皇权统治的思想基础之一“天命思想”的接受有关。

周王朝为了其统治的正当化与合理化，提出了天命思想，主张其统治是依“天命”而进行。汉朝董仲舒在此基础上进一步提出了“天人合一”“天人感应”“灾异说”等思想，指出灾异现象是“天”对于人间政治状态的一种反映。天体异常特别是行星的不规则运动都是政治混乱的反映。流星的出现也是灾异现象之一。如果出现了灾异现象，为政者对于自己的德行仍不加以修正，天命就会转移。

天狗虽似流星，却与流星有所不同。仔细分析中国古代的史书不难发现二者在征兆意义上的差别。仅有流星出现虽然也是政治混乱的象征，但其作为出现兵乱、革命等征兆的意义较弱。如《史记》中的如下记录：

> 汉家常以正月上辛祠太一甘泉，以昏时夜祠，到明而终。常有流星经于祠坛上。使僮男僮女七十人俱歌。春歌青阳，夏歌朱明，秋歌西皞，冬歌玄冥。世多有，故不论。②

这里流星的出现并未被认为是兵乱的象征。《汉书》中关于汉孝成帝之时出现的流星现象的记载也是如此。

然而天狗的出现则不同，《史记》中两处关于天狗的记录如下：

> 天狗，状如大奔星，有声，其下止地，类狗。所堕及，望之如火

① 杉原たく哉：『天狗はどこから来たか』，東京：大修館書店，2007，第36頁。

② （西汉）司马迁：《史记》卷二十四，《影印文渊阁四库全书》，台北：台湾商务印书馆，1986，第3~4页。

光炎炎冲天。其下圜如数顷田处，上兑者则有黄色，千里破军杀将。①

吴楚七国叛逆，彗星数丈，天狗过梁野。及兵起，遂伏尸流血其下。②

可见，天狗的出现乃兵乱的象征。《汉书》中有七处关于“天狗”的记载，均记录它的出现意味着兵乱。天狗的此种象征意义在中国古代得到了儒家、史家的普遍认同，大量出现在此后的文献中。不少佛经也采纳了此观点。

由此可见，天狗的出现不仅意味着“君主失德”，更意味着“百姓流血、将领被杀、国破家亡”，也就是“易姓革命”的出现。

中国的皇权统治在改朝换代之时，往往利用此种天命思想将其统治正当化、合理化，以此获得百姓认同。然而，日本与中国不同，日本的天皇是依靠其“现人神”的性格来实现统治的正当化。天皇被认为是神的子孙，万世一系，不可动摇，以天皇的血统来将其统治合理化。因此，中国的天命思想特别是易姓革命思想对日本来说十分危险，是对日本天皇统治构成极大威胁的一种思想。因此，日本在接受中国的天命思想时刻意地将易姓革命的理论排除在外。而具有这一危险性质的中国天狗在传入日本之初，也由于其思想的危险性，被日本有意识地排除在外了。这也应该是奈良时期精通中国四书五经的汉文素养很高的文章生们对中国天狗闭口不提，不做任何记录的原因所在。

## 二 日本“守护神”天狗的形成与皇权

### 1. 平安时期天狗的再度登场

具有易姓革命性格的中国天狗未被日本所接受，销声匿迹了200多年。然而，平安时代开始，日本的天狗在佛教以及修验道中得到了极大发展，一跃成为日本著名的大妖怪。

---

① （西汉）司马迁：《史记》卷二十七，《影印文渊阁四库全书》，台北：台湾商务印书馆，1986年，第39页。

② （西汉）司马迁：《史记》卷二十七，《影印文渊阁四库全书》，台北：台湾商务印书馆，1986年，第50页。

平安时代末期成立的说话集《今昔物语集》卷二十中记载了十则关于天狗的故事，其中的天狗经常幻化成佛戏弄百姓，是妨碍佛法之徒，但最终都败在高僧手下，并现出其“鸦鸟”的原形。

随着绘卷艺术的发展，鸦鸟形象的天狗被描绘成半人半鸟的形象。1309年绘师高阶隆兼绘制的《春日权限验记》中的天狗桓算便是长着鸟嘴、鸟爪、半人半鸟的僧人形象。

平安时期以藤原氏为首的贵族为了掌控皇室，掌握皇权，展开了激烈的权力斗争。随着贵族争斗的不断升级，守护国家的佛教逐渐演变成为个人利益祈祷的咒术性较强的佛教，秘密修法的需求不断扩大。台密与东密僧人参与到皇权争斗中，不断进行法术比拼，“天狗”也因此再度活跃起来。

如《大镜》中记载的日本第六十七代三条院患有眼疾，双目失明，想尽了各种办法都医治不好。医生让他从小寒节气到大寒节气期间，每日往头上浇冰水，以此治病。三条院每日被冻得瑟瑟发抖、脸色惨白，大家看着都很怜悯。最终发现乃比叡山的“天狗”，名为桓算的供奉僧的灵魂作祟。①

在此种背景下，台密僧人为了对抗东密僧人创出的秘密修法《六字经法》，将密教修法中常使用的结缚“天狐”与“地狐”改成了“天狗”与“地狗”，并将其命名为“三类形”。依据台密三井流中兴之祖圆珍从中国请回、深藏在三井寺经阁中的中国道教经书《青色大金刚药叉辟鬼魔法》，天狗的形象确定为“鸦鸟”。天狗使僧人堕落的性格也与六字经法中的“三类形”有关，“三类形”发展到院政期与“三毒”结合在一起，而“三毒”正是佛教中妨碍修行的罪魁祸首。篇幅关系在此不能详述，具体请参考拙著。②

### 2. 日本天狗“守护神”性格的形成

中世之时，日本的天狗逐渐摆脱了平安时期妨碍佛法的跳梁小丑的形象，被赋予了“神格”，一跃成为守护神，其神格的形成与皇权支持下的修验道的发展有着密不可分的关系。

---

① 详细请参照橘健二等校注訳『新編日本古典文学全集 34 大鏡』，東京：小学館，1998，第51～52頁。

② 王鑫：《妖怪、妖怪学与天狗——中日思想的冲突与融合》，社会科学文献出版社，2019。

修验道从院政期至镰仓时代逐步进入繁荣期，各大灵山的修验集团势力十分庞大，信仰者众多，著名的修验道场熊野便得到了“院”，即太上皇的皈依。天狗与修验道的结合便出现在中世之时。

平安末期的《今昔物语集》中记录了不少会使用邪术、善于幻化的小法师，知切光岁指出这些小法师应该是修验道中那些学无所成、流落到民间街头为人算命、驱邪、治病的小山伏。① 而进入中世，出现了将修验道大行者称为天狗的记载。

1296 年的《天狗草纸》中记载南都北岭佛教各个宗派的高僧由于贵族的支持变得傲慢无礼，无所作为，丧失了僧人应有的本分，无法成佛，坠入魔界，成为天狗。修验道胜地熊野峰的三山总校②也在其列，他长着鸟嘴人身，头戴围巾，身着竹叶图案的“筱悬”（即修验者穿着的麻布法衣）。

**图 1　诸宗长老天狗集会《天狗草纸》（传三井寺卷根津美术馆本）**③

这一时期，修验道势力不断扩大，遭到了佛教界的极力排挤。山伏由于其在山中的神秘修行以及怪异的衣着服饰，被讥讽为“天狗”。

以南北朝时期为舞台的军记物语《太平记》中就有“天狗山伏”的说法，此后，天狗成为山伏的代名词，并以山伏的形象固定下来。

① 知切光歳：『天狗の研究』，東京：株式会社原書房，2004，第 124 ~ 125 頁。

② 熊野三山总校是统管熊野三山的名誉上的宗教者，1090 年白河院去熊野山参拜之时，为其引路的“先达”（即引路人）增誉称为第一任三山总校，其地位在本地的支配者熊野别当之上。

③ 梅津次郎編集『新修日本絵巻物全集第 27 巻天狗草纸是害坊絵』カラー絵，東京：文生書院，1978，第 10 頁。

室町时期成立的谣曲《鞍马天狗》中将天狗山伏分为“大天狗”与“小天狗”。大天狗是居住在信仰颓废、人迹罕至的山中，有着高超武艺过人本领的山伏。“小天狗”又被称为“木叶天狗”“鸦天狗”，是“大天狗”的随从。“大天狗”山伏被以修验道发达的灵山名称加“坊”的形式命名，并记载十三座修验道灵山中居住着十三个天狗，分别是鞍马山僧正坊、彦山丰前坊、白峰相模坊、大山伯耆坊、饭纲三郎、富士太郎、大峯前鬼、葛城山高天坊、比良、横川、如意岳、高雄峰的天狗以及爱宕山太郎坊。鞍马山僧正坊是其首领。

谣曲《鞍马天狗》中大天狗登场时所用的面具是鸟嘴、赤发，狰狞的面孔，头戴大兜巾，上身穿被称为“狩衣”的神官服，下身穿被称为“半切”的袴，手持团扇。

**图 2　能剧中的鞍马山僧正房**①

此种形象的鞍马天狗在足利八代将军义政御用的画师狩野派的狩野元信（1476～1559）笔下演变为赤颜长鼻的鼻高天狗。1513 年，狩野元信在细川高国的命令下，绘制了《鞍马寺缘起绘》，里面的大天狗被塑造成“鼻高天狗”，小天狗仍然保持了半人半鸟的形象。

关于狩野元信如何创造出这一形象有诸多说法。据江户时期狩野派画师狩野永纳记载，狩野元信在当时十分有名，某一代足利将军去拜谒天皇，梦到一山僧自称鞍马山僧正坊，拜托他命狩野元信绘制其肖像安置在鞍马寺。同时，狩野元信也梦到了类似场景。于是，将军命狩野元信将鞍马山

① 小山弘志等校注訳：『日本古典文学全集 34 謡曲集二鞍馬天狗』，東京：小学館，1985，第 449 頁。

僧正坊的肖像描绘出来。“元信实不知其形，而世亦无图像”，实在为难，不知如何下笔，这时从屋顶落下一只蜘蛛，蜘蛛在纸上边吐丝边爬，狩野以笔描出其爬行的痕迹，便完成了其想要的图像。此画像方六尺余，而狩野家门狭小，无法将其拿出，当时房子已旧，于是他破坏其屋檐将画拿了出去。①

狩野元信为何要把半人半鸟、身着山伏服装的天狗描绘成赤颜长鼻的山伏形象？关于这一点，日本有不同的说法：其一，认为这样的形象更可体现出天狗的威严，如民俗学研究者知切光岁便指出鼻高天狗的威容有着古怪的气势，比两腋长有翅膀、尖嘴的鸦天狗要威严得多；② 其二，认为天狗的这一形象源于猿田彦神；③ 其三，认为其形象源于伎乐面具中的胡人面具。④

随着绘画艺术、舞台艺术的发展，特别是谣曲《鞍马天狗》的频繁演出以及鞍马僧正在浮世绘中的登场，赤颜长鼻的山伏天狗形象深入人心，一跃成为知名的妖怪。

室町末期至江户时期，与山伏结合在一起的天狗在修验道的灵山缘起以及修验者诵念的经书中被赋予了神格。

德川中期成立的《天狗经》是真言行者祈祷之秘经，收录了诸多行者必备的经文、陀罗尼、唱文等。知切光岁指出《天狗经》又称《万德集》，有诸多版本，元禄年间已经出现。内容依不同版本而有些差异，最初是边登山边称颂的经文，以口传而非文字形式传承，是山伏称念的经文。其中讹音很多，有很多意思难以理解的山名、天狗名。⑤

笔者调查到的《万德集》出版于1917年，其中的《鞍马大魔王尊和赞》一文中记录了四十八天狗，他们分别是爱宕山太郎坊、比良山次郎坊、鞍马山僧正坊、比叡山法性坊、横川觉海坊、富士山陀罗尼坊、日光山东光坊、羽黑山三光坊、妙义山日光坊、常陆筑波法印、彦山丰前坊、大原住吉剑坊、越中立山绳乘坊、天岩船檀特坊、奈良大久杉坂坊、熊野大峰

① 狩野永納：『本朝画史・下』，東京：佚存書坊，1883，第2~3頁。
② 知切光歳：『天狗の研究』，東京：株式会社原書房，2004，第152~153頁。
③ 如柴田実：『猿田彦考』『怪異の民俗学⑤天狗と山姥』，東京：株式会社河出書坊新社，2000，第32~46頁。
④ 如《日本民俗大辞典》。
⑤ 知切光歳：『天狗の研究』，東京：株式会社原書房，2004，第150頁。

菊丈坊、吉野皆杉小樱坊、那智泷本前鬼坊、高野山高林坊、新田山佐德坊、鬼界岛迦蓝坊、板远山顿钝坊、宰府高垣高森坊、长门普明鬼宿坊、都度冲普贤坊、黑眷属金比罗坊、日向尾股新藏坊、医王山光德坊、紫尾山利久坊、伯耆大仙清光坊、石锥山法起坊、如意狱药师坊、天满山三尺坊、严岛三鬼坊、白发山高积坊、秋叶山三尺坊、高雄内供奉、饭纲三郎、上野妙义坊、肥后阿阇梨、葛城高间坊、白峰相模坊、高良山筑后坊、象头山金刚坊、笠置山大僧正、妙高山足立坊、御狱山六尺坊、浅间狱金平坊。①

几乎日本所有的修验道灵山都被认为居住着天狗。这些天狗被认为是南无护法大魔怒怒尊、南无神变大菩萨的眷属神。其中，鞍马天狗是其首领。据记载鞍马天狗乃归命顶礼魔王尊的化身，为了守护日本国土，自神代起垂迹于鞍马山中，济度众生，化现为天狗。它为了主宰自古住在日本各大名山之中的天狗，自己变为魔王，降伏一切恶魔，指引人们通往实现真理之道路。信奉它的人，无论患有何种疑难杂症都可被治愈。即使各种魔业竞相而来、生命危在旦夕，只要对它的信仰心坚固，灾难便会立刻消除。贫穷困苦、短命无福之人只要每日向天狗祈祷就会寿命长久，无子嗣之人祈祷可得子嗣，头脑愚笨之人祈祷可得智慧，身份低贱之人祈祷可得高贵的地位。

至此，天狗从居住在山中的山伏演化为降临到山中的山神，菩萨的眷属，守护着日本国土、为众生带来利益的守护神，成为修验者信奉的对象。四十八天狗中最为著名的是八大天狗，至今仍有很多信奉者。它们是爱宕山太郎坊、鞍马山僧正坊、彦山丰前坊、饭纲三郎、白峰相模坊、大峰前鬼、比良山次郎坊和相模大山伯耆坊。

## 三　日本“守护神”天狗形成的思想背景

天狗神格的形成与修验道有密切联系。修验道是以日本古代山岳信仰为基础形成的日本独特的宗教，受中国道教、日本的密教、阴阳道、神道等多种思想影响。它的成立最早可追溯至奈良时期，奉“役小角”（又称役行者）为其初祖。役小角乃实际存在过的人物，《续日本纪》中记载的役小

① 具体请参考渡辺覚治編『真言在家万徳集』，東京：渡辺覚治出版，1917，第48~54頁。

角善于使用咒术。随着役小角不断被传说化与神化，到了9世纪前半期成书的佛教说话集《日本灵异记》中，役小角成为可以驱役鬼神、以咒法在空中行走、会使用密教咒法修行、实践了道教、密教、神道三种宗教之人，并指出这就是其所理解的修验道。

平安时代，受到山中修行者的影响，天台宗与真言宗的密教高僧也开始在山中修行，中世之时逐渐形成了天台宗派系本山派与真言宗派系当山派两大修验道教派。

平安中期，随着净土思想的盛行，“山中”等于人死后前往的他界这一日本古代传统的山岳观与净土思想结合在一起，出现了“山岳”等于死后理想世界——净土的山中净土观，修验灵山得到了贵族、皇室的争相参拜。如吉野的金峰山就被视作弥勒菩萨的净土，1007年藤原道长以左大臣身份前去参拜，并在山顶埋下经书以祈求死后可以往生净土。另一大修验圣地熊野三山被视为阿弥陀如来的净土，院政时期由于太上皇的参拜，各个阶层参拜之人络绎不绝。而参拜时的修行仪式融入了佛教观念与传统的神祇观念，促进了日本神佛习合思想的发展。奈良时期的怨灵思想也通过与“神作祟”的日本固有神祇观念相结合，形成了御灵信仰。怨灵思想源于奈良时代长屋王与藤原广嗣之死，他们死后其政敌都很快死去，于是日本出现了在政治上失势死于非命之人会变成怨灵作祟的思想，通过追封及密教的作法来平息怨灵作祟。平安时代，此种思想演变为将怨灵奉为神，通过祭祀来平息其作祟的御灵信仰。

这种思想对天狗也产生了很大的影响。《太平记》中记载的崇德上皇由于政治失势，怀恨而死，化作怨灵，成为日本第一大天狗，出现了怨灵与天狗的结合。他召集其他大天狗聚集在修验灵山爱宕山商议搅乱政局、使天下大乱之事。除了崇德院外，集会中还有源为朝、淳任帝、光仁帝、后鸟羽院、后醍醐帝等生前在政治上失势的怨灵天狗。

怨灵之所以与天狗联系在一起，恐怕与日本固有的“山中＝死后世界”这一信仰有密切关系。中世之时，死后世界的“山中”成为天狗的居住地，也是死后灵魂所赴之所，将二者联系在一起。而怨灵或祖先之灵通过祭祀可以变为神的思想也为天狗的神格化提供了思想基础。村山修一指出，爱宕山天狗的活跃就与爱宕山的地藏信仰有关，地藏这一冥界观唤起了天狗的祖型山神等于祖灵的信仰，爱宕山天狗又通过祭祀祖灵的火信仰为大众所熟知。[1] 爱宕山太郎坊这个名号最早见于镰仓时期成立的《源平盛衰记》。其中记载安元三年（1177）京都发生的特大火灾的罪魁祸首就是爱宕山太郎坊。那一年，从桶口富小路开始，天皇、法皇居住之院落以及朱雀门、应天门、清凉殿、大极殿等全部被烧毁。据大炊御门堀川一盲人占卜师占卜得知此次火灾乃爱宕山天狗所为。[2] 因此，安元大火又被称为“太郎烧亡”。由于爱宕山天狗与火的联系，在修验道中其被认为是火神轲遇突智的化身。据《日本书纪》记载，轲遇突智为伊邪那美的第五个皇子。神武天皇东征与长髓彦大战之时，突然飞来了一只金鸮落在神武天皇的弓箭上，使得长髓彦的大军眩目无法战斗，而那只金鸮即天狗，是轲遇突智的化身。爱宕山太郎坊如今依然作为可以防止火灾之神守护着京都。

院政期至镰仓初期，日本社会天灾频发，战乱不断，使得人们越来越感觉到身处佛法衰退的末法时代，末法思想深入人心。不仅如此，日本被认为是远离佛教发源地的“粟边末土”，因此更难以得到佛祖的救赎。在此种背景下，为了救赎日本国土，神佛习合的另一种思想“本地垂迹说”开始流行。“本地”指佛祖的本体，“垂迹”指佛祖本体为了救济众生而以某种具体形态降临于世间。此种思想认为佛祖为了救济处于粟边末土的日本众生，虽然无法以佛祖的本体亲临，却可化为“神”现身，济度众生。其将日本传统神祇信仰中的神与佛教中的佛结合在一起，神成为佛的垂迹。此种思想对修验道产生了很大的影响，修验道又引入神道思想中“圣域”的概念，山林成为神在世间的“权现”，在那里可以和神灵进行交流。权有“临时”“假有”之义，是佛为度化众生临时变现的形式。[3] 诸如熊野的本宫、新宫与那智被称为熊野三所权现，本宫的本地佛被认为是阿弥陀如来，新宫是药师如来，那智是观音。通过前往灵场与神交流从而得到佛祖的救赎。修验道灵山也因此受到皇室贵族甚至普通百姓的争相参拜。

日本的各大修验灵山为了宣传本山之灵验，开始争相编纂记载灵山开山始末的缘起，在这些缘起中各大灵山都有自己的本地佛与垂迹神。而进入修验道的天狗均被赋予了“权现”的属性，成为佛祖的化身，守护灵山

① 村山修一：「愛宕山と天狗」，『怪異の民俗学 5 天狗と山姥』，東京：河出書房新社，2000，第 115 ~ 116 頁。

② 古谷知新：『源平盛衰記（国民文庫）』，東京：国民文庫刊行会，1910，第 207 頁。

③ 乔磊：《从修验道的作法仪式看求道者的精神构造》，《宗教心理学》第五辑，社会科学文献出版社，2019，第 145 页。

的“神”。如鞍马山僧正坊，他在谣曲《鞍马天狗》中是居住在鞍马山传授源义经（1159~1189）武艺的山伏，在《天狗经》中演变为佛祖垂迹于鞍马山的神。在《鞍马寺缘起》中亦有类似记载。据记载鞍马寺建于宝龟元年（770 年），由鉴真和尚的高徒鉴祯上人所建。鉴祯上人乃忍辱负重、慈悲为怀之人，为求佛法一直在找寻胜地。770 年正月 4 日寅时，忽梦到山城北方有一高山，乃灵地。梦醒后，便寻至此处，住于野村。他遥望北方之青天，日光耀眼、紫云蒸腾，步行至翌日清晨到达灵瑞之岭。他心中默想：我相信梦中之事到达此地，然而却不知哪里是灵地，愿得到指示。须臾小睡之时，在梦中有高僧告知，明日日出之时在东方会现灵瑞。天亮后，他注视着东方，忽然朝阳含岭、光彩非凡，在光芒中出现一匹白色异马，身负宝鞍，挟明月踏祥云，不觉泪涟湿襟。仰望上天，如在空中，上人之眼在瑞马上，心里忘却艰险，不久到达山顶，得到胜地。因为此地乃白马指引之地，因此命名为“鞍马”。其后，毗沙门天忽降，礼拜恭敬、瞻仰尊颜，甚是奇异，因此尊其为本尊。毗沙门天乃上人所感得，天降之尊像。而魔法魔王大僧正乃本尊之垂迹，其灵验世人皆知。① 魔法魔王大僧正就是鞍马山僧正坊，即鞍马天狗，亦被称为“魔王尊”。

爱宕山太郎坊亦是如此，他除了被认为是轲遇突智的化身外，也被认为是爱宕权限，本地佛是胜军地藏菩萨，垂迹神是伊邪那岐。②

东日本地区天狗的代表饭纲三郎属性更为复杂。饭纲三郎又称饭绳大权现，1233 年由伊藤忠绳劝请而来。伊藤的历代子孙任别当，被称为千日大夫。室町时期是饭绳信仰的鼎盛时期。室町幕府管领③细川政元、武田信玄、上杉谦信都是饭绳信仰的信奉者。④

据《饭绳大明神缘起》记载饭绳大明神的本体乃大日如来，由不动明王流变化身而成。昔日，印度大王名妙善月光，生有名为金毗罗夜叉的十八个王子，其中十人成俗，八人出家。这十人分别乘坐天狐来到日本秋津岛。其时正值钦明天皇之际。这十人查看了日本的各大山岳，最终第一宫荣术天狐选择了丹波国爱宕岳居住。第二宫荣意天狐选择了近江国平野岳

---

① 山口八九子：『鞍馬図記』，京都：鞍馬寺刊行寮，1921，第 11 頁。

② 伊邪那歧乃日本开国神话中的父神，日本皇室祖先天照大神的父亲。

③ 管领是辅佐将军，统管幕政的管职。

④ 五来重：『山岳宗教史研究叢書 16 修験道の伝承文化』，大阪：株式会社名著出版，1981，第 202~203 頁。

居住。第三宫智罗天狐选择了信浓国户隐山饭绳岳居住。第四宫尊足天狐选择了骏河国富士山居住。第五宫通达天狐选择了加贺国白山岳居住。第六宫智结天狐选择了纪伊国熊野大峯居住。第七宫命师天狐选择了出羽国羽黑嵩居住。第八宫仁命天狐选择了伯耆国大山岳居住。第九宫非顶天狐选择了下野国日光山居住。第十宫宫道足天狐选择了大和国金峰山居住。[①]

文章开篇记载“称南无大慈大悲饭绳大明神大天狗小天狗”，而在后文中则称十王子乘坐天狐去日本，居住在日本各大名岳中的乃天狐。可见，这里将天狐与天狗等同视之。其后文中称日本随后从东西南北各个方向飞去了诸多恶魔。敏达天皇之际明王化现为一行者，为了守护佛法去到日本。入此山后，突然天摇地动狂风大作，出现巨大声音。当被询问到是何人入此山时，行者称他乃明王使者。于是，自云中放出金色光芒形状如羽翼，两手持钏绳，五体白蛇缠身，乘白狐立于空中，身体青黑，呈童子形，背上有火焰，左右两臂有羽翼，左手持金色绳子，右手持智钏振。称大日如来是其正体，由于末世浊乱，众生为魔界，为救众生代众生受苦，而现大魔形，成大天狐。其或现佛身令得菩提果，或现菩萨身六道能化，或现明王身降伏恶魔。因此，它可帮助众生消除火灾、盗贼、兵乱、疫病、疾病、困苦等，通过祭拜，可以消除一切灾害。[②]

饭绳大明神现身之时所持的饭绳，是饭绳山修验者法术中经常使用的工具，饭绳山修验者擅长使用饭绳之法，又被称作荼吉尼法，是一种“外法”（即魔法）。荼吉尼本是佛教中的夜叉之一，在佛教中其坐骑乃白狐。传入日本后，将荼吉尼本身视为白狐，其后又与日本本土的稻荷信仰相结合，形成了日本独特的信仰之一。另一方面，荼吉尼在饭纲修验中又被视为与饭绳权现同体。饭绳权现即饭纲三郎，也是出现在谣曲《鞍马天狗》中的日本一大著名天狗。而荼吉尼又被认为是白狐，并且自日本平安时代起就出现了天狗与天狐的混淆，因此，在饭纲山修验信仰中也将天狗与天狐视为同一物。在《饭绳大明神缘起》中常常将二者混淆。

饭绳天狗并非鼻高天狗，而是半人半鸟的鸦天狗形象，长有鸟嘴与双翼。

---

① 五来重：『山岳宗教史研究叢書 17 修験道資料集 I 』，大阪：株式会社名著出版，1983，第 470 頁。

② 五来重：『山岳宗教史研究叢書 17 修験道資料集 I 』，大阪：株式会社名著出版，1983，第 471 頁。

**图 3 户隐公明院饭纲三郎像**

修验道八大天狗中大峰前鬼的神格形成与其他天狗不同。大峰前鬼是被役行者打败的鬼变成的。

大峰山上居住着前鬼和后鬼两个鬼。役行者登上大峰山时突然从洞穴中蹦出两个手持大斧的鬼，从前后拦住了他的去路。容貌凶恶，非寻常人，高丈余，两眼放光。自称住于此山，食人肉，命役行者放下武器，供其食用。役行者用手中的锡杖打落了两鬼的大斧，两鬼被降伏，称愿意悔改，追随行者。于是，行者原谅了他们。他们称自己本是住在山下村子里的人，因为种种恶业，被驱逐出村，不得已住到了山中。两鬼中的一鬼称，自己原本住在村中，有八个孩子，生活幸福。然而一日，孩子们相继得病死去，只剩下唯一一个孩子。于是，他们放弃务农打猎，专心疼爱这个孩子，可是没过多久这个孩子也死掉了。村中人要将其埋葬，他舍不得孩子，死死抱住不放，最终将孩子吃掉。村里人认为他疯了，将其逐出村子，于是其隐居山中，食野兽为生。[①] 两鬼最终决定守护行者，永久守护此灵地。据传役行者的两个侍从义觉、义玄便是。住着二鬼的山被称为鬼取山，或鬼取岳，在今天的生驹市鬼取町。前鬼后来成为天狗，名大峰山前鬼坊。

大峰前鬼可谓是著名文化人类学家小松和彦在《异人论》中提到的

① 金剛唯我：『役行者御一代記』，東京：山本為三郎出版，1892，第 12 ~ 13 頁。

“异人”的典型代表。由于行为不被村中人所接受，其最终被逐出村落成为隐居在山中之人。村中人对这些“异人”既痛恨又畏惧，或将其视为“鬼”，或将其奉为“神”，而天狗也常常被认为是居住在山中的“异人”。柳田国男认为“天狗”是被后来的民族驱赶到山中的异人，是日本人的祖先。①

综上所述，天狗诞生于中国，在天命思想、灾异说等儒家有关皇权统治理论的思想背景下被创造出来，具有象征皇权更迭的“易姓革命”的性质。因此，其传入日本之初便由于与万世一系的日本天皇统治理论格格不入而被日本有意识地排除在外。

平安时期，随着日本皇族、贵族内部争斗的不断升级，佛教势力也介入其中，台密与东密的高僧为贵族进行的秘密修法不断升级，天狗作为秘密修法的产物再度活跃在日本的历史舞台上。而其产生与中国的宗教与民间信仰有密切联系，演变成妨碍佛法、原形为“鸦鸟”的蹩脚小法师。

中世之时，由于皇族对修验道场的信仰，修验道得到了极大发展，进入修验道的天狗呈现出与中国天狗截然不同的具有日本特色的发展趋势，并逐步演变为现代人所熟悉的日本天狗的形象。在怨灵思想、御灵信仰、神佛习合、本地垂迹思想以及日本固有的山岳信仰、神祇信仰等修验道吸收的各种思想的影响下进入修验道的天狗被赋予守护神的属性，成为佛祖垂迹于日本灵山中守护神。

## Tengu and Imperial Power

**Abstract**: The Tengu is one of the famous monsters of China and Japan. The Chinese Tengu has been closely associated with imperial rule since its inception. However, this Chinese character of Tengu has not been accepted by Japan, and behind it is the difference in the ideological background relating to the legitimization of imperial rule between China and Japan. The Japanese Tengu appeared in Buddhism and Shugendo along with the imperial power struggle, and especially after Tengu's combination with Shugendo, it's nature has changed dramatically from an awkward anti - Buddhist clown to a Buddhist protector and guardian deity of

① 柳田國男:「天狗の話」,『妖怪談義』, 東京: 講談社, 2001, 第 187 ~ 195 頁。

the Spirit Mountain, and became a venerated object of faith for Shugendo practitioners. This paper examines the relationship between the Tengu and imperial power, with a focus on Tengu's transformation into a patron deity and the related ideological background.

**Keywords**: Tengu; Imperial power; Protector; Shugendo

# 丰臣秀吉、德川家康的神格化与“德川王权论”

〔日〕曾根原理 著[*] 庞 娜 译[**]

【摘 要】众所周知，日本近世是孕育着近代化萌芽的历史时期。这一时期有着强大的政权、繁荣的商品经济和灿烂的文化。同时，这个以织田信长（1534～1582）、丰臣秀吉（1537～1598）、德川家康（1542～1616）为“天下人”的时代也形成了以武家政权为依托的“王权”。据记载，这三位“天下人”都不约而同地策划着自己死后的神格化。而事实上，也正因为丰臣秀吉和德川家康在死后被祭祀为神，这才有了关于武家“王权”的论述。那么在1600年前，统治者神格化的意义是什么呢？从目前学界的研究成果以及对该课题进行研讨的结果来看，我们推测德川家康的神格化比丰臣秀吉更接近于民间信仰的特性，并且利用了具有神佛习合特点的神道方式。作为日本近世的方针政策之一，以佛教为中心重组日本宗教的意图在德川家康神格化的过程中逐渐浮出了水面。

【关键词】神格化 丰臣秀吉 德川家康 德川王权论

众所周知，日本近世是孕育着近代化萌芽的历史时期。这一时期有着强大的政权、繁荣的商品经济和灿烂的文化。在中世后期，武家政权开始逐渐接管公家权力。织田信长和丰臣秀吉建立起来的统一政权又将这种倾向性继续扩大。直到德川将军出现，最终形成了武家的“王权”①。标志着

---

* 曾根原理：日本东北大学学术资源研究公开中心，研究方向为日本思想史。

** 庞娜：大连理工大学外国语学院讲师，研究方向为日本思想史。

① 河内（2008）的研究可以说是近年来关于丰臣秀吉神格化这一课题研究的集大成（野村，2015：51）。关于德川家康的神格化，有学者对其研究史进行过梳理（曾根原，1996；中野，2008；山泽，2009；等等）。关于其前代历史——中世权力关系变迁的研究，近年来也取得了一定进展（石原，2015；保立，2017）。

这一历史动向的事件之一便是统治者的神格化。丰臣秀吉和德川家康在死后被祭祀为神这一历史事件在思想史方面有何意义呢？关于这一点，笔者将针对目前的研究成果和现阶段课题提供一些看法和思路。

## 一 既往研究

### 1. 神格化是偶然还是必然？

曾经在很长一段时间内，学者们认为近世初期统治者（丰臣秀吉和德川家康）的神格化只不过是一时兴起，并无什么思想上的依据。例如，在二战前后日本史学界的一位重要人物——津田左右吉（1873～1961）就曾这样写道（画线部分为笔者所加，下同）。

> ……关于丰国神社，至少从后世来看有着这样的（笔者注：通过神的权威使得天下太平）政治内涵，东照宫在创建之初也是如此。因此，这也有着将在世时的政治地位和权力在死后作为神延续下去的意味。希望被祭祀为神的丰臣秀吉却并未明确地意识到这一点，希望被祭祀只是因为自己有着可以如此做的权力而已。因此，祭祀他们主要是出于被祭祀者以及迫于周围环境要求，而并非祭祀举办方的想法。总而言之，这是一种统治者出于权利的作为。这样想来，在将人祭祀为神的丰国神社的建造一事上并无什么特殊的思想依据，与八幡宫、藤原镰足、菅原道真等无异。[①]

是原昭午（1930～）的主张促使学者们改变了上面这种观点。他强调统治者成为“神”是有其必然性的，“归根结底，东照大权现扎根于村落，有着维持村落秩序的土着性”[②]。他还写道：

> 在当时，在关东地区的村落中有实际支配权的小豪族、村长等会将村落中有权势的神社和寺院纳入德川家康的祭祀体系下，以此来实

① 〔日〕津田左右吉：『日本の神道』，東京：岩波書店，1949，第230～231頁。引文部分为译者翻译。后文若无特别注释，所有日语原文皆为译者所译。

② “土着性”可理解为地方性、地域性色彩。——译者注

行怀柔政策。如此一来，为使德川家康属地内的村落支配更加体系化，他们迫切需要东照大权现这一神格来发挥作用。因此，归根结底，东照大权现扎根于村落，有着维持村落秩序的土着性。[①]

探求“土着性”内涵的高藤晴俊（1948～）用“游幸神”（指的是有威力的神灵经常飘在外界，人们为祈求安泰而将其迎回并进行祭祀的信仰）的概念解释了东照宫信仰与民众之间的关系。他写道：

在江户时代劝请[②]的东照宫中，有些已经荒废，更有很多如今连下落都不明朗。然而，本文通过非常有限的几个例子，证明了“东照宫信仰与民众无关”的主张是错误的。甚至，东照宫的劝请对于民众来说并不是由于“自上而来的命令”，而是基于我国自古以来“游幸神”的思想和信仰而将家康公视为“神”的缘故。因此，在德川家康曾经去过的很多地方都有着东照宫的劝请。[③]

这种“民众渗透论”的观点在高藤晴俊之后被学者带有批判性地继承了下来。其中，尤其是中野光浩（1963～）走访考察了多地实例，明确了东照宫信仰的地域性和信仰接受者的偏差。他写道：

本研究批判了单纯从“游幸”性视角出发的解读方法，而是从多角度出发着重考察了民众祭祀东照宫的意义所在以及东照宫信仰的特点，同时也着眼于其历史变化过程。（中略）在上世纪70年代，学界的主流观点是主张东照宫与民众信仰无关，但是随后逐渐发现了一些民众接受东照宫信仰的实例。但是接受这种信仰在日本全国并不是统一的，民众祭祀东照宫的事例在关东地区和旧德川领国地区为多，从中可以看到地域和阶层的倾向性。在东照宫祭祀当天，江户和大阪允许参拜德川家康画像，还有七个藩组织城下町祭祀活动，这些都是以都市为主的。（中略）……可以说东照宫信仰是以众民参拜为契机发展起来的，但这并不是一种具有普遍性的信仰，还没有完全扎根于村落

① 〔日〕原昭午：「幕藩制国家の成立について」，『歴史評論』（244）。
② “劝请”为请神之意。——译者注
③ 〔日〕高藤晴俊：「東照宮信仰の一考察」，『国学院雑誌』87（11）。

甚至蔓延至日本全国。[1]

### 2. 王权论视角

要解释东照宫信仰为何能够渗透到地方，这便出现了王权论的概念[2]。德川将军谋求着想要在武力和世俗性的基础之上保持一种神圣的权威性，而不再需要天皇权威。下面摘录的这段话是上野千鹤子（1948～）的观点，她从人类学的角度提出了这样一个疑问："没有权威的权力"能否成立？

> 我自始至终都认为德川权力也是王权的一种。说到王权，其中必有"权力"和"权威"。无论何时，这种二重性都会反复出现。因此不一定西面（京都）的王权就是"权威"，而东面（江户）的王权就是"权力"。所以说，东面（江户）的王权本身也具备"权力"和"权威"的二重性。从这个角度来说，我们不认为德川权力是完完全全的世俗权力。这样说来便浮现出了一个问题，即东面（江户）的王权为何要赋予西面（京都）的王权以"权威"呢？德川权力真的需要这样来被赋予正当性吗？难道在其自身的权力体系中就没有"权威"吗？[3]

虽说上野的这段话已经触及了核心问题，但在当时只是停留在推测的层面。但是随着仪礼研究的深入，不断有学者指出德川将军的权威或与天皇的权威相等同甚至是高于天皇，与此同时进行了相应的实证研究。例如，藤田觉（1946～）围绕贵人死去时歌舞音乐全停的"鸣物停止令"进行分析，认为"天皇不仅仅存在于概念的次元，这也是让日本民众意识到天皇存在的重要契机"以及"民众通过'鸣物停止令'认识到将军与天皇之间的权威、权力秩序"。在此基础之上，藤田觉认为在礼仪秩序方面将军位于天皇的上位。

---

① 〔日〕中野光浩：『諸国東照宮の史的研究』，大阪：名著刊行会，2008，第357～362頁。

② 关于王权论（曾根原，2008：159～168），笔者在既往研究（网野、上野、宫田，1988；山本，2004；大津，2006；堀，2011；大桑，2015）的基础之上提出了一些个人的见解。如果不是无条件默认"德川王权"的存在，而是假定其存在的话可以探讨出什么？这是笔者所持的立场。

③ 〔日〕网野善彦、上野千鶴子、宫田登：『日本王権論』，東京：春秋社，1988，第209頁。

> 天皇不仅仅存在于概念的次元，这也是让日本民众意识到天皇存在的重要契机。与此同时，民众也认识到将军与天皇之间的权威、权力秩序……关于天皇和上皇去世时的“鸣物禁止令”，京都是50天，江户是7天，其他地区也是7天；到了将军和大御所时，京都是50天，江户也是50天，其他地区也是50天。……由此看来，将军和天皇之间的差别昭然若揭。[①]

此外，山本博文（1957～2020）通过对天皇和将军的即位仪式进行实证调查，认为“近世日本之王是将军”。他指出：

> 将军即位时，自四代将军德川家纲之后都无需上洛[②]，其即位仪式在江户城的正厅举办。将军坐于正厅首席，敕使跪拜于下座呈上敕书。这种即位形式可以说就是王的即位仪式。（中略）也就是说，当下一代将军即位时会理所当然地与朝廷沟通日程安排，而朝廷也会反过来问询幕府的意向。由此概观，从国家制度史和仪礼角度来看，近世日本之王是将军。[③]

### 3. 天皇（公家）与将军（武家）是否处于对立关系？

之后的研究在继承了既往研究的基础上又呈现出略为不同的方向和视角。其中最大的变化就是：比起对立关系来说，学者们更倾向于认为将军和天皇之间有着平衡调和的一面。堀新（1961～）认为在织田信长和丰臣秀吉成为天下人时，公家和武家之间并不是以对立和紧张为基调的“公武对立”关系，而是应该从“公武协调”的视角来看待。学界一直认为的公武对立关系与实情不符，以武家上位为基础的公武协调才是常态。

> 我们不应该将织丰期的公武关系看作是以对立和紧张为基调的公武对立史观，而是应该重塑以公武协调为基调的公武结合王权论的历史事实。（中略）公武结合并不是一种对等关系，其主导权在于武家。

① 〔日〕藤田覚「国政に対する朝廷の存在」，收录于辻達也編『天皇と将軍』，東京：中央公論社，1991，第317～318頁。

② “上洛”意为去京城，即京都。——译者注

③ 〔日〕山本博文：『江戸時代の国家・法・社会』，東京：校倉書房，2004，第92頁。

> 至少从南北朝时期到明治维新，日本中世、近世的国家体制是以公武结合王权为轴心构成的。但是在织丰时期，这一王权结构发生了大转变。天下人在战国时代一统天下，同时又进行外侵的“武威”是这一转变的关键词。①

同时值得关注的是松本和也的研究，这也是上述观点的代表性研究成果之一。他对从中世到近世的外国资料进行了分析，发现在日本有着多重王权结构，并且天皇、将军、地域领主这三方一起占有着王权要素。

> 传教士认为日本王权的特征是王权结构的多重性和日本王权（大王权）的二重性。具体来说，前者的多重性王权结构是指大名支配领国的大名王权（小王权）和天皇、将军通过统一权力统辖大名王权的大王权。后者是指大王权中有两个王的存在，也就是朝廷和武家政权都被看作是王权。②

### 4. 德川王权的文化装置

学界认为，公武协调的本质是以“和平”为基础。吉冈孝（1962 ~ ）在“本质上协调的朝幕关系”的基础上，关注到八代将军德川吉宗对于曲水宴、隅田川游览等文化活动的复兴。这些文化活动既与中国有着一定历史渊源，又是自古代日本传承而来的文化传统。吉冈孝认为是德川吉宗将日本传统文化脱胎换骨，以“和平”为基本定位来重塑德川王权的主导权。

> 堀新认为近世王权是幕府和朝廷相互融合、补充、结合的公武结合王权论。这一主张虽与德川王权论不同，但归根结底都是认为朝幕关系在本质上是相互融合的。（中略）本论考察的德川吉宗复兴的曲水宴和隅田川游览都是缘起于中国、兴起于日本古代。德川吉宗将这一传统文化脱胎换骨，以“和平”的德川王权为基本定位，展开来说就是“再定义中世文化话语——知的体系”。③

---

① 〔日〕堀新：『織豊期王権論』，東京：校倉書房，2011，第306頁。
② 〔日〕松本和也：「宣教師史料から見た日本王権論」，『歴史評論』（680）。
③ 〔日〕吉岡孝：「吉宗政権における古式復興と儀礼」，『国史学』（200）。

此外深谷克己（1939～）提出，“神君”一词在中国原指儒教圣人、道家之神，而后被日本寺院接受。也就是说，“神君家康”并不是“神道系中的一元化产物”，而是神儒道佛诸教一致的存在。因此，深谷克己主张应该将“神君家康”这一概念放在整个东亚视域下理解和把握。

> ……在整个近世，日本民众对于德川始祖将军德川家康的信赖感并没有动摇。但确切来说，没有动摇的对象并不是德川家康本身，而是对于神君、东照大权现的感恩和依赖。东照大权现作为德川家康的神格，并不是神道系中的一元化产物。东照大权现本身并不是一个完整的神格。东照大权现的本地是佛教中的药师如来，是一个神佛习合的神格。再具体来说，“神君”一词在中国原指儒教圣人、道家之神。德川家康被葬于德川家族的菩提所——增上寺，以“安国殿”的“安国院殿德莲社崇誉道和大居士”为法号。神君家康跨于神佛两界。因此，神君家康虽然听着像是日本固有的神格，但其实是带有东亚政治文化特色的大概念。有着这种神格特点的家康威力直到武家威信没落的幕末时期都根深蒂固。①

直到幕末时期，东照宫的权威在以“和平”为中心的诸教一致的神格下根深蒂固。随着学界研究的深入，作为思想史的分析对象，丰臣秀吉和德川家康的神格逐渐被明确为一种“和平的意识形态”② 和“诸教一致的神格”③。这同样也是笔者的一种观点。

## 二　丰臣秀吉和德川家康的神格化

### 1. 丰臣秀吉的神格化

关于织田信长，虽然有“想成为神”“被祭祀在安土城内的总见寺”等

① 〔日〕深谷克己：「東アジアにおける近代移行期の君主・神観念」，趙景達、須田努編『比較史的にみた近世日本』，東京：東京堂出版，2011，第20～21頁。

② 一直以来，学界主要是在以儒学用语为基础的“仁政意识形态”的观念下进行相关探讨（历史科学协议会，2012：243）。然而笔者认为，若以“和平意识形态”为立脚点能激发出更多的讨论。

③ 其实在德川秀忠执政时期，德川将军家的基本方针中便不只有神道，而是包含了佛教和儒教（野村，2015：106；野村，2019：268～272）。

历史记录，却不明其详。相比之下，丰臣秀吉的神格化可以从确切的史料中掌握到稍微详细些的过程和特征。以下是在相关史料①中明确记载的历史事实。

（1）神格化缘起于丰臣秀吉留下的遗言，原本被称作“（方广寺）大佛”的“镇守”。

（2）丰臣秀吉希望自己的神号是“新八幡”，但最终被定为“丰国大明神”。

（3）推进其神格化的是吉田一族（吉田神道）。

关于“八幡”这一神号没有被采纳的理由，据说是“以大菩萨为称号或显不妥”和“未得敕许”。前者是对神佛习合的反对，后者是因为朝廷忌讳丰臣秀吉的神格与天皇家宗庙——八幡神的一体化。另外，近年来还出现了论述德川家康同朝廷持同样意图的研究。②

吉田神道与丰臣政权之间渊源颇深，其教理深受三教一致说的影响③。实际上，将丰臣秀吉的“伟业”比拟为圣武天皇兴建东大寺的《丰臣秀赖

① 注意以下六份史料：①“天晴，御灵会如常，次太阁死去云云”（『舜旧記』庆长三年八月十八日条）；②“太阁御所御远行、旧冬迄隐密之故无其仪，高立国军兵引取之间披露体也，大佛镇守建立，神奉祝云云，今日风闻，御葬礼可有之欤云云，于今伏见御城御座云云，御掟聊不异，奇特奇特，秀赖卿诸大名奉冲也，神妙神妙”（『義演准后日記』庆长四年正月五日条）；③“太阁留下遗言希望被祭祀在阿弥陀峰的大社中，前田玄以向传奏使者通告此事”（『お湯殿上の日記』同年三月五日条）；④“四月十九日，阿弥陀峰新八幡堂各社参，是太阁秀吉公奉崇神，号八幡大菩萨堂也，并依彼遗言如斯，然而有迁宫，翌日有能，四座猿乐行之，大菩萨如何该有，其后改丰国大明神”（『当代記』同年四月十九日条）；⑤“秀吉公御存命时分，景盛国替仰付，程无秀吉公御烦付上洛仕候间，御暇下候御违例内在京，御他界以后会津下向候，秀吉公新八幡祝可申由御遗言候，因无敕许丰国明神祝申候，于东山宫被相立候”（『伊達日記』）；⑥“去而旨趣任御遗言之旨，城都东山阿弥陀峰地形平建立社檀锂镂金银甍并继轩，巍巍堂堂奉移玉体，吉田神主二位兼承号丰国大明神，日本之惣名丰苇原中津国云故，太阁者依为和朝之主奉号丰国大明神，御社领吉田神主二位兼见壹万石被仰付”（太田牛一：『豊国大明神臨時御祭礼記録』）。

② 〔日〕野村玄：『天下人の神格化と天皇』，京都：思文閣出版，2015，第 51 ~ 75 頁。

③ 笔者在基于以下两份史料的同时还参照了之前学界关于吉田兼具思维方式的指摘，即“与宋学的无极和太极论相同的位相”（大桑，1989：93）。①“夫神者、天地先然天地定，阴阳超然阴阳成，所谓天地在神云，万物在灵云，人在心云，故神天地根元，万物灵性，人伦运命，神心、形无能形在物养神，人五脏托五神，各其臟守者也，故神字灵读是也”（吉田兼俱『神道大意』天正八年梵舜写本、神道体系『卜部神道』上卷收录）；②“夫吾朝者神国也，神者心也，森罗万象不出一心，非神其灵不生，非神其道不成，增劫时此神不增，减劫时此神不减，阴阳不测之谓神，故以神为万物根源矣，此神，在竺土唤之为佛法，在震旦以之为儒道，在日域谓诸神道，知神道则知佛法，又知儒道”（西笑承兑起草『ポルトガル領インド副王あて豊臣秀吉書簡』，1591，『異国叢書』）。

祷告文复写》① 中就透露着丰臣政权的意图，即继承神佛习合时代镇护国家的概念。

## 2. 德川家康的神格化

下面来论述德川家康的神格化。从公家（『日光山御神事記』四月十二日宣命②等）对于“征夷大将军神格化”的解释等可以看出德川家康的神格化中有着镇护包括天皇在内的日本国上下的志向。因此，有学者指出“德川家康的神格化是因为有了现人神——天皇的传统权威的支持才得以存在的”③。

然而，武家对此的解释是不同的。宽永年间，将军德川家光在祖父灵前奉上的愿文④中写道：“东照大权现威及外域，如太阳之德普照日本。时而可以在战场上施以武略使敌人屈服，时而可以在法会上与聆听宗教讨论的僧侣并肩一起。”（『日光山御神事記』）日本全国上下的武家领主在供奉德川家康灵位时也在强调是德川家康带来了和平⑤。总而言之，在武家供奉

---

① “夫店卢遮那大佛殿建立之询滥觞，远上世圣武帝创刱伽蓝于南都之东陵，近丰国大明神开辟基于北阙之巽境，古今虽异前后是同，万事皆逢兴废继绝之有猷，个寺专存温故知新之营作，爰弟子竭三宝归依之信力，达再造成就之悃诚，（中略）方今庆长甲寅之年仲商癸未之日，屈请耆衲而致秘密之供养，幡盖宝铃迎接敕使而作法令之证明，轺车玉节现萸华乱坠之嘉瑞发旃檀馥郁之道香，（以下略）庆长十九年八月三日、弟子右大臣正二位丰臣朝臣秀赖敬白”（「妙法院史料」五）。

② “（前略）挂畏三所大权现，此状平安闻食，栋梁历亿年而无朽，柱础与上天而长存。天皇、朝廷、宝位无动长盘坚盘夜守、日守护幸赐，天下国家平安护恤给，恐恐申给申”（『東照宮』〈続神道大系〉）。

③ 〔日〕北島正元：「徳川家康の神格化について」，『国史学』（94）。

④ “夫日光者，东壤奇绝之灵区也……况往昔劝请三所大权现，方今崇敬本地药师如来、东照三所大权现。故风竹经营庙社……伏惟东照大权现，威气震外域，德日照吾邦。或时用武略于战场，英雄胆落，或时听义论于法席，郡衲肩差。经纬之才，播名于八荒，帷幄之机，折冲于千里。权迹巍巍垂于人世，感应照照尊于神宫。呜呼，盛哉。爰弟子幸蒙萝图之荣膺，早登槐鼎之台位，表明信严迁宫规式，行白业结出尘善因……宽永十三年四月日、弟子征夷大将军左大臣从一位源朝臣敬白”（同前）。

⑤ 例如：①“恭惟东照宫受命启运偃武修文就生灵于涂炭，偏覆之仁无外，致俗化于和泰，抚育之德不忘，是故公侯感其遗恩郡县奉其祀宇”（島津吉貴：「薩州仏日寺東照宮落慶願文」，1710，『旧記雑録追録』）；②“夫东照大权现者，寻本本高，净琉璃界月远晴十二上愿之光照六趣迷暗之衢，访迹迹广，丰苇原国日高辉五慎四机之风払一天扰乱之云，故本朝数岁争战一时治平，万民置枕于泰山之安，偏是依神君文武之严德矣，其威巍巍乎其德堂堂乎，实是，累代英勇之武将，四夷八蛮悉偃其德风，百揆奉统之贤才，一言九命皆施其恩泽，犹更，外专理民之化，深探周公大圣之奥赜，内励归法之信，终归台家圆融之宗风，快传慈眼大师之脉谱，可谓，前代未闻将帅，异域无双名君”（池田吉泰主办「東照宮一百御忌開白」，1715，大云院所藏『御神忌記録』）。以上两份史料皆参照（曾根原，2018）。

中还未见到有忌惮天皇和公家势力的情况。

在天海起草、将军德川家光许可的《东照社缘起》真名上卷（1636 年完成）中也是如此。在卷中有如下记述：①在 8 世纪，恒武天皇和最澄自圣界而来“降生”于世，成为永远镇护日本的天皇家和天台宗之祖；②最澄传“治国理民法”于天照大神。相传进入末法之世（后五百岁）后“百王”尽无，佛教力衰而无法保佑世界和平；③代表佛教之神是山王权现。[①]以此为前提，进入末代后，最澄的继承人便是天海。因此，德川家康也被认为是新王现身的开始。例如有下面一些说法和史料[②]：①“日吉之神（=山王权现）以东照大权现的形态再次显现于世，日本天台宗之祖最澄也是为了拯救乱世之人而化身为天海现身”（松寿院快伦：『東照社竪義表白』叡山文库双厳院藏写本，1638）；②“东照大权现（=德川家康）镇坐于日光就如同皇祖神（=天照大神）镇坐于高天原一样，德川家康之孙德川家光在江户城即位也如天照大神之孙琼琼杵命降临于伊势神宫一样”（传天海撰『東照宮講式』宫内厅书陵部写本，1675 年宪真写）。《东照社缘起》中虽未予明记，但是天海之后的学僧们接受了其中呈现出来的概念结构，进而将德川将军一族视为新的王族。

《东照社缘起》假名本比真名上卷完稿的稍稍晚一些，其中附有更浅显易懂的图示。东照大权现被视为药师如来的转世[③]（卷一「鳳来寺」「御霊夢」「御誕生」）。随着时间的推移，这一观念也逐渐被传播至日本民间。究其原因，这种圣性存在并现身于世、历经苦难后回到神佛世界的故事是传

① 该处对应的史料原文如下：①“宝志和尚和朝谶文曰，百王流毕竭，猿犬称英雄矣，约百王次第相当后圆融院时，而实当光仁天皇御宇，相传，于时桓武圣主，深知此理，为相续王道于后五百岁，欲镇护国家于万万岁，桓武天皇、传教大师深契约，当此时二圣共兴出世”；②“源君（笔者注：德川家康）曰，天照太神自传教大师有治国利民法御相承，云云，其大纲如何乎，神虑虽有恐粗可令言上，法华云，常在灵鹫山，及余诸住处，众生见劫尽，大火所烧时，我此土安稳，天人常充满矣，此文除二句有御传授”。

② 该处对应的史料原文如下：①“日吉山王，再和光显东照权现，曩祖最澄，救浇季示大僧正（笔者注：天海）形者哉”；②“今惟之，大权现镇座高峰如皇在高天原，今仆射治祚江城似孙降渡遇宫，其故权现御情让天下于家光公，天照大神任大和于皇孙尊系孙相符”。

③ 该处对应的史料原文如下：“大纳言松平广忠烦忧无子嗣一事，与其妻一同前往三河凤来寺参拜药师如来，真诚祈祷所愿皆可成。其后有灵梦托于其妻，会有一德行兼备男子在孕育十二月后平安降生，这是由于有十二神将守护的缘故。诚如此，在大概十二个月之后，即天文十一年壬寅十二月二十六日，孩童平安出世。”

统的“本地垂迹读物”，也正是中世以来广泛渗透于日本民间的概念之一。[①] 研究史中提到的“土着性”也正是在这一点上深有体现。

综上所述，运用吉田神道理论的丰臣秀吉神格化是形而上学的，这种形而上学受到了三教一致说的影响。另外，以天台神道为原理塑造的德川家康神格化汲取了更为“土着性”的理论，由此也更好地发挥了作为将军家守护神的作用。

## 三　近世的国家祭祀

### 1. 近世的天地祭祀

井上智胜（1967～）将近世的“王权”理解为“由世俗权力和祭祀权构成的前近代国家权力和国家权威的总和”。他认为通过分析“国家祭祀”可以使话题探讨得更为深入。因此，他希望能够通过将日本国家祭祀与东亚诸国国家祭祀相对比来进一步考察日本近世的王权特征。为此，他举了最典型的一例[②]。

> 从属性上来说，“大祀”可以分为两大要素。即天地社稷祭祀和宗庙享祀。宗庙享祀是祭祀皇帝先祖的仪礼，有着强烈的皇家私祭的色彩。反之，天地社稷祭祀的私祭色彩则相对淡薄。宗庙享祭的举办是建立在当今天子通过建朝立业的先王而受天命的思想基础上。因此，宗庙享祀是为了祈祷王朝永续不可或缺的、最重要的国家祭祀。（中略）而对于天地祭祀而言，只有皇帝才有权举办。皇帝通过独占这种与人类生存最基本的外部环境——天地——之间的关联来彰显自身的正统性地位。[③]

井上又进一步将祭祀形式分为基于儒教经典的“大陆模式”（中国以及

---

① 德川家康为药师如来转世之子的说法在民间广泛流传，其例之一便是1648年之后成书的『鳳来寺興記』中的「東照宮大権現鳳来寺御由緒之事」的记述（曾根原，2011）。其流传背景是缘于日本中世以来广泛渗透民间的本地物语的存在。也可以说是“在本地佛与垂迹神之间诞生人类的理论构成了本地物语的基本形式”（松本隆信，1996：11）。

② 此例在国家祭祀中也最为重要。——笔者注

③ 〔日〕井上智勝：「近世期の東アジア諸国における国家祭祀」，『東アジアの思想と文化』(3)。

朝鲜、越南）和儒教被日本本土化的“岛国模式”（日本、琉球）。而且井上还提到，在日本，天皇有权举办儒教含义下的国家祭祀 = 天地祭祀，而德川将军却没有举办国家级祭祀的权力。

> 天皇在新年第一天祭祀天地，此时的天皇或神祇官成为举办国家祭祀的神社祭官。由此可见，在日本近世时期，担任东亚各国相通的国家祭祀的主体可以说是不言自明。德川政权虽然拥有强大的国家权力，但并不是作为举办这种国家祭祀的主体而存在。归根结底，德川政权可以承担的是私仪或者说是与幕府所在地——江户——相关的祭祀仪礼，但是没有上升到国家级的高度。也就是说，从东亚国家祭祀的视角来看，近世时期的德川政权还不够资格成为日本的“王权”存在。①

笔者认为井上这种通过祭祀仪礼来探讨王权样态的研究是非常具有启示意义的②。但是，关于其考察内容还存在以下几点疑问。

（1）“天地社稷祭祀 = 公”“宗庙祭祀 = 私”的划分是否妥当？井上本人也参考过的金子修一的观点是因为“现在的君主是通过先王而继承天命”，所以是不是也应该将宗庙祭祀和天地祭祀视为一体呢③？或许中国皇帝本来也不存在“私”的说法。

（2）关于井上认为“在日本由天皇主持天地祭祀”的观点。在滝川政次郎之后的古代史通说中认为日本其实并没有容受“天地祭祀”④。因此，这种未得普及的事务即便由天皇来主持，或许其中也没有什么太过重要的意义可寻。

（3）将中国模式作为国家祭祀的标准。在井上的实例考证中，可以看

---

① 〔日〕井上智勝：「近世期の東アジア諸国における国家祭祀」，『東アジアの思想と文化』(3)。

② 井上在此之后发表了关于这一论点的见解并展开了绵密的讨论（井上，2011；井上，2012；井上，2017）。

③ “在西周初期产生了王者受天命而治的天命思想。通过这种天命思想，君王成为世上唯一领受天命之人，以此来彰显自己的正统地位。（中略）作为祖先的先王之灵居于上帝左右，当下的君主通过先王来继承天命。因此，祭拜祖先的宗庙祭祀的重要性并不亚于祭天仪礼。”（金子，1998：187）

④ “在天命思想中，君主的存在原因在于主宰天地万物。而抽象化、神格化的天帝意志不仅仅表现在出现祥瑞，在天子政事不德时也会降下灾祸，甚至会使王朝覆灭。（中略）学界认为在日本国律令制度完成之时便在有意识地排斥天命思想了。”（关，1977：142～157）

到他持有这样一种观点，即在不同的地方有着不同的“王权”和“国家祭祀”。但是在结论中，他无条件地将中国视为“典型”，并以此为基准进行论述和总结。这让笔者感到一丝违和感。

### 2. 近世国家的先祖祭祀

通过上述一系列考察，从日本的国家祭祀（而非天地祭祀）基本等同于先祖祭祀的角度来看，探讨谁可以代表日本进行先祖祭祀一事有助于了解近世时期的日本和王权[①]。而若要探查日本近世的国家祭祀实态，则要对支撑近世国家权力的大型祭祀进行探讨。关于今后的研讨课题，笔者想记述如下几点。

第一点是关于天海在撰写《东照社缘起》时特意提到汉宣帝兴建武帝庙一事（假名卷四「鶴」）。同在假名卷的「祭礼」篇中还有如下记述："祭祀宗庙一事在中国是有先例可寻的。另外在日本，自天照大神子孙降临以来，八百万诸神一同守护日本，尤其是二十二社作为国家信仰对象而被推崇为大社。现如今的东照三所大权现也是如此。”由此可见，天海对于“宗庙”一事还是非常在意的[②]。

第二点是关于近世时期将军家和天皇家大规模的先祖祭祀。其中将军家的祭祀举办在东照宫、宽永寺、增上寺，天皇家则在御所、般舟三昧院、泉涌寺等寺社[③]。比较两者的举办规模以及参与者等要素来看，将军家祭祀

① 在东亚视域下近世日本已经被看作是“先祖祭祀的时代”。因此有这样一种观点，即新儒教盛行的中国、朝鲜以及将佛教国教化的日本可以被当作一个整体来看待（林，1995）。

② 原文是：“宽永丁丑夏之初，征夷大将军家光公崇东照大权现之灵威，因孝敬之情至深，在城郭之内大规模翻修一神殿（东照宫——译者注）。其时飞来两只仙鹤，随后向东飞去。骚人墨客皆叹其妙，联想到唐土之例。其中大僧正天海在祭文中写道，神之御社号为都率内院，佛之寺名为金刚净刹，敬神兴国，以祭祀是为国法。而且，在宣帝祭世宗庙之日，亦有白鹤飞来后庭、引来祥瑞。如此，灵神驾此鸟而来以示此为万代不易之所，世人笑说这也预示着大树寺的万岁长久”（鹤）；“在唐土亦重视祭祀宗庙之事。至于本朝（日本——译者注），在普照天地之御神中皇孙降临，八百万神镇护国家。其中有二十二所神祠，与他社不同、广受尊崇，被奉为大社。今此东照三所大权现亦是如此。当社建造二十一年后、即宽永十三丙子年行大翻修，征夷大将军家光公倾力而为，不日成功”（祭礼）。对于以上这些史料，山泽学已经予以关注。山泽关注到1645年东照社升格为东照宫一事，“基于当时日本社会对此事的认识（笔者注：指的是当时发行的『拾芥抄』等），东照大权现被赐予宫号，天皇公认东照大权现为宗庙……在天皇名义下，与第一宗庙伊势神宫和第二宗庙石清水八幡宫并列的便是第三宗庙日光东照宫”（山泽，2009：70）。对此，野村玄以一手史料“武家宫号之旧例”为依据进行了观点上的批判。

③ 参照以『徳川実紀』和『続史愚抄』为依据的年忌行事一览表（曾根原，2013）。

的优势地位显而易见。可以窥见日本全国的武家领主通过东照宫祭祀而整合、集结在一起。①

论及近世王权，“主导权在于武家”② 的这一说法毫无异议。从另一方面来说，我们又应该如何把握天皇以及公家也同样被卷入这种权力结构之中的历史事实呢？一本或许在民间广为流传的伪书——《东照宫百个条》（『東照宮百箇条』）中有一处写道，德川家康说起一旦京都受到外敌入侵，就让轮王寺的宫门迹即位③。这种说法反映了日本近世中后期的思想观念。关于“天皇不可或缺”的观念是如何形成的这一课题，今后还需要进行更为深入的探讨和研究。

## 参考文献

〔日〕网野善彦、上野千鶴子、宮田登：『日本王権論』，東京：春秋社，1988。

〔日〕藤田覚：「国政に対する朝廷の存在」，收录于辻達也編『天皇と将軍』，東京：中央公論社，1991。

〔日〕深谷克己：「東アジアにおける近代移行期の君主・神観念」，收录于趙景達、須田努編『比較史的にみた近世日本』，東京：東京堂出版，2011。

〔日〕林淳：「近世転換期における宗教活動」，『日本の仏教』（4）。

〔日〕原昭午：「幕藩制国家の成立について」，『歴史評論』（244）。

〔日〕堀新：『織豊期王権論』，東京：校倉書房，2011。

〔日〕保立道久：『歴史学が挑んだ課題』，歴史科学協議会編，2017。

〔日〕井上智勝：「近世期の東アジア諸国における国家祭祀」，『東アジアの思想と文化』（3）。

〔日〕井上智勝：「天子の宗廟・日本の宗廟」，『埼玉大学紀要』47（2）。

〔日〕井上智勝：「近世日本の国家祭祀」，『歴史評論』（743）。

① 参照：“依之向后者，红叶山十七日正月装束，四月同上，五月长袴，九月长袴，极月同，右何十七日，增上寺御佛殿廿四日装束，正月长袴，九月同，极月同，右何廿四日，右月月可罷出之旨依上意，此趣目年寄中奉书右之书付差添之被遣”（内阁文库本『江戸幕府日記』宽永十三年十二月十八日条）；“诸太夫、御谱代大名、同嫡子/右向后四月十七日红叶山御社参候节，行列可罷出旨被仰出候间，可被存其趣候，还御已后惣礼可被仕候”（同『柳営日次記』享保六年四月十一日条）。

② 〔日〕堀新：『織豊期王権論』，東京：校倉書房，2011，第 306 頁。

③ 例如，在『東照宮御遺状』（東京大学附属図書館所蔵写本）中有如下记述：“祈国之静谧、备城之守护。御所若受外敌入侵，则皇位让于亲王，将军应尽辅弼征伐之责”（曾根原，2001：18）。

〔日〕井上智勝:「東アジアの宗廟」,『アジア遊学』(206)。
〔日〕石原比伊呂:『室町時代の将軍家と天皇家』,京都:思文閣出版,2015。
〔日〕金子修一:「漢唐間における皇帝祭祀の推移」,收录于水林彪、金子修一、渡辺節夫編『王権のコスモロジー』,東京:弘文堂,1998。
〔日〕河内将芳:『秀吉の大仏建立』,京都:法蔵館,2008。
〔日〕北島正元:「徳川家康の神格化について」,『国史学』(94)。
〔日〕松本和也:「宣教師史料から見た日本王権論」,『歴史評論』(680)。
〔日〕松本隆信:『中世における本地物の研究』,東京:汲古書院,1996。
〔日〕中野光浩:『諸国東照宮の史的研究』,大阪:名著刊行会,2008。
〔日〕野村玄:『天下人の神格化と天皇』,京都:思文閣出版,2015。
〔日〕野村玄:『徳川家康の神格化』,東京:平凡社,2019。
〔日〕大桑斉:『日本近世の思想と仏教』,京都:法蔵館,1989。
〔日〕大桑斉:『近世の王権と仏教』,京都:思文閣出版,2015。
〔日〕大津透編『王権を考える』,東京:山川出版社,2006。
〔日〕歴史科学協議会編:『戦後歴史学用語事典』,東京:東京堂出版,2012。
〔日〕関晃:「律令国家と天命思想」,『東北大学日本文化研究所研究報告』(13)。
〔日〕曾根原理:『徳川家康神格化への道』,東京:吉川弘文館,1996。
〔日〕曾根原理:「『暁誉覚書』の仏教治国論」,『文芸研究』(152)。
〔日〕曾根原理:『神君家康の誕生』,東京:吉川弘文館,2008。
〔日〕曾根原理「東照宮創建と日光山－薬師仏をめぐって－」收录于菅原信海、田辺三郎助編『日光－その歴史と宗教』,東京:春秋社,2011。
〔日〕曾根原理:『東照宮祭祀の確立と展開』,科学研究費補助金、基盤研究(B)報告書,2013。
〔日〕曾根原理:「東照宮祭祀から見る日本近世宗教」,『史潮』(83)。
〔日〕高藤晴俊:「東照宮信仰の一考察」,『国学院雑誌』87(11)。
〔日〕津田左右吉:『日本の神道』,東京:岩波書店,1949。
〔日〕山本博文:『江戸時代の国家・法・社会』,東京:校倉書房,2004。
〔日〕山澤学:『日光東照宮の成立』,京都:思文閣出版,2009。
〔日〕吉岡孝:「吉宗政権における古式復興と儀礼」,『国史学』(200)。

## Toyotomi Hideyoshi and Tokugawa Ieyasu's Deification and "Tokugawa Kingship"

**Abstract**: Early modern Japan is understood to have been a time in which industry and culture flourished, laying the foundations of modernity under a regime more powerful than any the country had seen before. We may add that in the time of the "nation unifying rulers" Oda Nobunaga 織田信長 (1534 ~ 1582), Toyotomi Hideyoshi 豊臣秀吉 (1537 ~ 1598) and Tokugawa Ieyasu 徳川家康 (1542 ~ 1616) a system of "kingship" under samurai rule was formed. Each of those rulers is said to have made plans for their postmortem deification, and the connection with this deification and the establishment of "kingship" is argued for, given that Hideyoshi and Ieyasu were actually worshipped as gods after their deaths. What, then, was the significance of this deification of potentates which took place around the year 1600? After a consideration of previous research and issues currently being examined within this field, we may conclude that the deification of Tokugawa Ieyasu is closer in character to a folk religious cult than was the deification of Toyotomi Hideyoshi, and that Ieyasu's deification was connected with an approach that made use of Shinto thought based on combinatory religious practices from the Shinto and Buddhist traditions. We may understand the time of Ieyasu's deification to have been the point at which the aim of reorganizing religion with Buddhism in a central role came to the fore as a policy of the early modern Japanese state.

**Keywords**: Deification; Toyotomi Hideyoshi; Tokugawa Ieyasu; Tokugawa Kingship

# 近、现代

# 走向“现人神”之路

## ——近代天皇的宗教权威

〔日〕佐藤弘夫 著* 刘　翠 译**

**【摘　要】**自江户时代以来，民众所追求的东西不断上升、膨胀。其体现形式是，他们希望自己也能被供奉为神。为此，明治维新政府所采取的政策是，将民众的这一追求与皈依被视为新国家精神支柱的天皇相联结。国家在培养国民军（超越身份等级的常备军）的同时，宣扬完成使命、为天皇献出生命的人将作为神再生，永远留在人们的记忆之中，并得到永久的祭奠，即所谓的“靖国思想”。这意味着政府公开推崇“以天皇为媒介创造人神”的理论，并在国家层面进行大规模实践。垂加神道及国学领域曾一直宣扬该理论，并将其付诸实践。

“靖国思想”付诸实践的最初尝试是，将幕末内乱时牺牲的“官兵”供奉于招魂社。战死者因为天皇献出了生命而在招魂社内被供奉为神。在此情况下，天皇必须成为远远超越普通人的至高无上的“现人神”。

**【关键词】**现人神　靖国神社　招魂社　身份等级制　天皇

## 引　言

2019 年日本新天皇即位。随之，女系天皇（仅母亲为皇室血统的天

* 佐藤弘夫：日本东北大学大学院文学研究科教授，研究方向为日本思想史。

** 刘翠：常州大学外国语学院讲师，（文学）博士，研究方向为日本思想史。

皇——译者注）的合理性等有关天皇制的问题，成为热议话题。

大约 30 年前，昭和天皇逝世新天皇继位时，天皇制也曾受到热议。而彼时议论的重点是，天皇在日本列岛上为何得以存续一千几百年而未曾中断这一问题。

天皇制的起源可追溯至 7 世纪。7 世纪以来，天皇在制度上一直被置于国家体制的顶端。然而，很意外的是，几乎在每一个时代，天皇所持有的权力都非常小。平安时代后半期以来直至江户幕府末期，很长一段时期内，天皇被拥有武力的掌权者掌控，被迫成为傀儡而发挥作用。

逆风大作的恶劣环境下，天皇虽仅为象征性存在，但一直得以成为国家元首，这又是为什么呢？在讨论该问题时，呈现在我们面前的答案是“权威”这一关键词。

很多观点认为，天皇之所以作为天皇得以存在，在于天皇具有无可替代的固有权威。此时，作为代表性事例，渐渐失去实权的中世天皇经常成为讨论话题。讨论中世天皇时，热议的主题依然是天皇通过大尝祭、即位灌顶等仪式确立起的权威问题，尤其天皇所具有的宗教权威受到关注。

笔者不赞同将天皇制得以存续的原因，轻易地与天皇所具有的不可见的宗教权威相关联的观点，关于此点曾在以前的著作中谈及（佐藤，1998a）。考察天皇制问题时的基本视角，不是考察天皇及天皇周边的诸势力想要塑造怎样的天皇像，而是必须思考不得已塑造天皇像的客观历史状况如何，以及被塑造出的天皇像实际上发挥着怎样的作用。

由古代至近代，天皇一直被视为“神”。然而，天皇被视为“神”所具有的含义及意义，在每个时代不尽相同。尽管如此，现今仍有较多的考察将天皇制存续的背景归于统治者一方所描述的神话故事。而在历史文脉中考察“神”的意义的研究并不多。

鉴于以上研究现状，本文尝试考察近代天皇相关的问题。众所周知，二战前天皇被视为“现人神”“现御神”（以活人姿态现身的神——译者注），国家强行要求国民尊崇天皇。不仅如此，日本同时强行要求所占领地区的亚洲人民尊崇天皇。

经历明治维新，日本被卷入国际社会的乱流之中。日本试图建立一个以西欧诸国为模型的先进国家。日本建立先进国家的动态过程，经常被视为日本国民国家形成的过程。然而，日本的国民国家与欧洲的国民国家性质明显不同。在国家政治层面，欧洲的国民国家以“政教分离”为前提，国家试图将宗教排除在公共领域之外。而日本的国民国家以“现人神”为顶点，具有神圣性。日本的近代天皇为何必须成为具有神圣性的国王呢?

在详细分析统治阶级将天皇塑造成神的过程，以及在详细分析成为背景的思想根基方面，以往的“现人神”研究取得较大成果。尽管如此，近代天皇为何必须成为神，对这一根本问题的解答，很难说已得到大多数人的赞同。

本文将视线同时延伸至近代以前，在较长的时间范围内，通过与其他国民国家的情况相对比，尝试考察天皇升格为“现人神”的必然性。

## 一　内在神性的发现

二战前，根据国家规定，天皇被奉为“现人神”（《国体的本义》）。在广义上，可将此理解为某一特定人物成为超越人的神圣存在（人神：将人奉为神的活人神）的事例之一（佐藤，2012）。由古代至近代，日本一直存在将人奉为神的思想及信仰。柿本人麻吕的和歌称“大君为神，响雷之云上，临时宫殿立”（因天皇为神，响雷之云上，设有临时宫殿）（《万叶集》第3卷）。由此可知，早在古代，天皇便已被视为神。然而，随着时代的发展，将天皇神格化的操作发生了很大变化。

人神思想在历史上多次迎来转折期。对近代“现人神”观念产生直接影响的重要转折期出现在11世纪。自11世纪，对「神」(为与日本的“神”相区分，以下将包含神佛在内的超越性存在标记为「神」) 的思考及系统理解不断加深，日本列岛上开始出现神学。某类「神」被抬高为绝对性存在、绝对性救赎者。根源神的世界（他界）与人类世界（现世）分离并不断膨胀。这意味着世界观发生转变，即古代对现世表现出强烈关心，呈现的是一种一元化世界观。古代的一元化世界观向中世的二元化世界观转变。在中世的世界观下，世界由现世和他界构成（佐藤，2000）。

伴随世界观的转换，「神」的世界亦分化出“现世之神”与“他界之神”。以阿弥陀佛、大日如来等为代表的“根源性存在”，即“他界之神”，已不是凡人可理解的存在。他们所在的他界（净土）亦不是凡人可轻易往返之地。散落在人类社会各处的佛堂神社内的佛像、神，即“现世之神”，在众人与“他界之神”之间发挥着中介作用，以及将众人送往他界的作用。中世的二元化世界观形成，现世与理想之净土相对峙，气氛紧张。根源神所在的他界才被视为真实世界，而现世不过是到达他界的暂时居所，该认识在中世渐渐得到更广泛的认同。

古代，诸神会带来惊人能量（灵验）并授予人恩惠。古代人接受诸神的灵验及恩惠，以达到对人生的满足。而在中世，古代的人生观被新的人生观所取代。中世人最为关心的是，在现世如何追求真实人生以及在来世如何去往理想世界（救赎）。

「神」为救赎者，人为被救赎者。对「神」理解的深化，同时促进了对人的理解。人人成为被救赎的对象，需具备某种条件。究竟需要具备怎样的条件呢？对这一问题的思索使人们发现了隐藏在自身内部的神性。古代，「神」完全被看作外部存在，而中世是发现隐藏于人内部的「神」的时代。

“根源性存在”是绝对救赎者的同时普遍存在于万事万物，波及人类社会。人们通过发觉自身内在的神性，可将自己抬高为神圣性存在。该理念在专业教学层面得到阐述——专业教学层面对该理念进行了阐述，例如存在“即身成佛”这一专业术语。该理念同时以通俗易懂的形式渗透至日常生活层面，例如存在“诚实之人常有神明保佑”“心为神明之府”等表达。这意味着每位个体都与根本神性直接相通。由此开辟出一条路径，即任何人皆可实际升格为神圣性存在，这超越了佛教经论中阐述的抽象理论。

古代以前亦曾存在人变为「神」的情况。古代以前，共同体的首领以及天皇等被推选出的人物，经过特殊的仪式可荣升为神。修行者通过不断付出超人的努力，亦可最终荣升为神。与此相对，中世人荣升为神需要一个前提，即众人内心皆藏有终极的神性（佛性）而不存在例外。

## 二 受惩罚的天皇

随着古代向中世过渡，宇宙论及「神」观念发生转换，使得王权的存在形式发生重大转变。

古代天皇尝试使自己成为「神」（原初权威）。古代天皇将自己抬高至与「神」同等的地位，并进一步试图使自己位居列岛诸神的顶端。7～8 世纪创造出的大尝祭，以及将天皇的祖先神化而创造出的“天皇灵”这一概念，皆是天皇实现变「神」目的的舞台装置。

作为“现御神”，天皇凭借其权威使“在地神”屈服的逸闻可散见于《常陆国风土记》（行方郡）等古代史料中。然而，这终究是意识形态层面的叙述，并不意味着天皇实际上已成为杰出的全能者。天皇作为「神」，与其他「神」具有相同的性质。天皇有时会受到其他「神」的消极影响，其他「神」有时会降灾于天皇。因此，古代天皇仅靠自己作为“现御神”的宗教权威，并不能使其地位充分正当化。古代天皇的存续，不仅需要律令制下的政治体制作为支撑，同时需要“天皇灵”“天神地祇”“佛教”等外部「神」的重重保护。

时至中世，他界及身处他界的“根源神”的形象被不断放大。身处现世的天皇无论如何努力，都早已被排除在“他界之神”以外。天皇不再能够成为原初权威的时代到来。这意味着天皇不再能够像古代那般，通过与同等地位的「神」协作以保住天皇之位；意味着若缺乏更根源性的权威的支持，天皇的地位难保。12 世纪以后“佛法王法相依论”被频繁利用，“佛法王法相依论”简明扼要地表明了现阶段王权与佛教的关系（佐藤，1985）。

另外，天皇不仅依靠佛法从外侧加以护佑，还会在自己与“根源性存在”之间设立直通路径，将“根源性存在”的权威注入自身内部，尝试实现自身神性的再生。“即位灌顶”仪式便是出于上述目的（上川，2007）。在古代，在位的天皇与佛教接触是禁忌。然时至中世，天皇即位之时举行佛教仪式。后醍醐天皇曾命人绘制身着袈裟、手持密教法具祈祷的肖像画（網野，1986）。中世天皇作为“现御神”的宗教权威衰落。面对这一困局，天皇不顾个人形象而不断探索获取神性的方法。

然而，天皇的尝试并未取得成效。中世确实存在将天皇神秘化的言论，但中世天皇坠入地狱及魔道的故事远远多于将其神秘化的言论。醍醐天皇在地狱中受责罚的情景可见于《松崎天神缘起》，承德天皇及光明皇后坠入地狱的故事（前者见于《善光寺缘起》，后者见于《大佛之缘起》）亦广泛流传。此外，天皇坠入恶道的言论，以及描绘天皇在地狱中受责难的画卷同时在社会上广泛流传。中世的天皇早已不是「神」，而不过是一个受因果报应原理束缚的人。

通过一定的做法，任何人皆可与他界的原初权威建立直接联系，并可将神圣的权威赋予自己。该普遍认识在中世得到广泛认同。天皇不再享有与“根源性存在”交涉的特权。一方面，中世天皇坠入地狱。另一方面，当时受歧视的“非人”（麻风病人、挖墓者、乞丐等——译者注）及妓女被视为神佛化身的事例亦不少见。

以上述这种中世固有的宇宙论为前提，他界“根源神”所具有的权威使现世王权不再具有绝对的至高无上地位。在将王权相对化的理论的指导下，诞生了明确主张“国王”之位应由天皇家转移至北条氏的思想家，日莲便是其中一位（佐藤，1998b）。

## 三 融入自然的「神」

中世前期（11～13世纪），人们试图发现隐藏在自身内部的超越性存在（“神”）。中世后期（14～16世纪），对内在神性的认识越来越深入，中世前期的超越佛教、神道之别的主张得到广泛认同。强调真实自然之态便是佛本身。人们不仅从人身上发现“神”性，而且从自然界的万事万物中发现“神”性。从草木至岩石，世上一切事物皆有佛性，眼前的现实即为真理。此观点被凝练为“草木国土悉皆成佛”这一概念，在中世后期广泛流传（末木，2015）。佛性普遍且绝对，因此遍及世上的万事万物。

此外，上述思想为列岛世界观实现重要转折带来契机。理想世界融入现实世界，将现世相对化，对现世进行批判的视点随之丧失。拥有强权的「神」曾使人瞬间得到救赎，曾将天皇及权力者打入地狱。然而，随着不可见的彼岸他界的缩小以及他界不断融入现实社会，强有力的“神”消失不见。

如今，根源神融入自然界。根源神的权威使将世俗权力相对化的战略变得无法实行。因净土与现世相重合，亦无法采取以净土之理想批判现世之政治的立场。这意味着从存留于现世的「神」来看，其失去了获取神性的源头。列岛神佛的背后不再有他界的根源神，列岛神佛不再具有将人们送往遥远净土的能力。经中世向近世的转换而诞生的江户时代的诸神找到一条新的生存之道，便是精心满足人们琐碎而繁杂的现世愿望。

中世向近世过渡时期，他界的「神」之所以失去影响力还存在另一个原因，即宗教势力，尤其是信徒的团结暴动势力向政治权力的屈服。15、16世纪，以净土真宗和法华宗（日莲宗）的信徒为中心，分别发起一向宗暴动及法华暴动，掀起暴动高潮。在中世诞生的信仰中，这两宗派的特色在于强调他界佛的超越性性格（黒田，1975；藤井，1958）。一向宗暴动时的口号为“进则为极乐，退即为地狱”。由此可见，人们试图通过完全皈依诸佛并豁出性命来确保死后的救赎。

16世纪后半期，信长、秀吉及家康等掌权者与中世以来的权门寺院比叡山、高野山等展开军事对决。从信长火烧比叡山可见，掌权者对传统宗教势力进行了彻底镇压。与一向宗暴徒对决时，德川家的家臣出于信仰原因临阵倒戈，改投本愿寺一派，使德川家几度遭遇危机。然而德川家的军事力量占有绝对优势，德川家大开杀戒，对暴动势力进行了镇压。

据笔者所见，日本史上，“神”作为外在的绝对性存在的形象，在教徒暴动中得到淋漓尽致的展现。“神”作为救赎者受到完全信任，对“神”的信仰成为宗教暴动势力与世俗权力斗争时的精神支柱。暴动势力被镇压而失势，其背后的巨大超越者亦随之丧失力量。在“神”由外在变为内在的时代发展潮流下，超越者被卷入其中，融入现实社会。在继承亲鸾及日莲教说的教团中，一些宗派主张“现今整个世界皆为教主释尊的御领地。（中略）小国（日本）的君主绝不能抢夺释尊的领地”（日奥《宗义制法论》），强调佛的权力凌驾于世俗权力之上。然而这些宗派被视为违法宗派，从历史的表层被抹去（藤井，1975）。以他界的绝对性存在为后盾，与地上的世俗权力对决，中世的这一格局已无法再维持的时代到来。

经历以上过程，在近世，宗教所描绘的理想世界不再遥不可及，并退居一隅不再成为焦点；也不再通过衡量政治权力与他界神关系的远近来证明政治权力的正统性。政治权力正统性的有无，完全取决于其在现实社会中力量的角逐中是否取胜。造就现世不平等的仅是现世内部的某些因素，如此的时代来临。以天皇为顶点的身份等级体系及礼仪体系，将为稳固新生的幕藩制国家的秩序准备框架，将为划分身份等级提供先例。

## 四　迈向人神丛生的时代

中世向近世转变时，“根源性存在”离现实愈来愈远，这使人们的关心再次转向现世。人们认识到现世生活本身具有无可替代的意义。

众生万物皆有神性的理念在近世社会得以确立。在隐藏于自身内部的神性之光的照耀下，诞生了许多“神”（佐藤，2012）。近世亦是诸“神”诞生的时代。近世初期，首先成为神的是丰臣秀吉和德川家康等曾一统天下的人物。其次，天皇及藩主亦被视为神。因任何人皆可成为“神”，手握强权的人得以成为更强大的“神”。

时至江户后期，下层人士亦可荣升为“神”。旅行家菅江真澄在其著作中介绍了津轻一名下级武士以“堰八明神”的名号被祭祀的例子（《都介路乃远地》）。故事中的武士自己舍身成为活人贡品；此外，本多忠朝被奉为“戒酒之神”，其位于大阪市一心寺内的墓地成为发誓戒酒以及祈求家人能够戒酒的人们的参拜对象。幕末时暴动的领导者本多忠朝在此被奉为神来祭祀。故事中的下级武士及本多忠朝生前完全是世俗之人，其被奉为神来祭祀的理由中也丝毫找不到任何宗教因素。

人神已变得与普通人无任何本质上的不同。无须“根源性存在”的光芒照耀，亦无须特殊修行，凭借生前的事迹任何人皆可成为“神”的时代来临。江户后期的社会便是如此。

如上所述，众人体内皆暗藏神性等于佛性的理念在中世社会得到广泛认同并得以确立。然而，这并不意味着所有人皆可成佛。救赎之门虽向所有人开放，但往生净土及成佛需付出极大的努力。人们为使自身暗藏的神性发光，有必要接收外在救赎者发出的强有力的光芒。

与中世相对，近世的人神，其威力虽参差不齐，但它们的特色在于使神性发光的光源暗藏于身体内部。不仅人可成为“神”，山、动物、巨大的树等任何存在皆有可能成为“神”。能否实际成为“神”，很多情况下与宗教因素无关。

在近世型人神诞生的过程中产生了所谓的活神，即人在世时被视为神。在幕末大量出现的民间宗教中，活神的出现迎来高峰。在民间宗教中，教主自身并不独占神的位置，而是试图在信徒及普通人身上同等地发现神性。

金光教的教主赤泽文治在摆脱重病的过程中，与根源神天地金乃神相遇，创立了以天地金乃神为主神的信仰共同体。在共同体内存在这样一种构造，即由文治亲自传授教义的“直信”（高徒）继承神号，作为“活神”发挥作用，并进一步创造出更多的“活神”。初期金光教的信仰共同体是互有神号的“活神”团体（桂島，2005）。

在幕藩体制下，身份等级制度本身并未受到质疑。以“神”的尊严为根据，宣扬人的平等不受身份及性别的影响。近世所说的作为“神”的觉醒，与中世的觉醒不同。近世的觉醒并不意味着宗教意义上的开悟，而不过是每个人通过做好自己的本职工作，以在社会中使自己闪耀而已。

江户后期至幕末，与民间宗教一道，人神的产生还有另外一种方式，且该方式逐渐扩大影响力，即垂加神道和吉田神道宣称的通过为天皇效力，死后则可位居神之列的思想。山崎暗斋学派的若林强斋称，为“现人神”

天皇效力的任何人皆可“被列于诸神之末席，成为守护君主、镇护国家的灵神”（《神道大意》）。肉体虽灭但灵魂永不灭。凭借生前的功绩，死后人可被编入神的世界。在此，天皇在创造人神中起到催化作用。

据此逻辑，冥界亦形成与现实世界相同的秩序，冥界秩序中同样以天皇为顶点。依据为天皇效力的多少，有时可迅速摆脱现世的身份秩序，而在与天皇直接相关的位次中占据一席之地。垂加神道将死后的安稳与天皇信仰相关联，具有划时代的意义（前田，2002）。

积极承认人的主动性和可能性是当时的时代思潮。江户后期人神观念的盛行，是这一思潮的表现。这与同时代庶民阶层开始接纳“通俗道德”（勤俭节约、孝顺、谦让等道德规范；宣扬只有不断努力才能成功，失败及不幸皆被归于自身努力不够——译者注），以及严格的自律精神不断渗透是平行进行的（安丸，1974）。人们感觉自己身处身份等级制的枷锁之中，这一感触潜藏在人神丛生的历史背后。尽管此意识是极为观念层面的东西，人们通过使自己成为“神”，将自己从现实的严格身份等级中解放出来，并享受着一种自由感。

该时期人们一致认为众人体内皆暗藏着神圣光源，这构成了上述意识存在的前提。因此，对多数人而言，主张自己即为“神”成为表达对社会不满，追求平等时常用的手段。

## 五　对身份歧视的厌恶及靖国思想

幕末维新的动乱以人们拒绝身份歧视的时代思潮为背景，而并不仅是短暂的政治斗争。对人产生的新认识经过长时间的发酵愈发成熟。新认识与既有的等级社会相碰撞，并试图打破这一秩序，两者之间的碰撞是引发地壳大规模变动的碰撞。江户后期人神的大量出现，无非表明幕藩体制下的僵化的身份秩序，已不能完全阻碍人们肯定自我，同时也不能完全束缚人们积极向上的精神了。

由幕末流行的“鲶绘”（鲶鱼和地震主题多描绘天灾和社会变动，表达民众的不满——译者注）可见民众阶层承受着现有统治体制带来的压迫。民众渴望从中获得自由而将视线转向对权力的批判。“社会变革鲶绘”中鲶鱼变为鱼头人身，惩罚极其贪婪的富人，使其从口或屁股中吐出囤积的金币（日本的圆角矩形金币——译者注）。在此，鲶鱼既是会引发地震的破坏者，同时又是救赎者和社会变革之神。

在19世纪的农村，商业资本开始介入商品作物的生产。这一动向与货币经济的渗透相辅相成，贫富差距越来越大，贫农日益贫困。二宫尊德及大原幽学等人高举“通俗道德”旗帜，在贫困村落实践着自己的方法。然而他们的不懈努力终究未能阻挡农村走向荒废的基本趋势。

商人及豪农通过剥削压榨农民而日渐富裕，统治者却对两极分化的趋势置之不问。农民阶层对商人、豪农的厌恶程度以及对统治者的不满程度不断加深。这成为幕末武装起义及暴乱频发的原因。鲶绘便是在对社会不安及对权力进行批判的背景下诞生的。

该时期，“通俗道德”以外的学问，诸如儒学及国学等，亦以上层豪农及富裕商人阶层为中心，得到广泛传播并被民众广泛接纳。此外，以和歌、狂歌等为媒介，知识网络遍布列岛社会（高橋，2013）。在民众中出现一些敢于对国家政治积极表达意见，对社会变革产生浓厚兴趣的人物。随着幕末渐近，渴望变革封建身份等级制度的下层运动扩散至更下层的民众阶层。

幕末时，民众运动并未将斗争的矛头直指统治体制本身，民众并未试图推翻统治体制。对身份等级制进行批判的视角，并未进一步发展为对市民社会的构想。然而，如在鲶绘中可见，鲶鱼兼具破坏者和救赎者的性格，鲶鱼双重性格的形象广泛流传。鲶鱼此种形象的广泛流传，成为民众情感发生变化的明显征兆，即人们对现有统治秩序和身份制度带来的桎梏达到了一种难以忍受的阶段，即便民众并未察觉这一情感变化。

现阶段，民众阶层比任何时候都渴望变革社会。某一事件导致的体制裂缝，可能带来体制整体的破裂。日本摧毁身份等级制度，走上了由同质“国民”组成的近代化国家之路。在这场社会变革中发挥潜在作用的，不是明治维新后上层实施的政策，或知识阶层开展的启蒙活动。发挥潜在作用的而是人神观念的渗透中可见的对人自身产生的新认识的渗透，即人们积极向上并渴望平等。

经历幕末的动乱而成立的维新政府，是在渴望变革社会制度的民愿及民众运动的推动下诞生的政府。因此，对于新政府而言，极力遏制民众积极向上势头的做法不在可选范围之内。为建立一个足以抵挡列强威胁的强国，如何将整个江户时代成长起来的民众的主体性转换为对国家的忠诚，以夯实新体制的基础，成为新政府最重要的课题。

作为建设近代国家的前提，新政府首先致力于培养从身份等级制的束缚中解放出来的“国民”。版籍奉还后的藩政改革中，新政府立刻打出“四民平等”（各阶层身份平等）的口号。像是与此相呼应，福泽谕吉等明治初期的启蒙思想家们同时猛烈抨击幕藩体制下的身份等级制度，称“旧幕府时代，士与民之间等级森严，士族一味地滥用权威，对待町人百姓就像对待眼前的罪人”（《劝学篇》2编），主张“天赋人权”。

为培养对国家切实忠诚的“国民”，新政权其次采取的方针是将从旧体制中解放出来的民众统合在天皇周围，以实现“一君万民”体制。为此，有必要将天皇与其他人区分开来，并将其地位抬升至最高点。同时，有必要以与天皇直接相关的方式实现国民平等。以往统治阶层表示反对，明治政府随即出台了废除封建身份特权的政策，这正是按照以上方针做出的举动。

民众从封建体制下的身份等级秩序的束缚中解放出来，人人都是独立的个体。然而，将幕末处在漩涡之中的民众力量凝结于国家之侧，使分散的个人向天皇聚拢，需要强大的磁力。人们渴望平等，同时热切地渴望自己能够被奉为人神。天皇成为新生国家的精神支柱。维新政府便试图将人们对平等的渴望与皈依天皇相联结。

由此产生的是“靖国思想”，即在培养国民军（超越身份界限的常备军）的同时，宣扬执行和完成任务并为天皇牺牲的人将作为神获得重生，并被人们永远记忆的思想（佐藤，2015）。这意味着政府公开推崇“以天皇为媒介创造人神”的理论，并在国家层面进行大规模实践。垂加神道及国学领域曾一直宣扬该理论，并将该理论付诸实践。

元治元年（1864）一月，在高杉晋作的提议下，下关樱山神社创建。该神社供奉着以吉田松阴为首的在幕末战乱中牺牲的多数战死者。以武士阶层为首，并可见农民、商人、神官等多个阶层的人物的名字。同时也供奉着许多无姓的人物。这些人物的名字皆被刻在同样大小的石柱上，以此昭告天下他们皆被奉为神。先于明治维新，长州藩早就开始了激发民众主体性的尝试，不论民众的身份差别及所属阶层。

后来国家开始吸纳招魂事务，这使长州藩确立起的招魂祭祀迎来新局面。明治元年（1868）五月，戊辰战争仍在进行，新政府命令在京都的东山建立祭祀用设施，以慰“忠魂”之灵。这些“忠魂”包括嘉永六年（1853）以后因祈求恢复天皇地位而为“国”捐躯的“志士及草莽有志之辈”。此外，为祭奠为天皇献出生命者，新政府翌年于东京九段地区建立招魂社，举行招魂仪式，以召唤诸藩上报的3588名战死者的灵魂。该招魂社后来发展为靖国神社（1879年创立）。

人神产生的途径延续至靖国神社的建立。这一途径虽继承了近世以来的体系，但在此以一种与天皇制国家相符的姿态诞生。同时，国家试图抨击一些将民众抬高为人神的另一机制——民众宗教。国家将此类宗教视为邪教，通过对其抨击，试图打破其所提倡的宇宙论，以将判别民众是否为神的权限归于天皇一人。国家以与国家神话相抵触为由，对大本教实施了大规模镇压（第1次1921年、第2次1935年），并要求天理教更改教义。这些便是上述举动的代表事例（小沢，1988）。

天皇制国家试图将人神信仰中体现出的民众的主体性完全掌控在国家一侧，民众宗教等在野诸势力对此展开反抗，日本的近代化在双方的激烈对抗中前行。民众对身份等级制社会的抗拒表现在民众渴望自己成为人神。天皇试图将民众转变的人神纳入影响范围之内，则有必要树立起更高层次的宗教权威，以与普通的人神区别开来。将人变为神的天皇有必要被抬高为神圣性存在。此外，近代日本国内已不存在可将天皇地位相对化的更高次元的超越性权威。

作为一个近代国家，日本的世俗权力不断膨胀。在此情况下，日本天皇这一存在必须背负有别于他的神圣权威，以及允许其背负权威的客观条件即在于以上论述。近代的天皇不得不是“现人神”。

## 结　语

2019年11月，罗马教皇访日。25日，5万人聚集于东京巨蛋。教皇时隔38年再次在日本举行弥撒。客观来看，日本的天主教教徒人数甚至不及人口的1%，是一个小教团。然而，罗马教皇的一举手一投足牵动着国民的心。教皇所发出的希望废除核能及世界和平的讯息，超出教团的范围，得到国民的广泛认同。教皇的存在本身，使其周围越来越多的人产生共鸣。教皇的存在打造出一个不分宗教派别而人人被接纳的公共空间。

在日本，天主教是极其微弱的存在，但在这样一个国家却出现如上盛况。在天主教占据主流的国家和地区，其影响力之大更是超乎人们的想象。

反观日本，国家层面会出现能够打造出公共空间的宗派或人物吗？从新年时初次参拜的人数来看，神道或许发挥了该作用。然而，从圣诞节及万圣节的盛况来看，参拜神社仅停留在习俗层面。此外，与天主教相比，以东、西本愿寺为首的现有教团以及创价学会等新兴宗教团体，在成员人数上占绝对优势。然而这些教团周围并未形成一个可容纳教团以外人群的独立公共空间。日本列岛是否曾经有过一个超越政治信条、超越宗旨而使人心神向往的存在呢？

在日本发挥上述作用的是天皇。史上各位天皇的影响力虽参差不齐，但与神治时代谱系相连的天皇从古至今都发挥着重要的社会及政治作用。虽然中世及近世的天皇无实权，但在稳定国家政治方面，将天皇纳入掌控范围必不可少，天皇是身份秩序的中心。天皇作为“日本”的象征发挥着作用，任何掌权者皆可利用天皇。

天皇代表公共，该机能在二战前的“现人神”时期得到最大程度的发挥。伴随新天皇即位，皇室热出现。由此可见天皇作为超越政治立场、阶层以及性别等的存在，现今仍受到绝大多数国民的支持。即便公共空间的内容有所变化，但由天皇打造公共空间这一状况直至今日仍未发生改变。

天皇作为打造公共空间的存在虽发挥着作用，然笔者并非想要谈论这一事项的是非对错。笔者在此所关心的内容是，长期以来日本列岛上仅有天皇能够打造出可接纳多种多样的国民的公共空间。

在近代西欧，基督教曾发挥了将世俗权力相对化的作用。随着中世向近代过渡，宗教从政治的表层消失，而主要活跃于个人领域。然而，有研究指出，近代社会中，宗教信仰作为一种国家成立之前便存在的个人基本权利，是不可被侵犯的权利，即便国家权力亦不可侵犯此权利。这使得宗教所发挥的机能得以继承、发展（水林，1977～1982）。每一独立的个体皆在最深处与超越性价值（法权）相关联，任何掌权者不可侵犯该领域。在西欧的近代国民国家中，此种世界观得到广泛认同。

近代的日本天皇，情况又如何呢？究竟是否曾经存在过某种独立的权威，以某种形式将“现人神”天皇相对化呢？向包括我父亲在内的实际经历战争的一代人打听询问时，他们经常谈及当时并未真的认为天皇即是神。同时也有观点认为，即便是在二战前，天皇也不是“现人神”（新田，2014）。尽管如此，表面上天皇作为神被无限神秘化，一旦打出天皇的名号，任何人皆无异议。这一客观状况的存在是不容否认的事实。一旦声称此为天皇的命令，民众甚至牺牲生命也在所不辞。不允许任何宗教团体做出有损天皇权威的行为，所有宗教团体皆无可奈何地被置于天皇的权威之下。

在日本列岛，将天皇的权威相对化，且能够打造出独自公共空间的存在已消失不见。消失不见的背景之一便是本文已论及的 15、16 世纪发生的宗教势力的彻底解体，以及宗教权威向政治权力的屈服。这与西欧形成鲜明对比。西欧的国王与教会并未展开正面对决，并未发生不惜流血牺牲的血腥战争。在欧洲，存在着任何人不得以宗教名义进行侵犯的领域。该领域在个人层面上一直被继承至近代。日本与欧洲不同。在近世完成权力统一时，能够将世俗权力相对化的超越性规范或理念便从日本列岛上销声匿迹了。

时至江户后期，国学者等开始规划建立以天皇为中心的新国家，试图将此前被幕府等掌握的一切政治权力和权威向天皇集中。天皇位于统治秩序的顶端，然而保证其地位正统性的不是外在的超越性存在，而是天皇自身的权威，即天皇承神武天皇以来的神孙血统。此时，天皇成为“现人神”的要素已全部具备，“现人神”体现出天皇独占圣俗两方面的权威。

尽管普遍意义上的世界观在近世渐渐衰退，宣扬日本处于优越地位的主张并未失控。阻止其失控的装置之一是身份等级制这一前近代固有的社会框架。

江户时代，社会内部等级森严。作为统治阶级的武士与其他各阶层在发型、服装等方面的不同一目了然，越级行为被严格禁止。身份等级制社会的特点在于同一国家内存在着利害关系不同的多个集团。比起国家的整体利益，各个集团会理所应当地优先确保本集团的利益。

对于身处底层的阶层以及成为统治对象的阶层而言，谁处于统治者的位置并非本质性问题。问题的关键在于统治者的统治能否让自己过上更好的生活。对民众而言，若统治者能使民众安居乐业并不断提高民众的生活质量，即便统治者是外国人，更极端地讲，是神或恶魔都无关紧要。对没有什么可以失去的人而言，安居乐业以及提高生活质量成为他们选择体制时的基准。在该体制下，超越身份界限的“日本”这一统合概念不可能得到所有阶层的广泛认同。

与此相对，近代国家的特质在于将所有成员视为“国民”，认为所有成员皆是等质的存在。近代社会中，人们虽依然分属于多种多样的共同体，但所有人皆是一个独立的国民。

在近代日本，天皇处于国家的中心位置，并被赋予统合新生国民的任务。能够保障天皇处于国家中心地位的是其作为“神孙”的地位，以及

“现人神”这一定位。天皇为神，历史悠久，“神国日本”是唯一一个拥戴天皇的国家，因此是其他诸国无可比拟的神圣存在。守卫神国并为其发展和繁荣献身，才是日本人的神圣使命。

普遍主义意义上的宇宙论消失不见，将所有成员一律视为神国选民的近代国家由此诞生。至此，能够阻止神国日本失控的所有装置全部丧失。日本作为国民国家起步较晚，天皇身处国家中心，被迫肩负起统合国民的使命。天皇被赋予过多的任务，其与他者隔绝的权威得到强调。江户时代以来，民众渴望获得自由，该愿望以希望自己升格为“人神”的形式呈现。为与民众的成神相区别，天皇的神圣性不得不无限升级。无限升级的结果致使战前极端民族主义盛行和失控。随着日本战败，这一状况虽发生了很大变化，但如今仍缺乏能够阻止民族主义失控的操作系统。我们应在认清这一现实的基础上，重新出发。

除天皇以外，日本列岛近代未曾出现于国家层面打造公共空间的存在。而这一现象只有在上述历史脉络中才能得到更好的理解，而且该状况现今仍未改变。日本在诱导国家向某一特定方向发展时，至今仍是推举出天皇或是借天皇之名来采取行动。这源于除天皇以外，无其他存在可打造出公共空间。随着政治形势的变化，与战前相同，今后亦存在将天皇推为“现人神”的可能性。

笔者并非否定天皇存在本身。笔者想要强调的是，今后为使天皇制的机能更加健全，我们应该确保与天皇相对化的公共空间以及超越性规范不缺位。而且公共空间的打造以及超越性规范的产生，绝不能通过披上巨大宗教外衣的形式实现。笔者认为以下形式较佳，即维护我们周边形成的公共空间并将这些公共空间联结起来，使日本列岛形成多个独立的公共圈。有关此问题，拟另起稿论述。

## 参考文献

〔日〕網野善彦：『異形の王権』，東京：平凡社，1986。

〔英〕ブリーン・ジョン（BREEN, John）：『儀礼と権力　天皇の明治維新』，東京：平凡社，2011。

〔日〕藤井学：「西国を中心とした室町期法華教団の発展——その社会的基盤と法華一揆を中心として」，『仏教史学』6（1），1958。

〔日〕藤井学：「近世初期の政治思想と国家意識」，『岩波講座日本歴史』近世 2，東京：岩波書店，1975。

〔日〕上川通夫：「中世の即位儀礼と仏教」，『日本仏教形成史論』，東京：校倉書房，2007。

〔日〕桂島宣弘：「民衆宗教における神信仰と信仰共同体」，『幕末民衆思想の研究 - 幕末国学と民衆宗教』，京都：文理閣，2005。

〔日〕小沢浩：『生き神の思想史』，東京：岩波書店，1988。

〔日〕黒田俊雄：「一向一揆の政治理念—『仏法領について』」，『日本中世の国家と宗教』，東京：岩波書店，1975。

〔日〕前田勉：『近世神道と国学』，東京：ぺりかん社，2002。

〔日〕水林彪：「近世の法と国制研究序説—紀州を素材として—」，『国家学会雑誌』90（1・2）、（5・6）、91（5・6）、92（11・12）、94（9・10）、95（1・2），1977～1982。

〔日〕水林彪：『天皇制史論』，東京：岩波書店，2006。

〔日〕新田均：『「現人神」「国家神道」という幻想』，神社新報社，2014。

〔瑞士〕アウエハント・コルネリウス（OUWEHAND，Cornelis）：『鯰絵』，小松和彦等共訳，東京：せりか書房，1989。

〔日〕佐藤弘夫：「仏法王法相依論の成立と展開」，『仏教史学研究』28（1），1985。

〔日〕佐藤弘夫：a「中世の天皇と仏教」，b「日蓮の天皇観」，『神・仏・王権の中世』，京都：法藏館，1998。

〔日〕佐藤弘夫：『アマテラスの変貌』，京都：法藏館，2000。

〔日〕佐藤弘夫：『ヒトガミ信仰の系譜』，東京：岩田書店，2012（英語版・韓国語版 2016、中国語版 2018）。

〔日〕佐藤弘夫：「ヤスクニの思想と記憶される死者の系譜」，『思想』1095，2015。

〔日〕島薗進：『神聖天皇のゆくえ—近代日本社会の基軸』，東京：筑摩書房，2019。

〔日〕末木文美士：『草木成仏の思想』，仙台：サンガ，2015。

〔日〕高橋章則：「思想の流通」，『岩波講座日本の思想』2，東京：岩波書店，2013。

〔日〕安丸良夫：「日本の近代化と民衆思想」，『日本の近代化と民衆思想』，東京：青木書店，1974。

## A Passage to *Arahitogami*（Supreme Living God）: Divinity of the Meiji Emperor

**Abstract**: The policy adopted by the Meiji Restoration government was to take the aspirations for advancement that had erupted from amid the masses of the people in the form of desire to be deified as *hitogami* (living god), and bind them to a devout reverence for the emperor posited as the spiritual axis of the new nation. A new national army—a standing army, theoretically blind to previous class distinction—was created. Any member of the armed forces who, in the fulfillment of his duties, laid down his life in service to the emperor was promised rebirth as a *kami*, to be forever remembered and revered by his compatriots. In effect, the logic of creation of *hitogami*using the emperor as intermediary that had been articulated and practiced within the lineages of Suika Shinto and Kokugaku was now officially recognized at the national level and implemented on a much grander scale.

The first efforts in this regard were the *syokonsha* created to celebrate the sacrifice of the soldiers who had died fighting for the imperial forces in the internal conflicts surrounding the Meiji Restoration. These war dead were reverenced as *kami* because they had given their lives for the emperor. Accordingly, the emperor himself had to be something more than an ordinary human being—and so was deemed an *arahitogami*, or supreme living god.

**Keywords**: living god; Yasukuni Shrine; Shokonsha; Class System; Tennô

# 西村茂树天皇观的演变

葛　睿*

【摘　要】在西村茂树《日本道德论》(1887) 的“建设国民品性”的一节中,“尊崇爱戴皇室”被列为最重要的一条。《教育敕语》发布之后,因为他对其赞不绝口,所以,西村给人的印象便是对“天皇”无条件的尊敬。本文通过从幕末时期的建言稿、公开发表的言论以及生前未发表的《泊翁卮言》中有关其对天皇及皇室的论述中发现西村的天皇论并不能简单归结为对“天皇”的无条件尊崇,重新绘制了西村天皇论的思想脉络。

【关键词】天皇　人君　虚器　西村茂树

## 引　言

在西村茂树(1828～1902)所著《日本道德论》(1887)的“建设国民品性”一节中,“尊崇爱戴皇室”被列为最重要的一条。《教育敕语》发布之后,因为他对其赞不绝口,所以,西村给人的印象便是对“天皇”无条件的尊敬,自然而然也就把他与“尊王”联系起来,其天皇观也就被限定在这样的“固定说法”的框架之中。长期以来,凡论及西村茂树的天皇论,都会认为西村主张的天皇论是在立宪君主制的基础上,以“皇室”为“基轴”的日本国体之下,“关注天皇个人资质的德性涵养”为中心的天皇

* 葛睿,西安外国语大学日本文化经济学院副教授,硕士生导师,研究方向为日本近代思想史。

论。[①] 毫无疑问，“天皇以及皇室”是西村茂树国民道德论中的关键词。

但是，作为从属于幕末佐仓藩的佐野藩的藩老，和佐仓藩藩主堀田正睦（1810～1864）关系密切的西村茂树，经历了从幕府到明治的时代变革。直到1887年出版《日本道德论》，把天皇作为“民心统一”的基轴的想法公之于众之时，西村对天皇或者皇室是如何思考的？那种想法又是如何形成的？这些在之前的研究中几乎见不到。所以，本文根据对西村幕末以来的天皇观的考察，在明确西村茂树思想构成的基础上，明晰同时代对天皇乃至皇室的共通认识。

## 一　在幕末的动乱之中

西村茂树在1867年的建言稿《给纪藩的回复》中写道，德川庆喜将“大政”“奉还”给“朝廷”，是中了萨摩藩和长州藩的“诡计”，但没有否认当时的幕府已无法掌控政权。西村为拯救幕府政权，提出了“上策、中策、下策”三个方案。[②]

西村的上策是借鉴诸葛孔明所说的曹操“挟天子以令诸侯”，认为当时的将军原本也可效仿此策，但是由于幕府的软弱，并且没有抓住时机，只能放弃此上策。先且不论西村提出这样的“上策”是否可行，仅凭“挟天子（＝天皇）”，就可窥见西村考虑优先解决幕府危机。中策则是“齐心合力，训练士兵、养精蓄锐”，下策则是“什么都不做”[③]。西村晚年写的回忆录《往事录》[④]，记述了他当时写以上《建言稿》的动机：

---

① 〔日〕家永三郎：「西村茂樹論」，『日本近代思想史研究』，東京：東京大学出版会，1965。〔日〕真辺将之：「西村茂樹における戦争・国家・道徳」，1998；〔日〕佐々木聖使：「西村茂樹の道徳的国家建設運動」，2000。此两篇论文收录于『西村茂樹研究論文集』，東京：日本弘道会，2004。〔日〕筑後則：「西村茂樹における「文明国家」への道」，『法政史学』第五十六号，2001。〔日〕中野目徹：「洋学者と明治天皇——加藤弘之・西村茂樹の「立憲君主」像をめぐって」，『明治天皇と政治家群像』，東京：吉川弘文館，2002。

② 《西村茂树全集》分1976年版和2004年至2012年版，都由思文阁（京都）出版。1976年版（共三册），本文称旧全集；2004年以后陆续出版全集（共12册），本文称新全集。《建言稿》引自新全集第四卷。《建言稿》是西村晚年根据自己当时对幕府和明治政府的谏言整理而成。

③ 「紀藩へ差出したる答書」，『建言稿』新四巻，第304頁。

④ 西村曾在《往事录》的卷首说：“《往事录》记载了余所经历之事实。最初略记了家谱大略和祖先考之履历，其历世积善之由来。余自身的记录甚是繁杂，但所记均为事实，并无谬误。”《往事录》是在西村去世后的第三年即1905年出版。

> 看今日之形势，以幕府之力统御海外到底是不可能之事，（中略）德川氏呈今日之状况非一朝一夕之事，乃数十年来积弱之结果，故今日并不能立刻恢复其势力。[①]

从西村的晚年的回忆录可以看出，他虽然认为幕末时期的幕府权势日益衰弱，已无“统御海内”之能力，但依然不能完全让幕府就这样投降于朝廷。

> 若亲藩谱代相合一体，呼号天下，破萨摩、长州之奸谋也未必是难事，却口称毫无对策，非忠义也。[②]

此时的西村认为的“忠义”不是对以天皇为中心的“朝廷”，而是对“幕府”的“忠义”。身处1867年幕末时期的西村，为了幕府可以破解萨摩藩、长州藩带来的危机殚精竭虑。此时的西村毫无疑问是站在幕府德川将军一侧的。这与他是藩之重臣不无关系。但也可明确看出他不是以尊王为中心的水户学派或者国学派阵营的。

在德川幕府军大败于伏见、鸟羽之后，西村更是流露出了对“朝廷”的不满。

> 前将军伏见一举乃古今之失策，悔恨不已。前将军将政权返还于朝廷，虽是形势所迫，但历经了十五代将军的政权，心平气和地将政权返还于朝廷，此事迹可算是古今历史中的一段美谈。朝廷在允许其返还的同时，应念在其祖先为国家之功劳，奖其忠诚，赐予恩典。然不仅没有恩典，反倒意图降其官爵，夺其土地，凡有人心者无不动容愤怒。[③]

此《往事录》虽为其晚年记录，但对幕府败北的遗憾，将军“失策”的“悔恨”，朝廷不当对策的痛恨，都没有丝毫的掩饰。也可说明，西村这

---

① 『往事録』新四卷，第418頁。
② 『往事録』新四卷，第419頁。
③ 『往事録』新四卷，第429頁。

样的想法直到晚年也未曾改变。后期水户学认为的政体结构是“皇室—幕府—诸侯—士卿、大夫”。将军不过是替代“皇室”摄政而已。若不胜任，就必须将大政还于天皇。受到水户学影响的西村，同意水户学提出的政体结构的同时，作为直接接受幕府统治的藩之重臣，则认为手握政权的将军将大政返还无疑可传为美谈。对于西村来说，幕府虽有实力不足败北之原因，但更多是因为萨摩藩、长州藩和“京绅”的“诡计”，让将军庆喜上当受骗、陷入危机。这时的西村更显出其作为“幕府重臣”的本色。他在回忆幕末时期的朝廷时，不信任之意溢于言表。

倒幕前后，朝廷的方针由“攘夷”变成了“缔结和约”，如此巨大的变化，让西村感到“愕然”，进而认为“不可”。当时上至“朝廷”，下至“民间志士”一致主张“攘夷”，祸乱“先帝圣听”，以致下诏“关闭港口”①。在这里，西村将“天皇”与“朝廷”区分开来，并将“天皇”置于“朝廷”之上。实际上，1853 年，帕里来航之后，在这样的外部压力下，攘夷和开国的政治对立日益严重。幕府老中佐仓藩藩主堀田正睦手握实权。受到中国第二次鸦片战争的影响以及美国外交官哈里斯的压力，开始倾向于开国。这却遭到了攘夷派的反对。反对的声音日渐高涨，1864 年成立的倒幕派虽然高举天皇的“敕令”，认同其绝对权威的同时，又以“公议”为轴心，使天皇的“敕令”相对化。幕末志士隐讳地称天皇为“玉”。“玉”在日语中有两种读法，一种是“ギョク”（gyoku），本义为“玉石”；另一种是“タマ”（tama），本义为“球”。也就是说在当时，“天皇”既具有“ギョク”（gyoku）的绝对性，也有“タマ”（tama）的被政治利用的性质。如此，朝廷和幕府的对立矛盾不断加深。事实上，幕府将军权力不断弱化，已经无法控制当时的情况了。

处在这样的漩涡中的西村，认为“攘夷”是幕府走上灭亡的要素之一。也就是说，与堀田关系密切的西村，对从朝廷到民间志士主张的“攘夷”之策心存疑念，并且认为是朝廷陷幕府于窘地，导致幕府衰退，最终走向灭亡的不归路。然而，强烈主张攘夷的朝廷却于 1869 年同奥匈帝国签署《日奥修好通商航海条约》等不平等条约。他认为朝廷在夺取政权之后，便摘下“攘夷”的假面，反身做了与幕府同样的事情，与外国交好，这足以说明朝廷的欺诈性和虚伪性。

① 『往事録』新四卷，第 433 頁。

可以看出这时的西村，对“朝廷”“王室”一直保持着距离，甚至有时还会透露出不满之情，那么怀有不满之情的西村进入明治时代之后，又是怎样思考天皇的呢？

## 二 作为“虚器”的天皇——以19世纪60年代到19世纪80年代的言论为中心

以“王室”为中心的朝廷在倒幕之后，升格至权力的中心，统率日本迈进近代社会，迎来了新时代。作为近代日本出发点的明治政府成立之后，要从制度、政体等方面对日本实行全面的新政。本节以进入明治新国家不久的19世纪60年代到19世纪80年代为中心，从西村在三个不同场合提出的言论——建言稿、公开发表的言论、未公开发表的《泊翁卮言》出发，考察西村的天皇观以及君主观。

### 1. 从建言稿来看“君主形象”

明治政府成立之初的1868年之后，西村依然是佐仓藩及其支藩佐野藩的藩臣。经历了幕府的衰退和无力的西村，很早就开始为建设新“国家”谋划，在思考建立新政体实现富国强兵等方面提出了一系列的建议。

他在《明治元年戊辰四月在京都上书辅相岩仓具视卿》中说道：

> 去固陋狭隘之见识，洞观五大洲之大，方知我国乃全地球之一隅，期盼解国内怨隙、志存高远。①

西村认识到日本只是世界的一个部分，在涉及如何在国际社会生存下去的问题时，他更期待统一全国的新明治政府打败幕府之后，可以与幕府残党消除怨隙，把目光更多的放在国家建设之上。因此他建言：

> 物有本末事有始终，若不立御国内之御政治，也无法涉及国外之事。政体有君主主权、君民分权、国民共和三类，政权分立法、行法、司法之三权。根据国势人情进行取舍之时，应立万世稳固之御国之根基。建立御国之根基之后，方可触及外事。外事之要在于富国强兵此

---

① 『建言稿』中冊新四卷，第306頁。

二者。富国之本乃兴盛通商。强兵之本在于教育，固结人心。[①]

西村提议，首先要立“御国内之御政治”，建立“万世稳固之御国之根基”之后，再考虑富国强兵之事。在“国内”“政治”“国之根基”之前，都加了“御”字，在日语中，“御”通常是用于天皇或皇室，西村特意在以上词语中加了“御”字，除了对皇室表示尊重之外，更多的是延续了他幕末以来有意与朝廷、与明治新政府保持距离的态度。此后西村的建言稿中并未见到类似的表达方式。

在给岩仓具视的建言稿中，他指出，根据“国势人情”的不同，还有三种不同的政体，虽然他并未明示应该采取哪种政体，但是他认为只有政体定下来了之后，才能开始进入“富国强兵”的阶段。他的建言并未被采用。[②]

1869 年，西村被太政官任命为佐仓大参事。[③] 这是西村首次接受朝廷的任命。明治政府建立之初，其被委以重任。1869 年秋，在讨论废藩的过程中，西村写下了《郡县议》，上书集议院，反对“废藩置县”。他对当时“尊王论”的口号，进行了以下论述。

本邦近来有一恒言，皆为尊王云云。尊王确实是美事。然主张此说者，并未将君主引向尧舜之君，而是竭尽天下之力，供一君之欲。这不仅与圣贤之趣旨相悖，而且会将君王带入乱亡之阶段。其名虽美，其实可以说并非真正爱君。何谓人君之职，乃敬天爱民，为人臣者，能引导君主敬天爱民，此才可真称其为真正的尊王。[④]

西村批判世间所谓的“尊王”之说。他认为的君主，就是“人君”。这与当时水户学倡导的以记纪神话为基础，建立起来的具有神圣性的君主形象大相径庭。而且，西村强调“人君”的职责就是“敬天爱民”，“尧舜”才是作为君主的理想形象。辅佐君主，使其成为像尧舜那样的君主才是“人臣”应尽的“本分”。

---

① 『建言稿』中册新四卷，第 306 頁。

② 〔日〕高橋昌郎：『西村茂樹』，東京：吉川弘文館，1987，第 266 頁。

③ 明治初期在府藩县三治制时期设立的仅次于地方长官的职位，相当于现在的副知事。

④ 「郡県議」，『建言稿』中册新四卷，第 309 頁。

西村从“民”的立场出发，重视“民权”的论述，在真边将之的著作《西村茂树研究——明治启蒙思想与国民道德论》（2009）的第二章“作为启蒙思想家的言论活动——《民权》和《仁政》”中有所论述。真边认为，西村以1877年的西南战争为分水岭，在那之前，向士族寻求“民权”，那之后，随着士族的彻底衰落，开始向政府寻求仁政①，他观察时事，根据“士族”的兴废判断权之所在。他在明治元年的建言稿中认为“敬天爱民”是君主必备之素养。这很容易让人联想起儒教中的“仁”的思想，但是西村却意图将“爱民”与西方的政治制度结合在一起考虑。这不仅是从上至下的“爱民”，他更强调“民”自身的“开化”，也就是，开启民智。

虽然在此建言稿中西村并未明示到底采用哪种政体，1874年3月，他在给元老院的建言稿《给左院的有关民选议院设立的建言》中，认为英国之所以能够“国富民强”“民智开化”，是因为议院制度发挥了很大的作用。所以在日本也应该尽快建立议院。在这篇建言稿中西村很明确地表明了他主张建立“立宪君主制”的立场。这样的立场不仅在建言稿中，在他公开发表的言论中也多次论及。他主张“立宪君主制”的原因也在他公开发表的言论中有所论述。

### 2. 在“公论”的场合发表的言论

关于政体，西村在1875年2月出版发行的《明六杂志》第28号的《政体三类说》（上、下）② 中明确指出，政体可分为“人君独裁”、“君民同治”和“平民共和”，这和他1868年提出政体的种类相比较，有以下的变化：①君主主权→人君独裁；②君民分权→君民同治；③国民共和→平民共和。虽然只是做了微小的调整，但能反映出西村的一些思想变化。在①中，“君主”变成了“人君”，“主权”变成了“独裁”，选用这样的具有负面意义的词语，可以看出，西村已经清楚地认识到“人君”独揽大权的“独裁”性质，且加以反对的意味明显。②中由“君民分权”变成了“君民同治”，这表明他更注重在社会中彼此承担不同的社会分工，所以主张“同治”。③中，将具有近代意义的“国民”变成了没有任何近代色彩的“平民”，可以看出当时“国民”（nation）的概念还没有完全被固定下来，“国

---

① 〔日〕真辺将之：『西村茂樹研究——明治啓蒙思想と国民道徳論』，京都：思文閣出版，2009，第69～70頁。

② 〔日〕山室信一、中野目徹校注：『明六雑誌』（中），東京：岩波書店，2008，第384頁。

民”和“平民”的概念经常会被混淆。

但是，对于西村来说，他有着比以上的说法更加合适的说法。他又将①“人君独裁”换成了“因袭政治”，②“君民同治”换成了“因袭道理混合政治”，③“平民共和”换成了“道理政治”。这样的转换又意味着什么？他认为，政体会随着民智的开启程度不同而不断发展变化。也就是说，随着民智程度的提升，政体也会由①→②→③发生变化。从这里可以看出，西村认为的政体变化，并不是依据通常看法中所说的“君”和“民”的关系，而是依据被统治一方的“民”为主体的“民智的开化”的程度。而且，针对处在社会上层的不会发生变化的“君”来说，处在社会下层的“愚民”随着学习的深入，会逐渐接近“君”的修养程度，最终政体也会变成“道理政治”。西村认为，“政治应该遵从民智开化之程度。国家的政体，适合民智开化程度则治，不适合则不治”[①]。在考虑采用何种政体之时，他更关注的是“民智”，而“君主”则被看成“民智”最终达成的标准或者目标。他认为当“民智完全被开启之时”便是用“道理”建立政体之时。[②] 也就是说，西村所主张的政体的最终形式是“平民共和”。

西村在社会的发展变化中体现了对“民”的重视。他在《明六杂志》第43号（1875年11月刊行）中的《转换说》中指出，由于幕末到维新政府的“大转换”，“第一原质尊皇攘夷”“第二原质文明开化”这两个性质完全相反的存在产生。它们能存在于“政府”和“人民”之上，实在是不可思议。但是，西村指出了其中的问题所在：

> 当时在第一原质和第二原质上都冠以人民之头衔，尤其是比起对民有利者，对民不利者居多，故托辞说困窘难办也不无道理。但第一原质逐渐消失，第二原质日渐繁盛，若政府修养民力，谋全国公益之美意，不仅是其不利者，其利者也应悉数由人民获得。[③]

正如文中所述，西村预测随着社会发展，“第一原质”的尊王攘夷会逐渐消失，“第二原质”的文明开化会日益兴盛，政府“复苏民力”，谋求公

---

① 「政体三種説」（下），『明六雜誌』第28号，1875，第389頁。

② 「政体三種説」（上），『明六雜誌』第28号，1875，第386頁。

③ 「転換説」，『明六雜誌』第43号，1875，山室信一・中野目徹（校注），東京：岩波書店，2008，第406頁。

益，最终让民受益。

> 那么若问民权在何时发生转换，人民掌握了至贵至宝的立法权时，便是民权转换之时。但是为了掌握立法权，须具备学识与气力。①

西村认为“民”掌握“立法权”之时便是真正的“民权”社会到来之时。为了到达那样的社会，“民”需具备相应的“学识”与“气力”。

根据以上“转换”民权之说法，尊王攘夷之消亡和文明开化之高扬，并且民众具备了“学识”“气力”，就可实现“民权社会”。西村在他描绘的理想蓝图中，大胆预测了“尊王”会随着民众学识的增长而消亡。那么天皇作为德智的坐标轴的意义也就没有了。为什么西村会产生这样的想法，可以从以下的文字中得到答案。

> 最初为众民杰出之人，勘定祸乱成为人君、成为人臣，朝廷乃俊杰汇聚之所、民间乃愚人汇集之地。无论王朝还是武门之初，皆与王政维新时相同。故朝廷之人与民间之人几乎可算是不同种族之人，（中略）故有必要对人民实施仁政，犹如喂饥渴者以饮食。②

这很明显与明治初期国学者宣扬的基于《记纪神话》的天皇诞生的故事截然不同。西村对照历史，否定了天皇的神圣性。西村认为镇压了人类世界的“祸乱”的优秀之人才是最初的“人君”“人臣”，并构成了朝廷；与此相对，未能成为“人君”“人臣”之人则为“愚民”。正是因为如此才有必要实施“仁政”。随即西村将此推而广之，认为无论是“王朝”之初，还是“武门”之始，“王政维新”也是同样。根据真边所说，如若这是西村在担任天皇“侍讲”（老师——笔者注）时的讲授内容的话，的确是相当大胆的发言。他既要顾虑天皇，对王政维新做出肯定的评价，又强调要对愚民实施仁政。如前所述，西村是站在“民”的立场上考虑增强民众的学识

① 「転換説」，『明六雑誌』第 43 号，1875，山室信一・中野目徹（校注），東京：岩波書店，2008，第 407 頁。

② 「東西政事主義の異同」旧二卷，1878，第 46 頁。本文收录于旧二卷，成文于 1876 年。真边认为此文是西村担任天皇侍讲时使用的内容。笔者援引真边的这一论述。另外，「東西政事主義の異同」并未收录在新版『西村茂樹全集』中，未收录原因不明。

与学习能力，进而获得“立法权”，确立民权。

如此，在西村的建言稿及其公开的言论中，可清晰地看出西村所认为的天皇形象是历史上被选出来的优秀的“人君”形象。

另外，西村明确表示生前不准出版的著作《泊翁巵言》中也记述了有关天皇的内容。接下来通过此书来看一看西村心中的真正的天皇形象。

### 3.《泊翁巵言》中的君主形象

如上节所述，《泊翁巵言》是一本因其内容有触碰当时政府忌讳的内容，故西村生前并不让公开此书。[①] 故此，可从此书中窥探西村的真正想法。《泊翁巵言》全书共分三册，和天皇有关的论说在第一册（成书于1868～1881、1882年）[②] 中最多。《泊翁巵言》第一册成书之时，正是明治新政府刚刚成立、很多知识分子及仁人志士思考新国家建设之时。西村也为此绘制了理想的政体蓝图。在《泊翁巵言》第一册（十三）《威权所在之处》一文中，他写道：

> 威权所在之处便是祸之所至之处。本邦历代天皇之中，不乏庸君、幼帝。万世一系之天位之所以坚固，虽说有祖宗德泽深厚的原因外，大抵是因为天皇乃为虚器所致，藤原氏专权，皇室些许安稳，王权完全归于霸府，皇家尤其安稳。后醍醐天皇恢复王权，皇家遇危，世间称尊王家者，不知此理，读古史对藤原氏擅权妄加评论者可谓错谬。[③]

西村认为“威权所在之处便是祸之所至之处”，权力就是“祸端”之源泉。他从历史的角度强调，天皇之所以可以维持“万世一系”是其“为虚器”的结果。也就是说，天皇象征性的存在才将“万世一系”维系至今。他的佐证便是，藤原氏执政时期，天皇因没有实权，皇室才得以安全；而后醍醐天皇（1288～1339）（在位：1318～1339）打倒幕府，恢复皇权。他认为，天皇一旦掌权便会动摇“万世一系”的“天位”。坐拥“虚器”正是皇室存在的重要保障。他在《泊翁巵言》第一册（十四）《立宪政体的冀

---

① 〔日〕高橋文博：『泊翁巵言』「解題」，新三卷，第821頁。

② 第一册最后有“此一册是明治维新初期到明治14、15年间起草之内容，偶尔会有其前后写成之文章”的记述（『泊翁巵言』新三卷，第722頁）。正好是明治新政府成立之初到明治14年政变前后。

③ 〔日〕高橋文博：『泊翁巵言』新四卷，第686頁。

望》中表明了以下构想：

> 明治中兴乃非常之伟业。若威权久聚于皇室，恐生觊觎神器者。为保此皇位之安全，除确定立宪政体、立法、行法、司法之权分立之外别无良法。彼神道者流引神代之古事说敬神尊皇也难以预防此事。之后明治十四年颁布立宪政体开设国会之诏书，谨贺王室尊荣万万岁。“明治22年举宪法颁布之大典，23年开设国会，应删除本条。”（此条在旧全集中依照西村本人之意已删除——笔者注）

西村强调，“明治中兴”即以明治天皇为主导的政权兴隆的“伟业”是应对非常时期的对策，如果权威“久”聚于皇室的话，恐怕会有觊觎皇室之人，使皇室陷入危险。因此，建议早日确立“立宪”政体，实施三权分立。西村认为若如“神道者流”只是依靠“神代占事”来“敬神尊皇”的话，即使可以守住皇位的权威，也无法完全抵御危机。在这里西村很明显地流露出了对依据神道的“尊皇说”的不信任。这也是西村神道观中的一个重要问题。另见笔者的有关西村茂树神道观的论文，在这里不做赘述。①

在同一篇文章中原文有一行小字，“之后明治十四年颁布立宪政体开设国会之诏书，谨贺王室尊荣万万岁”，由此可确定此文写于1881年（明治14年）之前。从1881年到1889年宪法颁布、1890年国会开设，对于西村来说，日本正朝着他所期望的“立宪制”的方向发展。那么西村对于天皇应该怎样坐拥“虚器”究竟是如何论述的？具体来看《泊翁卮言》第一册（二十七）《帝室政府》中的论述。

> 本邦的帝室与政府不同。帝室乃万世一统毫无变化。万一帝室发生变化，国之安全也将不保。政府则因时不断变化。帝室原本就拥有政治之最高领导权，但又不与政治之得失有直接的关系。犹如英国，据说有国王不死就不会有过错之国法，这是立宪体制必须着眼之处。此主义丧失之时，则帝室危矣，国亦危矣。政治之得失全在政府，其所为若不能满足人心，则辞去首相之职让与他人，此乃立宪政体至美

① 关于西村神道观的论述请详细参见笔者的「西村茂樹における神道観——国民道徳の基礎をめぐって——」，『宗教研究』第368号，2011。

之处。邦人至今仍不区分帝室与政府共称之为朝廷，往昔且不计较，时至今日，绝不可再混为一谈。①

在此文中，西村构想日本“帝室”与“政府”的关系时，参照英国的立宪制度，明确表明“帝室”和“政府”绝不可同一而论。“帝室”乃“万世一统”，没有变化，虽处于政治的顶端，却与政治之得失没有直接关系。“帝室”的不变以及与国家之安危紧密相连的关系，与“政府”应担负所有责任形成鲜明对比，一旦出现问题，强调作为责任人的首相要引咎辞职，让位他人。

西村勾画的天皇或者皇室形象，与之后福泽谕吉 1882 年在《时事新报》连载发表的《帝室论》比较看来，福泽认为的“帝室乃政治社外之物”② 与西村所述的“天皇坐拥虚器”一说有异曲同工之处。但二人的依据却有所不同。

去年十月下令开设国会。世上结党之者甚多，都是我日本之政治转变为立宪国会政党之风。此时吾辈最担心的唯有帝室。（中略）众所周知，政党之争变数甚多，争论尘嚣日上之时，帝室如何处之，终归会有助左或是庇右之事，故烦闷之政党，一方得意、一方不平，不平一方终归会怨恨帝室。③

与西村大力主张开设国会不同，福泽认为因为国会的开设会使皇室卷入政党纷争、招致“怨恨”，陷入危险境地。所以，皇室必须置身政治之外。这与西村立足历史的角度不同，福泽更多的是立足现实分析皇室应处的位置。

福泽在《帝室论》中指出：“帝室统领万机，但绝非处理万机。统领与处理有着千差万别。”④ 福泽虽认为皇室处于统领天下政治的位置，却不主

---

① 〔日〕高橋文博：『泊翁巵言』新四巻，第 697 頁。

② 〔日〕福沢諭吉：「帝室論」，〔日〕坂本多加雄：『福沢諭吉著作集』第九巻，東京：慶応義塾大学出版会，2002，第 168 頁。

③ 〔日〕福沢諭吉：「帝室論」，〔日〕坂本多加雄：『福沢諭吉著作集』第九巻，東京：慶応義塾大学出版会，2002，第 170 頁。

④ 〔日〕福沢諭吉：「帝室論」，〔日〕坂本多加雄：『福沢諭吉著作集』第九巻，東京：慶応義塾大学出版会，2002，第 171 頁。

张皇室直接参与具体政治行动。这与之前西村所述的“帝室原本就拥有政治之最高领导权，但又不与政治之得失有直接的关系”相似。如前所述，西村和福泽二人都参考了英国立宪制度，从而提出有关皇室与政府的关系的思考。

如此，西村在1868年至1881、1882年前后写的《泊翁卮言》第一册中有关“帝室”的言论和福泽的《帝室论》（1882）中有类似的说法一目了然。有关皇室或者天皇在政治中所处的位置的“天皇象征性”的论说，足以证明西村作为主张“天皇象征性”的先驱更早于福泽①。

无论是西村还是福泽都主张天皇或者皇室作为最高统治者的同时，却都认为不能直接参与政治。那么在他们看来皇室或者天皇到底应该具有怎样的意义？或者说，应该发挥怎样的作用？

## 三 作为“人心统一”核心的天皇形象

西村和福泽二者视角、论据虽有不同，但都认为天皇或者皇室不可和政治关联，并可在“统一人心”或者“收揽人心”方面发挥作用。

福泽在《帝室论》中指出，“政治”是“煞风景”之事，其不过是依靠法律维持社会秩序的工具而已，并不能统御人们的精神。也就是说“政治唯社会之形体，却不足以收揽社会众心”②。福泽强调，对于习惯了在“数百年来君臣情谊”的空气中生活的日本国民来说，“帝室”才是“收揽日本人民精神的中心”，皇室更具有聚集人心的作用。这非常接近西村提出来的以皇室聚集人心、寻求社会稳定的态度。

除了以上《泊翁卮言》第一册中出现的有关皇室的言论之外，西村再次提及天皇乃至皇室是在其著作《日本道德论》（1887年初版）的第五段“道德会主要实施内容”中的第五“塑造国民品性”中的其八“尊崇爱戴皇室”：

---

① 在相关研究中，福泽被看作主张“天皇象征性”的先驱。见〔日〕坂本多加雄「解説」，『福沢諭吉著作集』第九巻，東京：慶応義塾大学出版会，2002，第309頁。小川原正道在此论点的基础上，针对此，进一步论述了这在同时代乃至之后的时代，“如何受容、如何反论，并带来了哪些影响”，进一步明确了其思想脉络，赋予了福泽的天皇论研究新意。见〔日〕小川原正道「福沢諭吉の天皇論」，『法学研究』第八四巻第四号，2011。

② 〔日〕福沢諭吉：「帝室論」，〔日〕坂本多加雄：『福沢諭吉著作集』第九巻，東京：慶応義塾大学出版会，2002，第172頁。

> 本邦尊重皇室，自古以来众所周知。时至今日再次提及未免愚钝，但神武创业以来。皇位一系，别无旁系，仅此一项就是世间不可比拟、邦人足以对万国夸耀之事。自我等祖先两千五百余年以来，成为此国之民，尊戴一姓之天子，诚乃因缘深厚，我国民对此皇室尽忠实乃兼备道理和情义（中略），如欧洲诸国帝王，无万世一统之家，对其民之功德，多不及我皇室，但其国民皆奉其王家不衰。况本邦之 皇室与本国共为悠久绵长者，万一皇家有所变动，即本国之变动，皇家之安泰即本国之安泰，夫民心所向定，其国坚固，民心所向不定，其国坚固不再。西洋诸国政府遵从宗教，盖民心所向固定一处，如本邦既有至贵至尊之皇室，悉此民心归向皇室，国自会巩固安全。何须假借宗教之力。①

此段话被收录在《明治天皇纪》中，且受到盛赞。② 西村在“尊崇爱戴天皇”这一小节中，强调“我日本国民之品性，此条为最重要”③。西村认为“万世一系”的皇室的存在本身就是日本特有，且足以夸耀全世界的，在日本非常重要，无可替代；并且皇室之命运是与国家之命运联动存在的。正是因为以上这段话，人们对西村的评价多是“尊崇天皇的保守派”。

但是继续深入思考的话，西村认为西方各国有民心所向的尊崇的宗教，在日本则有皇室的存在，其足可以取代宗教，发挥凝聚人心的作用。因此，日本并不需要借助宗教的力量，换句话说日本不需要宗教。在这里也可解读为，在西村的眼中皇室的作用不过是西方宗教（基督教——笔者注）的替代品，更注重其“统一人心”的作用。

## 结　语

在国学大行其道、宣扬天皇为神的子孙的论说为主流的幕末明治时期，西村从历史的角度出发，认为成为天皇者，乃是历史上战乱纷争中取胜的优秀的具有德行，且备受尊重的“人君”。其在新的日本国家的作用就相当于西方的宗教，统一人心，且不涉及政治权力中心。只有坐拥“虚器”、处

① 『日本道徳論』新一卷，1887 年初版，第 168 ~ 169 頁。

② 宮内庁：『明治天皇紀』第六冊，前揭第 668 ~ 670 頁。

③ 『日本道徳論』新一卷，1887 年初版，第 169 頁。

于虚位，才可保皇室安稳、国家安泰、世间太平。

另外，也正因为是历史长河中优胜劣汰的胜者，天皇才成为民众德行、才智之标杆。国家在建设过程中，随着普通民众的道德修养及知识水平的提高，达到“道理政治”“平民共和”之时，天皇、皇室会像宗教那样不再有存在的必要，进而消亡。

通过本文的分析，可以明确在天皇在政治中的位置以及作用方面福泽和西村的论述虽有相似之处，但不同的是西村认为皇室只是发挥了替代西方宗教的“统一民心”的作用，最终会走向消亡。这不得不说，西村非常大胆。本文在进一步明确了西村的天皇思想脉络的同时，证明了长期以来西村思想研究中论述的“尊戴天皇”的保守形象的错误认知，赋予了西村思想中天皇论研究以新意。

## The Evolution of Shigeki Nishimura's View of the Emperor

**Abstract**: Shigeki Nishimura (1828 ~ 1902) in the “Construction of National Character” in his “Japanese Morality” (1887), “respect and love the royal family” was listed as the most important one. After the release of “Educational Edict”, because he was full of praise for it, Nishimura gave the impression of unconditional respect for the “Emperor” . This article finds that Nishimura's theory of the emperor cannot simply be attributed to the “emperor” from the comments on the emperor in the late Tokugawa period and the imperial family in the unpublished “Hakuo shigenn” . Unconditional respect, redrawing the ideology of Nishimura's theory.

**Keywords**: Emperor of Japan; Human Monarch; Virtuality; Shigeki Nishimura

# 北一辉的天皇观：从“神道式国体”到“现代国体”*

黄世军**

**【摘　要】**北一辉的天皇观是建立在宪法解读基础上的，他吸收了“国体论即主权论”及“天皇机关说”等主张，提出明治宪法，确立了国家主权，从而完成了对于“神道式国体”的批判，并指明“现代国体”的发展方向。国家主权论包含着确立国家主体能动性的诉求，这就意味着组成国家的“特权者”天皇及国民的能动性被消解乃至剥夺，个体沦为国家的工具。以“帝国主义二重性”为代表，北一辉的民主社会主义学说最终演变为对外扩张的意识形态。

**【关键词】**北一辉　天皇观　“神道式国体（论）”　“现代国体”　明治宪法

1936年2月26日清晨，“二·二六事件”爆发。这场以所谓“昭和维新”为目标的军事政变，最终在昭和天皇的介入下迅速被镇压。参与政变的军人及相关人员被逮捕，其中就包括北一辉及其支持者西田税，而这两人也在嗣后的军事法庭审判中以“首魁”的罪名被判处死刑。

从主流意见看，北一辉与“二·二六事件”有着密切的关联是没有疑问的，也正因如此，北一辉“日本急进法西斯的代表”、右翼思想家的形象得以确立。但是，这种意见却包含着一组难以回避的矛盾：“二·二六事件”主张的“国体明征”事实上与北一辉对国体论的批判态度是对立的。

---

* 中国博士后科学基金项目：“北一辉国家观及其思想定位”，项目号：2020M670214，负责人：黄世军。

** 黄世军，北京外国语大学日本学研究中心博士后，研究方向为日本思想史。

在北一辉的处女作《国体论及纯正社会主义》① 中，他就主张当时日本流行的国体论（即“神道式国体”）不符合进化规律（“天则”）的观念，因此需要发展出“现代国体”以适应日本的进化进程，而这一观点也成为《日本改造法案大纲》② 以天皇为中心建构“革命大帝国”日本的前提。一方面，如果从北一辉的态度出发，我们很难想象他与“二·二六事件”之间的关联；另一方面，基于昭和天皇和日本社会将这一事件定性为“叛乱”，北一辉之弟北昤吉提出，从思想的角度看，有着尊王思想的北一辉与被称作“前古未曾有的不祥之事”的二·二六事件关联“必定会成为后世史家的问题”。③

这样的矛盾勾勒出北一辉的两个完全相反的形象，即尊王者北一辉与改革者北一辉，那么我们应当如何理解这两重形象呢？笔者认为，梳理北一辉的天皇观，即理解并把握他主张的日本从“神道式国体”向“现代国体”的转变是值得尝试的理路。

## 一　北一辉所尊之“王”：“天皇”的定位与明治宪法

北一辉革命者和尊王者的双重形象，实际上源自他对天皇的基本认知。我们可以说，北一辉并不反对天皇的存在，对于天皇制（君主制）本身也并不排斥，而他真正反对的是被政治意识形态捆绑的天皇制，这就是所谓的“神道式国体”。

北一辉具有尊王思想，这是毫无疑问的。这样的思想痕迹，以笔者管

① 下文简称《国体论》。如无特殊标注，本文所引《国体论》皆出自『北一輝思想集成』，東京：書肆心水，2015，在引用过程中也将在正文中统一采用“《国》，章－节，页码”的形式而不一一注明。

② 下文简称《大纲》，引用方式同《国体论》。本文所引《大纲》出自『北一輝思想集成』，東京：書肆心水，2015。

③ 〔日〕北昤吉：「兄北一輝を語る」，『思想と生活』，東京：日本書荘，1937，第 259～303 頁。北昤吉提出，当时（1937 年）二·二六事件的真相并不明了，而事件的叛乱性质与北一辉的尊王思想又是矛盾的，因此直接断言北一辉与其相关是武断的。我们应当承认，北昤吉所指出的质疑的两个理由是有一定合理性的。但随着相关史料的不断公开，以“真相”为由为北一辉辩护的理路逐渐失效，因此木村时夫等人尝试从思想的层面打破北一辉与二·二六事件之间的联系，具体论述可参见〔日〕木村時夫「北一輝と二・二六事件：その切点の解釈をめぐって」，『早稲田人文自然科学研究』，東京：早稲田大学社会科学学会，1976 年 2 月 13 巻，第 17～39 頁和〔日〕木村時夫「北一輝と二・二六事件：その周辺者の思想的対比」，『早稲田人文自然科学研究』，東京：早稲田大学社会科学学会，1977 年 2 月 14 巻，第 17～49 頁。

见，最早可以追溯到北一辉的中学时代。1898年，北一辉撰写的《访彦成王之墓记》（「彦成王ノ墓ヲ訪フ記」）一文发表于《佐渡中学同窗会志》。在这篇文章中，北一辉流露出极为素朴的尊王观念。而在《国体论》、《支那革命外史》[①]和《大纲》这三部著作中，北一辉虽然猛烈攻击所谓“神道式国体”，但从始至终天皇及天皇制就一直存在于他所理解的“现代日本”架构中，而且天智天皇和明治天皇还反复以进化推动者的形象出现。然而，《国体论》对于“神道式国体”的批判以及“现代国体”的建构，正如古贺暹所言，包含着“实践性的日本革命论不可或缺的部分”[②]，这就意味着它冲击了既有的政治秩序和思想秩序（比如对忠孝论和君臣一家论的批判），而对“国体”的改造也必定会影响对天皇的认知。从这个角度出发，我们可以认为北一辉实际上是希望重新建构天皇制度的，他也因此是一个革命者。

那么对于北一辉而言，“天皇”和“国体”分别意味着什么呢？他又是如何建构“天皇－国体”观念的呢？概括而言，北一辉的“天皇－国体”观是以进化论为基本理论框架，通过统合穗积八束主张的“国体论即主权论”和美浓部达吉的“天皇机关说”而提出的。具体而言，站在进化的高度，北一辉提出人类进化的极致是民主社会主义，而在近代日本的语境下，需要首先实现国民国家化；但不论是民主社会主义还是国民国家，都包含着进化所带来的平等、自由等全新的观念，同时，“主权者”也随着平等观念的发展从个体（君主）、阶级（贵族）转变为作为总体的国家本身。

这样的思考包含着主权论的变革（即国体的变革）。《国体论》通过梳理日本历史中“天皇”（“王”）一词的含义变化，提出“天皇”的概念伴随进化完成了多次转变。这意味着国家的主权者在历史发展的过程中并非一成不变，这也是“神道式国体”最根本的谬误。北一辉之所以关注“王”的含义变化，实际上源于有贺长雄的观点。有贺认为，“王”这一汉字从古至今在含义层面没有变动，因此完全可以按照《古事记》和《日本书纪》的相关记录建构日本的国家体制。以进化的“天则”为基础，北一辉攻击了这种倾向。他批评有贺的研究是“极不谨慎的独断论”（《国》，9－38，261－

---

① 下文简称《外史》，引用方式同《国体论》（引自『支那革命外史』，東京：聖紀書房，1941）。“支那”一词在北一辉思想中具有特殊的含义，且考虑到引文应尽客观地表现作者的原意，因此笔者在引述北一辉观点时对这一措辞予以保留。

② 〔日〕古賀暹：『北一輝：革命思想として読む』，東京：御茶の水書房，2014，第151～154頁。

262)，并指出“事实上日本的国体在数千年间并非同一，日本之天皇亦非古今不变者”（《国》，9－38，263）。北一辉提出，在日本历史中，“天皇”至少有三重完全不同的意涵，即，古典时代“祭祀祖先之祭主”（《国》，13－65，357）、“作为最强者的命令者”（《国》，13－66，357）、中世的政权争夺旁观者（《国》，13－67，364）。换而言之，天皇在近代之前分别扮演了祭司、绝对主权者、象征主权者的角色，与之相关联的“国体”虽然略有改变，但本质上日本还是以天皇为主权者的国家。

但问题在于，天皇的主权者地位是否因明治宪法的颁布而改变。北一辉认为，进化意味着“平等的扩大”，明治宪法作为近代宪法是一部“国民国家宪法”。这意味着近代日本必须是一个民主国家，那么天皇就不可能是具有绝对权力的“所有者”，而是作为“特权者”的国家机关。幕末以来的“王政复古”思潮隐含着将天皇视为绝对主权者的基本逻辑，这是与近代的进化意涵相矛盾的。因此，围绕着明治宪法与国体以及国体论之间关系的问题，北一辉提出了一种全新的解答思路。北一辉的明治宪法解读理论是他所言“现代国体”的基础，是通过解读明治宪法变更国体的理路。从承认宪法与国体之间关系的角度说，这与引入“国体”展开宪法解释是一致的；但是，相较于以国体为前提的宪法解释，即“神道式”的方式，北一辉的理路是完全相反的。

事实上，日本近代在探讨宪法与国体关联问题时，先后存在三条不同的路径。自明治宪法编撰至初期明治宪法解释是第一阶段。在这一阶段，论争的重点并非宪法是否应当引入国体观念，相反，日本宪法应当遵从国体的观点基本上可以认为是主流意见，而这种观点直到战后依然发挥着不容忽视的影响。① 第二阶段则是“天皇机关说”理论的建构与完成，以美浓

① 比如，小森义峰自1989年至2009年间撰文论述所谓“国体法”的问题。在「日本の伝統的国体法と神道」（『日本政教研究所紀要』，東京：国士舘大学日本政教研究所，1989年1月13号，第1～17頁）一文中，小森认为，通过穗积八束对“国体”与“政体”的区分，上杉慎吉在宪法学领域首次使用了“国法学”的概念；而在「司法権の限界と国体法」（『憲法論叢』，関西憲法研究会，2009年12月16号，第69～88頁）一文中，小森进一步指出“国体法”是指“关乎国家存立基础之法”“关乎立国大本之法”“为宪法根底之法”，亦即成文宪法所必须遵循的规范；而具体到日本的情况，小森认为“我国传统性的国体法”必须包含“万世一系之天皇对外为日本元首，对内为统治权之总揽者”、“作为国家存立之精神性基础，神道存在”和“天皇统治的本质性内容是王道主义性的”三点。由此小森主张国民主权说是反国体的，而诸如对平成天皇行即位礼、大尝祭等的诉讼是无效的（即司法不能涉及“国体法”）。另外，有关“国体法”的说法还可参照「日本国憲法と国体」（〔日〕慶野義雄：『憲法論叢』，関西憲法研究会，1995年10月2号，第65～74頁）一文。

部达吉为代表，国体与宪法的关联被弱化；而北一辉基于宪法解读要求变更国体的理路，在思想层面则是一个显著且意义重大的转折。

对于明治宪法的编撰而言，国体应当在何种程度、以何种方式被宪法吸收，从而形成具有日本特殊意味的近代国家体制，这是最为核心的议题之一。关于这一议题，我们可以首先简单地区隔官方与民间两种意见并加以说明，无论是以元老院为中心的明治政府，还是以植木枝盛等人为代表的自由民权派，都是以天皇的存在为不容置疑的前提理解日本宪法（草案）的。[①] 另外，参与编撰宪法草案的明治元勋内部同样存在分歧。在明治宪法的编撰经历的十余年中，宪法草案屡次修改，[②] 各草案间不仅有措辞、表述等细部的差异，还包括宪法总体布局乃至指导思想的转变，[③] 但毫无疑问的

---

① 在以往对于民间“私撰宪法（草案）”的研究中，学者们往往更愿意关注植木枝盛起草的《日本国国宪案》（1881）（本文下称“植木宪法草案”）和千叶卓三郎等人所起草的《日本帝国宪法》（即“五日市宪法”，1881）具有民主主义性质这一点。尤其是对植木所起草的宪法草案的研究，学者们一再强调植木宪法草案除了规定“日本人民”（而非臣民）享有诸如宗教、经济、言论、出版、结社等自由之外，还特别赋予人民抵抗权与革命权，即“政府违背国宪时，日本人民可不服从。（政府恃威力而逞擅恣暴逆时，日本人民可持兵器反抗之）”（第七十条）；“政府恣意违背国宪、恣意残害人民之自由权利，而妨害建国之旨趣时，日本人民可覆灭之并建设新政府”（第七十二条）（〔日〕植木枝盛：『日本国国憲案』，『現代日本思想大系 3　民主主義』，第 78 頁，東京：筑摩書房，1965）。而安在邦夫、家永三郎等人对此都有讨论，分别见『自由民権運動史への招待』（〔日〕安在邦夫，第 48 頁，東京：吉田書店，2012）及『日本の民主主義』（〔日〕家永三郎，『現代日本思想大系 3　民主主義』，第 14 頁，東京：筑摩書房，1965）。实际上，植木宪法草案等“私撰宪法”对于国体的基本态度是明确的。在植木宪法草案中，植木详细地规定了天皇（及摄政）所享有的特权及权限等内容，这意味着即便是极具民主意味的植木宪法草案同样在国家根本大法之中预留了符合国体理念的内容与空间，且植木宪法草案中人民的抵抗权与革命权所针对的是“政府”而非“国家”，而这两者在近代政治语境中并不相同。因此简单地将围绕着明治宪法编撰的官方－民间意见的区别归纳为君权－民权的对立，这是不够准确的。

② 关于日本宪法起草时期所出现的各类官方草案，可参照〔日〕尾佐竹『日本憲政史の研究·第七章』，東京：一元社，1943，第 145～274 頁。

③ 比如，明治宪法与井上毅所编撰的宪法草案（本文下称“井上宪法草案”。井上宪法草案参照日本国立国会图书馆电子资料 2017 年 12 月 20 日公开，http://dl.ndl.go.jp/info:ndljp/pid/11031189）两者，从措辞及内容看，井上宪法草案中“国民”的表述被“臣民”取代，井上宪法草案中独立的“国土”内容被取消。而从排序看，井上宪法草案以国土、国民、天皇、内阁、立法权、裁判、会计为顺序，计 101 条；而明治宪法则以天皇、臣民权利义务、帝国议会、国务大臣及枢密顾问、司法、会计、补则为顺序，计 76 条。除了这样明显的在宪法条文具体排序及措辞上的差别之外，明治宪法第一条明确添加了“万世一系”的内容。而按照《宪法义解》的说法，正是因为“万世一系”的皇统在国体论中占据着极其重要的位置，明治宪法第一条中明言“万世一系”具有“非表依宪法（转下页注）

是，这些分歧都没有从根本上否定天皇和国体作为宪法不可或缺的组成要素，因此，无论是官方－民间关于宪法草案的分歧，抑或明治元勋内部的分歧，实际上都只是围绕着宪法如何引入国体论的不同意见。

美浓部达吉的宪法解读突破了这样的限定。美浓部将宪法（学）与国体论视为相互独立的领域，主张“国体”并非法学概念，因此不能运用于宪法学之中。[①]以此为基本前提，美浓部构建出“天皇机关说”。对于北一辉而言，“天皇机关说”的主张有利于国家主权说的确立，因此他基本认同美浓部的观点。但与美浓部相反，北一辉承认宪法与国体之间存在关联，并提出通过解读明治宪法进行国体变更的理路。具体而言，北一辉以“国民国家宪法”为前提，对所谓“钦定宪法”进行了颠覆式的解读，从而构建出“现代国体”。

关于明治宪法的“钦定宪法”性质，此前已多有研究，但几乎没有学者对“钦定”的影响做进一步分析与阐述，这就使得坂野润治所言宪法解释的“自由度”问题难以得到解决。坂野认为，由于明治宪法自身包含着诸多矛盾，宪法解释存在三种明确的倾向，即天皇中心、内阁中心及天皇－议会中心。“天皇机关说”是内阁中心式的宪法解读的代表学说，而在政治选择过程中，“天皇机关说”最为符合主流诉求，因此在现实政治场域内“天皇机关说”成为主导意见。[②]可以说，坂野自身在一定程度上已经解答了所谓“自由度”的问题，即明治宪法自身包含的矛盾、“国体”概念的暧昧，是“自由”的解释出现的原因。但问题在于，为何作为国家根本大法的明治宪法会包含这些矛盾。笔者认为，这个问题的答案实际上隐藏在作为“钦定宪法”的明治宪法是权力的自我主张还是权力的自我限定这一问题之中。

首先需要解释的是“自我限定”的措辞。无可否认的是，明治宪法对

---

（接上页注③）新设之意，示固有之国体由宪法愈发巩固也”的意义（〔日〕伊藤博文：『帝国憲法義解·皇室典範義解』，東京：国家学会，1889，第1頁），但井上毅并没有这样明确认为宪法源于国体且能够“巩固”国体的观念（见〔日〕井上毅『憲法義解（未完初稿）』，『憲法資料·中巻』，東京：憲法資料刊行会，1934，第1～2頁）。

① 见〔日〕美濃部達吉『憲法撮要Ⅱ』，第2章第4節，和歌山：桜耶書院，2016。需要说明的是，美浓部达吉的强调并不是否定“国体”的存在，也对自身持有国体观念没有排斥，他也提出了“不文宪法”的说法。

② 坂野润治的相关论述见『近代日本の国家構想：1871～1936』第3章，東京：岩波書店，2009。

天皇、枢密院、议会及大臣的权限进行了细致的规定，从这个角度说明治宪法确实包含着权力限定的意味；但是，鉴于明治宪法的制定与颁布源自以天皇和明治元勋为中心的权力中枢，且完全没有采纳民间“私撰宪法”及自由民权运动的主张，因此我们必须认为，无论我们如何认定明治宪法包含着民主观念并尝试对权力进行限制，这种“限定”也只能是作为由上而下的“赐予”而非协商的产物，因此只能称之为“自我限定”，而这种“自我限定”相较于“私撰宪法”的民主主张实际上更加接近于权力的自我主张。

如果说明治宪法对权力的自我限定与权力自我主张极为相似，那么我们是否可以认为明治宪法实际上就是纯粹的权力的自我主张呢？笔者认为，答案是否定的。相较于“私撰宪法”，明治宪法无疑是权力中枢对自身权力的主张，但是明治政府的权力中枢至少包含着天皇与元勋两大势力，而元勋内部又有着公卿阶层和各藩势力等的区分。这样复杂的现实状况意味着在明治宪法编撰、实施、解释的过程中，权力中枢内部对权力很可能也存在着争夺。为了实现权力的内部制衡，明治宪法必须包含权力的自我限定。[①] 这么一来，天皇亲政式的“自主独裁”是很难实现的。

那么，无法实现“自主独裁”的天皇在明治宪法体系之中所扮演的角色又是什么呢？如果借用丸山真男“神舆”、“役人”和“无法者（無法者）”的区分[②]，我们可以认为天皇实际上扮演着“神舆”和“役人”的双重角色。即，一方面，在明治宪法体制下，天皇享有日本国内所有人的拥

---

① 比如，岩仓具视主张的“王政复古”实际上意味着天皇的“自主独裁”，而这样的主张在明治宪法编撰阶段则直接表现为对宪法钦定、天皇亲政及天皇握有绝对权力的主张（参见〔日〕藤井新一「岩倉公の国体観と憲政指導」，『駒沢大学商経学会研究論集』，東京：駒沢大学商経学会，1964 年第 5 卷，第 138 ~ 156 頁）。但是，岩仓的主张并没有完全付诸实践，以《古事记》文本为依据，井上毅与伊藤博文等人通过将“统治”训读为“シラス”（知らす，知）而非“ウシハク”（領する，占有/奄有），主张所谓的“天皇统治日本”是指天皇并不是以占有土地、人民的方式支配日本，而是以神的姿态降临日本，并将具体的事务分配给臣僚。关于“シラス”的说法可参见〔日〕井上毅『憲法義解（未完初稿）』，『憲法資料・中巻』，東京：憲法資料刊行会，1934，第 1 ~ 2 頁及〔日〕伊藤博文：『帝国憲法義解・皇室典範義解』，東京：国家学会，1889，第 1 頁；关于“シラス”与“ウシハク”的区别，可参见〔日〕小林敏男「天皇の統治権を考える：“ウシハク”と“シラス”を通して」，『日本文学研究』，東京：大東文化大学，2015 年 2 月 54 号，第 1 ~ 21 頁。

② 参见〔日〕丸山眞男「軍国支配者の精神形態」，『超国家主義の論理と心理』，東京：岩波書店，2015，第 203 ~ 204 頁。

戴与尊敬，为这个国家及政府提供合法性支撑，是“神舆”；但另一方面，天皇又受“神孙为君”等国体观念约束，一旦他的某些行为被认为有违国体，也同样会引来非议。这么一来，基于“神道式国体”的宪法解读，我们倾向于将明治宪法理解为权力的自我主张，并突出天皇的“神舆”角色。与之相反，北一辉观念中进化的“天则”是一切人类活动的合理性来源，唯有“天则”扮演着“神舆”的角色；明治宪法作为“国民国家宪法”遵循了“天则”，因此是“神舆”的代表，而天皇与国体只不过是宪法的“役人”。

但“役人”的定位并不能直接解释北一辉保留天皇及天皇制度的原因，特别是在天皇的“特权者”形象似乎与“平等”的近代国家矛盾的情况下。关于这一问题，北一辉从两个方面进行了论述：首先是从进化的角度说，君主制的出现是为了满足进化特定阶段的诉求的，因此人类历史中普遍存在君主国得以确立的内在需求及外部条件，这意味着天皇制度在日本出现并非偶然；其次，进化的必然性又要求天皇的存在以及与天皇制度紧密关联的“神道式的国体观”也必须顺应历史的发展，即北一辉提出的“为国家而存在的天皇”的观点。

北一辉认为，古典家长制—贵族制—封建制—民主制—民主社会主义是人类（特别是日本）必定遵循的进化路径，而在日本历史中，天皇对于历史发展（即进化）存在积极的推动意义。比如天智天皇所希望构建的是“意识到天皇是国家的一部分、国家自身中有其生存进化之目的”的“儒教之理想国家”（亦即“民主国家”）（《国》，14-71，386），明治维新继承了天智的遗志并达成了卓越成就，而明治天皇本人贡献良多，其具体表现则是作为“自由与统一之中枢”推动革命的顺利进行（《外史》，16，323）。正因为“天皇是为了国家利益而维持国家的制度”（《国》，14-75，399），北一辉主张“为了国家利益而尊重天皇的政治性特权”（《国》，14-75，403），这种特权意味着天皇是“国民之总代表”“国家之根柱”，即在“民主国时代”的日本，“天皇含有纯粹的政治性中心的意义，在成为此国民运动的指挥者以来，作为现代民主国的总代表而代表国家”（《大纲》，卷一，482）。而通过以“国民之天皇”为中心建立“革命大帝国”，日本事实上完成了“现代国体”的建构。

通过如上梳理，我们可以看出，北一辉所尊之“王”实际上指在近代国民国家预设前提下的、以“广义国民”和“特权者”身份出现的天皇，而这样的天皇定位不同于“神道式国体”所主张的外于国家的绝对主权者，而是在国家内部存在的特殊机关，且服务于国家利益。基于这样的定位，北一辉将明治天皇视为第一代“民主主义之大首领”的判断是可以确立的[①]；然而，由于天皇主权者的地位被“比喻性的有机体”国家所取代，在北一辉的思想架构中，天皇事实上是被剥夺了能动性，或者说是缺乏实施自身能动性的渠道的。

## 二　天皇能动性的被剥夺及国家主权论

那么，天皇的能动性是怎么被北一辉逐渐剥夺的呢？笔者认为，北一辉是通过国家主权论的建构消解天皇的能动性的。当然，在北一辉的论述中，天皇保留着发挥能动性的可能，比如《国体论》提及的“钦定宪法”与《大纲》提及的天皇“大权发动”。但无论是“钦定宪法”还是“大权发动”，我们都能看到北一辉对天皇能动性的种种限制。

在论及明治宪法的钦定性质时，北一辉提出，“《大日本帝国宪法》固然是钦定宪法，然而‘钦定’……表明了国家之主权通过唯一的最高机关变更最高机关、必须由特权之一人与平等之多数组织的含义”（《国》，14－74，398）。这确实是天皇发挥能动性的过程，但更重要的是，天皇是在遵循进化“天则”的前提下行动的，即，日本的进化意味着“平等观的扩张”（《国》，13－70，377）。原本天皇独占的主权在中世、近世被贵族、诸侯等分割，而“维新革命之本义实质上在于民主主义”（《国》，14－71，381）。这种“民主主义”意味着所有人都趋于平等，天皇成为美浓部达吉所言的“广义的国民”。为了顺应进化，天皇同意放弃“唯一的最高机关”的地位（即“变更最高机关”），同时以“特权之一人”的身份参与到近代日本的建构中，而这就是明治宪法的“钦定”。换而言之，明治宪法的“钦定”实际上是进化完成后天皇受动性的表现，作为国民的一个特殊存在，天皇除了选择代表国民颁布宪法之外没有其他选择，而这也是唯一符合国家利益的选择。

同样，作为“神格”的天皇在实施“日本改造”时可以行使“大权”。但在北一辉的论述中，“日本改造”是进化“天则”的必然，且符合日本的根本利益。同时，天皇的“大权发动”“必须经由国民团体与元首（即天

---

① 〔日〕古賀暹：『北一輝：革命思想として読む』，東京：御茶の水書房，2014，第210～211頁。

皇）的合作”（《大纲》，卷一，481），其具体方式是“天皇为了与全日本国民共同确立国家改造之根基，由天皇大权之发动，在三年内停止宪法、解散两院并向全国宣布戒严令”（《大纲》，卷一，481）。这样的限定展现出天皇能动性被严格约束。

此外，在“国民国家宪法”体制下“天皇非国之元首”也“非总揽统治权者”（《国》，9-41，274），只是一个“特权者”，那么天皇实际上并没有权力也没有合法渠道要求“停止宪法”。为了解决这一问题，北一辉提出必须通过军事政变的方式实现天皇的“大权发动”，其原因在于“能够（从军事政变中）看到国家权力亦即社会意志直接性的发动”（《大纲》，卷一，481）。然而，《国体论》明确提出天皇不是国家元首，这显然与《大纲》所谓“国民团体与元首的合作”这一前提矛盾。那么，《国体论》与《大纲》的矛盾能否真正调和？或者说，为什么北一辉在论及天皇是否为国家元首时秉持截然相反的观点？

笔者认为，通过分析北一辉的国家主权论我们能够找到答案，而这也是北一辉消解天皇能动性的关键所在。天皇元首论的基础是明治宪法第四条的规定，即“天皇为国之元首，总揽统治权，依此宪法之条规行之”。北一辉通过措辞的严谨性和“比喻性的国家有机体说”对这种观点进行了驳斥：在君主主权论者（如井上毅、穗积八束）的解读中，“国之元首”指称的是国体，而国家主权论者（如一木喜德郎）则被解读为政体。国体与政体的巨大差异折射出“国之元首”的表述是不严谨的，因此北一辉主张宪法中应当将其剔除（《国》，9-40，271）。

“然而，问题并非论争‘国之元首’一语之字义，而必须更进一步地深入怀疑在国家层面是否有元首（的存在）。”（《国》，9-40，271）北一辉认为，“国之元首”的表述是基于国家有机体说提出的，但国家有机体说是将国家视作“人为的制作物”或“机械性的”（《国》，9-40，271-272），它无法解决有机体的核心器官损坏，其功能就必定受到影响乃至完全丧失的问题。这也就意味着，旧有的国家有机体说是无法完全解决国家在“元首”去世后仍然（需要）存续的问题的。为此，北一辉提出“比喻性的国家有机体说”，即国家不可否认是“具有其自身目的而生存进化的、‘有着连续性的生命的’有机体”（此即“国家有机体说”）（《国》，9-40，271）。此外，有别于生命体受限于重要器官（如脑、心脏）的健康状况，国家的延续并不取决于国民个体的生死，因此国家作为有机体只能是“比喻性的”。

通过“比喻”的方式，北一辉解决了旧有国家有机体说中过分强调“元首”对于国家重要性的逻辑漏洞，而“有特权的一个分子”（《国》，10－46，293）的天皇，其个体的生死并不影响作为国家的日本的存废。实际上，按照北一辉的进化论逻辑，任何近代国家的存废都与“政府首脑”或“国家元首”的生死无关，因此北一辉主张在宪法中废除“国家元首”的表述。虽然对于一个国家而言，“国家元首”既不可能也无必要存在，但这并不意味着近代国家不存在重要的或核心的“机关”。对于日本来说，这个“机关”就是天皇。因此，《大纲》和《国体论》实际上并不矛盾，北一辉强调的是在法律层面天皇不是“元首”，而在现实层面天皇应当是“政治中心”。

这样的政治中心显然不具备“总揽统治权”的功能，即天皇并非“总揽统治权者”。明治宪法规定了天皇行使立法权（第五条）和改订宪法（第七十三条）时必须通过议会，这些规定包含着明治元勋以“辅弼”的方式限制天皇权力及天皇通过“亲裁”制衡各派势力的双重架构，是权力自我限定的具体方式，这与“总揽统治权”所隐含的绝对权力相违。同时，天皇不是“拥有最高权限的机关，即有改订宪法之权限的机关”（《国》，9－41，275），而是与议会分有立法权和修订宪法权，这就意味着天皇不是“最高机关”。既然天皇不是“元首”，也难言“总揽统治权”，那么至少在法律框架内天皇的能动性受到了极大的限制乃至最终被剥夺，而唯有在维护国家利益、践行进化“天则”的情况下，天皇才可以以超越法律的方式（即“神格”）行动。

通过如上的方式，北一辉打破了基于国体论解释宪法的理路，确立了可以发展出“社会主义”的国民国家宪法论及国家主权论。北一辉认为，人类社会及国家必然要经历个人主义、社会主义、国家主义三个进化阶段，而日本的倒幕运动与明治维新开启了从个人主义向国家主义的转变。基于这一立场，北一辉提出“国民国家宪法”奠定的是“国家作为目的、利益归属之权利主体”的“主权在国家”的基本观念（《国》，9－37，257），这一观念意味着天皇主权论或主权在民的观点都是错误的，而以国家为目的则说明天皇、政府、个人都只能作为手段存在。

北一辉的国家主权论既回应了“社会主义是否与国体相抵触”的质疑，同时也将“现代国体”理解为具有“社会主义/国家主义”倾向的人类进化的必然。“国家主义”尽管实现了个体“小我”向社会、国家“大我”的飞跃，但仍未脱离单个国家的视野，无法真正形成人类的整体利益从而完成人的终极进化。北一辉强调世界范围的“民主社会主义”才是进化的极致，而日本的“现代国体”又必然以此为目标，这正是建设“革命大帝国”的根本动力。

通过对明治宪法的解读，北一辉完善了其对“天皇”的定位，并在事实上消解了天皇的能动性，确立了作为“比喻性的有机体”的国家的主权者地位且获得了主体性。这样的“比喻性的有机体”同样遵循着进化的“天则”，以实现国家利益为根本目标不断进化。但个别国家的利益并非进化的根本目标，以人类整体利益为最终诉求的“民主社会主义”才是进化的终极。明治宪法虽然指明了“民主社会主义”的发展方向，但日本的现实要求通过革命的方式最终完成从“神道式国体”向“现代国体”的迈进，进而主导“民主社会主义”的实现。

## 三 “现代国体”与“革命大帝国”

将明治宪法定位为“国民国家宪法”，并要求国家进化到“民主社会主义”，这是北一辉国家观的特征。国家也由此获得了完全的主体性，即国家的存在本身意味着它将以自身的进化为目的行动。在这样的国家中，包括“特权者”在内的全体国民不可避免地沦为工具，并丧失部分乃至全部的能动性。在进化“天则”的驱动下，日本需要不断进行革命。

在北一辉的论述中，明治维新承接了天智天皇建立“儒教之理想国家”（即国民国家）的理想，具有颠覆旧有的君主制、封建制等中世制度而确立近代民主制度的意义，是“第一革命”；但“第一革命”所确立的国民国家只是“民主社会主义”国家的前站，对内扫清中世残余（比如黄金大名等），对外实现世界性的“民主社会主义”成为进化的必然，这便是“第二维新革命”，其契机则是日俄战争。

日俄战争对北一辉思想具有多重意义，① 就其国家观、革命观来说，日俄战争是日本国内开展“法律战争”的基础与起点，是日本进一步推动维新革命的动力。在北一辉的观念中，日俄战争包含着国家冲突的必然结果、攘夷论的延续以及进化的必由之路三重含义：“（日俄）战争并非为军人之

① 关于这一问题，可参照〔日〕岡本幸治「日露戦争と北一輝の思想形成：“北学”形成における決定的意義について」，『社会科学論集』，大阪：大阪府立大学1977年8·9号，第107～135頁。

名誉心而战，亦非为资本家之利益而战，实为尊王攘夷论之国民精神（所推动）。”（《国》，16－88，461）“攘夷”作为具有国家主义意味的思想，驱动着日本国民“为了国家”而非天皇或资本家进行了与俄国的“生存竞争”，这是基于“爱国心”的本能行动（《国》，15－78，418），而“爱国心”的出现也意味着进一步革命的可能。

需要注意的是，尽管北一辉一再鼓吹日俄开战，但他并不迷信战争的作用，甚至强调“民主社会主义”是和平主义。北一辉在批判丘浅次郎时指出，不应当将弱肉强食视为进化“天则”从而选择战争，战争本身只是实现理想的手段。[①] 此处所言的“理想”实际上就是“革命”，是“去除易于导向国际战争的专制制度”，“颠覆成为资本家的贸易战争的、产业性的专制制度”，“将国民国家的目的加以实行并作为理想”（《国》，7－26，211）。通过战争，北一辉希望实现“国家之理想性独立”，一方面确立并维持国家的独立地位；另一方面令国家独立于个人（君主主义）及小团体（资本家等）的利益，完全以自身存续为目的、以自身利益出发点行动。“（然而）现实的日本国，既非天皇主权论之时代，亦非国家主权论之世，作为整体时如同资本家拥有主权的资本家神权政治的状态”（《国》，15－77，412），由于“国家之理想性独立”并未确立，战争成为必然选择。

另一方面，各国“理想性独立”是世界范围“民主社会主义”实现的基础，这就意味着需要谨慎对待基于国家立场的“爱国心”及战争。北一辉主张日本需要以日俄战争所形成的（狭义）“爱国心”为基础，通过“法律战争”的形式首先在日本确立“理想性独立”并实现“民主社会主义”，然后发展出“尊重他国之自由独立”的广义的“爱国心”（《国》，15－77，414）。

但无论是日俄战争还是“法律战争”，这些基于“爱国心”的革命很可能引发国内局势的动荡，这似乎与国家利益相违背。针对这一问题，北一辉首先说明了革命的必要性及其限度，即“投票是最好的表明社会性势力的革命之途，无论是较之于炸弹或是同盟罢工而言最为健全的足以上升至理想阶梯的大道”（《国》，15－78，421），通过避免过激的暴力，北一辉最大限度地在要求革命的前提下限制了革命的手段。这样的表述，实际上与渐入无政府主义的其他社会主义者（如幸德秋水等）划清了界线。更进一步，北

---

① 需要注意的是，“开战三论”中关于通过扩张领土解决农业、人口问题的逻辑在《国体论》中被否定。关于日俄战争对北一辉而言的意义，古贺暹对此有较为详细的论述，参见『北一輝：革命思想として読む』（『第一部　補章　第三節　レーニンと北一輝』，第54～59頁）。

一辉认为无政府主义及国家社会主义只是“盲动”真正的革命应当“如同奴隶通过叛乱之倾覆必定渐次地认识到法律上的人格一般，国家也经由‘一夫纣论’之倾覆进化至中世史的家长国时代，并最终至于国家之目的理想被国家全体成员意识、爱国被当作道德之目的，（国家）作为法律上之人格者而成为所有法律命令之根源”（《国》，16-87，455）。无政府主义者们寄希望于暗杀等激进的形式，企图在时机尚未成熟的情况下取消国家，这样的行为因不符合国家进化，有害而无利，是“盲动”；而所谓的“反叛”则是通过破坏旧有的秩序（尤其是思想秩序）促成国家进化，唯有符合“国家利益”才可能获得“革命”的合理性。

革命必须符合国家利益，这一观点最终展现为《外史》“革命党即为爱国党”（《外史》，5，62）的表述。也正是在《外史》中，北一辉基本完成了其革命论的建构。通过对孙文革命路线的否定与反驳，以及对宋教仁、谭人凤、章太炎等人的支持，北一辉明确提出了“东洋式的共和国”的观念，并将这一观念视作具有普遍意味的革命路径。北一辉主张的“东洋式的共和”实际上是在“革命党即为爱国党”的前提下，以革命者群体为核心，通过赋予革命者极大的自由与权力，并在其内部通过“嗜杀人”的方式形成统一的、促成以专制方式推选出的“终身大总统”的政治体制。

“东洋式的共和”体制与日本的“东洋式君主政（治）”具有相同的结构，北一辉将革命者群体内部区隔为英雄或超人式的领导者（“终身大总统”与“神格”的天皇）和“爱国心觉醒”的革命先行者，他们是革命的主导力量；革命者群体之外，存在着革命对象与一般民众，按照《国体论》第五编的逻辑，革命者通过启蒙活动唤醒一般民众的“爱国心觉醒”，在全社会范围内爱国觉醒的情况下，革命顺理成章地发生，革命对象则必定被完全消灭。各国以这样的方式进行内部革命后，以世界性的“民主社会主义”为共同革命目标，同样会出现领导者、先行者、后进者的区别。北一辉的“日本改造”论的目标正是将日本打造成领导者，这也是《大纲》的核心任务。

成为“革命大帝国”分成两个基本步骤，对内改造和对外扩张。改造首先要求“现代国体”的实现，民众“爱国心觉醒”并形成国家主权；而在帝国主义、军国主义盛行的历史背景下，根本的国家利益等于“民主社会主义”的设定要求强有力的手段，即“战争”。鼓吹“民主社会主义”是和平主义的北一辉对战争手段的重视逐步形成的“帝国主义（战争）二重性”逻辑，即“帝国主义的极致梦想是一种人种、一个国家吞并、压制其他人种、其他国家以至于他们无法对抗而进入和平”（《国》，5-15，161）。这种以战争、杀戮的方式剥夺其他国家的生存权益并取消其他个体的自由，被北一辉视为“蹂躏支那朝鲜之自由”式的“日本之贵族性蛮风之自由”显然是错误的；而另一方面，北一辉又强调帝国主义战争的有效性和有力性，“不承继个人主义的进化即无民主社会主义，不承继帝国主义的进化即无世界性的社会主义”（《国》，“绪言”，51），“吾人强烈地认识到帝国主义是历史上社会进化的最有力的进程”（《国》，5-15，161）。

在这样包含着对帝国主义和战争的批判与鼓吹的逻辑指引下，北一辉毫不掩饰地鼓动日本的军国主义化，并且认为日本作为“天道使徒”的义务意味着“足以粉碎英国之海上军国主义的军国式的组织是不可欠缺的”（《大纲》，卷八，528）。这是完成“革命大帝国”领导世界革命的必然，因此北一辉相信，“如果这（打破国际上划定的不正义国境线的行动）也是侵略主义、军国主义的话，日本应当在全世界无产阶级的欢呼声里将其作为黄金之冠戴在头上加冕”。（《大纲》，卷八，527）

但是，经由改造而出现的“现代”日本，是一个包括“特权者”天皇在内的国民的能动性被消解，其主体性被国家取代的政治体。在这种情况下，军国主义的泛滥使得国家成为军人集团展现自身意志的舞台。尽管，北一辉对“革命大帝国”进行了诸多设定，但它同样很容易被“盲动”的军人劫持，从而陷入穷兵黩武的境地。当然，我们同样需要反思，共同组成国家的“广义国民”和普通国民，即便在被裹挟的情况下，仍应当将抵抗作为自身的道德责任，而不是沉溺于“无责任体系”中顾影自怜。意识到自身有“责任”并勇于承担，或许这才是北一辉“现代（日本）国体”所期待的国家与个体两个层面“觉醒”的真正意义。

## 结　语

通过如上的梳理，我们可以看出，北一辉是通过对“神道式国体”，亦即对基于“万世一系”、忠臣赤子等观念所形成的近代日本宪法解释，以及由此形成的天皇-国体观念的批判，从而建构出所谓“现代国体”的观念的。

“现代国体”实际上是基于“国民国家宪法”的预设而提出的、以民主社会主义为根本目标的国家主权学说。在“现代国体”下，国民和国家完成“觉醒”，而顺应进化法则（即“天则”）的天皇则是作为“广义国民”、“特权者”和“国家机关”成为“现代日本”的重要组成。但是，国家主权说赋予国家“比喻性的有机体”属性，并认为以“国家利益”为目标，“比喻性的有机体”需要实现自我进化，从而赋予国家能动性。国家能动性的存在虽然有助于突破“神道式国体”主权在君等的负面影响，但它也压缩、消解了包括天皇在内的所有个体的能动性，使人沦为国家机器实现自身利益的工具。换而言之，在北一辉所理解的明治宪法体系中，不论是天皇还是国民，实际上都是以“国家利益”为追求的受动性存在，这使得“民主社会主义”在“帝国主义二重性”的影响下最终沦为鼓吹战争与侵略的意识形态，从而蒙上了无法摆脱的阴影。

## Kita Ikki's Theory of Emperor
## —From “Shinoto - style Kokutai” to “Modern Kokutai”

**Abstract**: Kita Ikki's theory of Emperor is based on the interpretation of the Meiji Constitution. “Kokutai theory is sovereignty theory” and “the theory of the Emperor as an organ of government” have been assimilated into Kita's theory, which consider Meiji Constitution has established nation as a sovereign. Kita's theory is against the “Shinoto - style Kokutai”, and point out the development way of “modern Kokutai” . The thought of “nation as a sovereign” contains the demand for establish nation's subjectivity, and it makes the subjective initiative of the emperor and the people were deprived, individuals became tools of nation. Finally, Kita's theory of Democratic Socialism is developed into external expansion ideology as a result of the “duality of imperialism” thought.

**Keywords**: Kita Ikki; Theory of Emperor; “Shinoto - style Kokutai”; “Modern Kokutai”; Meiji Constitution

# 未被祭祀的神明之去向：神话化的现代日本

〔日〕矶前顺一 著[*]　张　慧　叶晶晶 译[**]

【摘　要】现代日本社会，“灵性热”正在以年轻人为中心蔓延，其中之一就是日本神话热。乍一看，它像是一种脱离世俗化的动向，其实是极具政治色彩的运动。年轻人是这一热潮的主角，他们不自觉地认为这一热潮是非政治性的，而这样的想法恰恰证明从本质上来说，这一热潮具有政治性倾向。这一现象应该被称为“非政治化的政治性”。本文将选取基于记纪神话而成立的出云神话作为具体案例，对其进行现代性诠释。特别是通过分析构成出云神话核心内容的让国神话的当代应用语境，阐明其中所蕴含的适用于现代民族国家模式的、极具现代意义的整合逻辑。

【关键词】出云神话　让国神话　神话化的现代日本

即使不被奉祀，神明自有其身土
这听似戏谑般的、虚幻的声音
究竟是何人在说？

——选自宫泽贤治《春与修罗（第二集）》

## 一　出云的神话化与旅游热潮

2013 年，出云神社刚刚完成了 60 年一次的迁宫仪式。我接到了《现代

* 矶前顺一：日本国际日本文化研究中心教授，研究方向为宗教学。

** 张慧：国际关系学院外语学院日语系副教授，研究方向为日本思想史。叶晶晶：上海第二工业大学文理学部日语系讲师，研究方向为日本思想史。

思想》杂志社的出云神社特集的约稿，利用这个难得的机会前往出云地区。于是，在迁宫后不久的那个秋天，我在当地朋友的向导下，首先前往了第一站——神魂神社，这里有国宝级的出云式社①殿。这座神社供奉着伊邪那美女神，现在作为姻缘神社颇受欢迎。很多身着迷你裙或裤裙、露着长长大腿的年轻女性坐着旅游巴士到访此地，漫步在神社中。

伊邪那美女神是日本记纪神话史上第一个与伊邪那岐大神结为夫妻关系的女神，日本的国土被认为是由于他们的结合而产生的。由于这样的故事，伊邪那美女神作为姻缘之神，这里也被列入旅游线路，很多游客慕名而来。但是，这些年轻的女孩子们也许并不知道伊邪那岐－伊邪那美神话的结局。二位神祇出于深深的憎恶与恐惧相互诀别，不再相见，并因此断绝了各自居住的生者国度与死者国度之间的交流，从而导致人类死亡现象的出现。这是一个关于起源的传说。

在被心爱的丈夫看到自己已变成蛆虫腐肉的尸体后，伊邪那美变化成为“鬼神”。这样的伊邪那美很好地诠释出年轻恋人们最终会体验到的人类羞耻感，当自己羞耻之处被心爱的人看到之后产生的那种因爱生恨的内心的黑暗。从这个故事来看，与其将记纪神话中的“神”视为拥有如现代人一般的人格存在，不如将这些“神”看成包括情感在内的各种力量作用的名称。而且，向神明许愿的行为并不一定能给许愿者带来预期的好结果，甚至可能带来意想不到的结果。想到这些，我禁不住屡屡将目光投向那些身着流行服装、祈愿获得良缘的年轻女性们。

接下来，我参观了熊野大社。熊野神社供奉的是加夫吕伎大神，这是在神祇官的祝词中出现的神祇。熊野神社和神魂神社、出云大社一样，都是由出云国造担任主持祭祀，据说在明治以前就与出云大社齐名，或者说在中世时期曾拥有比出云大社更大的势力。例如，在出云国造所吟唱的敬神贺词中，将两座神社的神名并列在一起，称为“伊射那伎日真名子、加夫吕伎熊野大神栉御气野命”，与“国作－座西大穴神”。②

从祝词来看，“加夫吕伎命”并不特指具体的神，只是表示神明的意思。这里指的是和歌山县被当作熊野大神的素戋鸣尊吗？抑或是说，这个特殊的神名是自平安时代时被特定使用的吗？在明治以前，出云大社原本

① 指在《延喜式神名帐》中有记载的神社——译者注。

② 「出雲国造神賀詞」，〔日〕虎尾俊哉編『延喜式　上』，東京：集英社，2000，第499頁。

是用所在地的名称，被称为杵筑大社的；中世时，成为出云国的一宫，[①] 经历了江户时代盛极一时的大黑神流行之后，进入明治时代改名为出云大社，成为代表出云国，乃至整个日本的国津神[②]大社。

事实上，战后的研究也曾试图阐明出云大社历史变迁的过程，如井上光贞的《国造制的建立》（1951 年）、石母田正的《日本古代国家论 第二部：神话与文学》（1997 年）等。[③] 然而，在当今的神话学热潮中，出现一种强烈的倾向，即忽视出云大社的历史特征，将其简单化，努力地要将出云大社定位为一座代表出云和日本众神的神社。这是为什么呢？关于当今社会出现 的这种以独特方式推动的“神话”复兴动向，我们需要用分析的眼光来进行研究。

在我们前往熊野神社进行考察的沿途，有一家由当地退休人员经营的为了振兴当地经济而开的店铺。这是一个充满地方色彩的店铺，提供无花果冰沙、松茸饭等餐食。之后，我们离开了意宇地区，朝着杵筑地区的出云大社进发，据说意宇地区是出云国造的大本营。出云大社因为迁宫仪式而人气旺盛，所吸引的游客甚至超过了神魂神社。街上到处都是“神话国度出云”等宣传广告，出云大社里，一面巨大的日丸旗在飘舞。出云大社供奉的神祇是大国主神，是众国津神之首领。当时，一个想法忽然间从我脑海拂过，不知日丸旗是否与大国主神相匹配。就连我首先到访的神魂神社的事务所中都张贴着伊势神宫式年迁宫仪式的宣传海报，并出售被称作“神宫大麻”的神符。

尽管已是将近下午 5 点时分，太阳即将在小小海滨的海面落下，但游客们还是络绎不绝地乘着大巴车前来祭拜。参道两旁鳞次栉比的荞麦面店在售卖一种特殊的荞麦面，这是用出云特有的荞麦连壳碾粉制成的、颜色为深灰色的荞麦面。然而，当地的朋友说“本地人常去的店另在别处”，于是领着我们去了一家位于别处的荞麦面店。从这一小小举动可以感觉到，在当地人的眼中，出云大社附近的商业街就是针对外地游客的商业场所。

游客似乎主要来自日本西部，远的有宫崎县，近的有广岛县和奈良县，多是各县组织的团队游客。他们跟随着巴士导游，或是跟在身穿印有“谢

---

① 指一个地区中规格最高的神社——译者注。

② 相对于天津神而言，国津神是指居住在地上的众神，也就是地祇——译者注。

③ 〔日〕井上光貞：「国造制の成立」，1951，『井上光貞著作集 4』，東京：岩波書店，1985；〔日〕石母田正：『日本古代国家論第二部　神話と文学』，東京：岩波書店，1997。

谢”或“出云讲述者”字样 T 恤的当地志愿者身后，听他们讲述着关于出云大社的、内容大同小异的介绍，以及出云神话。我竖起耳朵听了一会儿，了解到他们对出云的理解的来源之一是基于拉夫卡迪奥·赫恩，即小泉八云的著作。八云曾在松江住了几年，又娶了当地日本人为妻，所以对出云有一定的了解。例如，在其遗稿《神国日本》（1904 年）中，对出云大社的神明—大国主命，有如下描述：

> 大国主神，支持天皇家的创始者，将其领国割让与天皇家，成为“不可见之国”，即“灵魂之国”的统治者。众人死后的灵魂都要奔赴在（大国主）神统治下的幽冥之国。因此，此神祇统治着所有的氏神。所以，我们可以称大国主尊为“死者之君”。平田说：“在最理想的情况下，我们不能企望活过一百岁。但死后我们会去往大国主神的“幽冥世界”侍奉他，所以我们应该趁现在，学会在神灵面前叩首敬拜”。①

日本思想史家原武史指出，赫恩（即小泉八云——译者注）对出云的看法是汲取了江户时代末期盛行的平田笃胤的复古神道教的内容，与从明治一直延续到亚洲太平洋战争失败期间的战前天皇制神话观在形态有很大的不同。事实上，在战争期间由文部省刊行了的《国体之本义》（1937 年）一书中，对于大国主命的论述是这样的：

> 据《古事记》和《日本书纪》记载，在天孙降临到丰苇原瑞穗国之前，鹿岛、香取二神被派遣到出云，将神谕传达给了大国主神。大国主神与其子事代主神一起，立即尊奉敕命，奉献国土，远离政事。②

原武史指出，《国体之本义》中只描写了大国主命对天皇的顺服，与《日本书纪》本文中的记述相一致。平田派和小泉八云虽然也是同样采用了《日本书纪》，但是他们选取第九段的第二之一书（《日本书纪》第一、第二卷即“神代纪”的部分有“本文”和“一书”之分，相对于“本文”而言，“一书”相当于“异传”，即不同于本传的异本——译者注），立场大相

① 〔英〕ラフカディオ・ハーン：『神国日本　解明への一試論』，1904，〔日〕柏倉俊三（訳），東京：東洋文庫，1976，第 104 頁。

② 〔日〕文部省編：『国体の本義』，1937，第 65 頁。

径庭。原武史推断赫恩对大国主神的理解认识时指出，“他在来到日本后，应该读了不少宣长和笃胤的著作”。原武史继续引用《神国日本》中的上述段落，论述指出“这段话可以表明，赫恩（小泉八云——译者）实际上将大国主神理解为幽冥世界的主宰神，是最后一个出云派”。原武史指出在近代日本的国体概念中，“周密地忽视了”讲述“幽”“冥”世界的《日本书纪》一书第二的内容。[①]

从神野志隆光等学者推动的近年记纪作品论的立场来看，他们认为，虽然《日本书纪》浩瀚的世界观是由收录在“一书”中的、包含有大量不同版本构成的，但作为一部作品，在理解《日本书纪》的主题时还是应该只通过正文来进行。于是，神野志开始对由本文出发的各个文本是如何通过将多个先行的不同版本进行组合来形成各自的世界观这一过程展开研究，按照时间轴来捕捉文本之间的差异，可以说是一种指向诠释史学的研究。[②]但与此同时，我们必须牢记，这些多重的不同文本对于当时的人们来说，并不是完全不同的版本，尽管它们有差异，但我们也必须注意它们是被内含在同一世界观之下的。

不仅要找出不同文本之间的差异，而且要看到这些文本如何制造出共同的幻想，否则就无法揭示神话所唤起的情感秘密。当神野志等人使用“世界观”一词时，不自觉地浮现在他们脑海里的应该是狄尔泰的精神科学。然而，当我们在世界中试图对自己定位，并建构一个主体时，不应忽视的是，不仅需要有合理的世界观，还一定有感性的想象力在发挥作用。正如后现代精神分析学家雅克·拉康所说的那样，不只是作为能指的象征领域，包括情感在内的想象领域，只要我们不去处理，神话就会一次又一次地困扰着我们。[③] 除去精神分析，包括涉及人类信仰的宗教学在内，现代人文科学都试图通过抛弃人的想象领域来保持其客观性。因此，当披着学术外衣的文本开始宣扬诉诸大众情感的神话形象时，只处理观念上的世界观的学问便在它面前开始无力地退缩。

---

① 〔日〕原武史：『〈出雲〉という思想』，1996，東京：講談社学術文庫，2001，第 187 ~ 190 頁。

② 〔日〕神野志隆光：『古事記と日本書紀　「天皇神話」の歴史』，東京：講談社現代新書，1999。

③ 〔法〕ジャック・ラカン述，〔法〕ジャック＝アラン・ミレール編『ゼミナール　無意識の形成物』，1958 年口述，1998 年出版，〔日〕佐々木浩次、他訳，東京：岩波書店，2005。

正如社会学家马克斯·韦伯所担心的那样，从作为极权主义口号的雅利安神话的兴起，到大约在同一时间出现的日本皇纪2600年热潮，二者都可以清楚地看到（世界观在神话面前的后退）。韦伯指出，他们所宣扬的世界观缺乏历史真实性，是由现代中的特定立场所创造的，正因如此，（他们）对这种神话的渴望也无法抑止。

指出历史是被创造的并不意味着从根本上否定民族国家，正如“从建立之初到战后重建，明治神宫的传统正是在于‘创造的传统’”① 所表述的那样，创造行为意味着完结，再一次被以天皇制为基础的国民统合论者所利用。试图复活天皇制神话的阵营在日本神话或日本神道的国际化的名义下，正在不断地改变着他们的策略。他们认为真正日本精神的完结，不是在于简单地排除了变化的历史连续性，而是在于涵盖了变化的连续性中才能得以实现。当今，民族主义成为支撑全球资本主义的重要组成部分，恰恰是为了促进跨越国境的全球资本主义，民族主义话语作为消除这些跨国动向所造成的不安的一种装置，变得不可或缺。

同时，他们与被称为灵性知识分子的唯灵论者们的相互连动也绝非偶然。近年来，中世纪与佛教混杂在一起的神道教作为天皇制具有宽容性的证据，被巧妙地纳入旅游话语中。他们提出了“出云国神佛灵场巡礼——日本最初的神佛习合的圣域”“超越神佛与宗教派别界限的神圣祈祷联结”等口号。掌管该组织的安来清水寺神官清水谷善圭，根据自己的宗教学知识，提出跨越宗派障碍的观点及以下的理念：日本在接受外来文化时表现得具有包容性，作为（日本）本土固有的信仰，神道教和从外国传入的佛教信仰，在“神佛习合”的思想下共存。这种神佛同敬的思想，体现了日本人重视“和”的和谐精神特点。在21世纪，“出云国神佛圣域”以及这一神佛习合的巡回朝拜路的诞生，或许反映了现代人的和谐精神以及再次向往精神富足的愿望。②

2005年，出云地区以出云大社为基础，打造了“岛根县和鸟取县20座神社、寺庙的朝拜路线”，成为与伊势地区齐名的、全日本的又一处神道和佛教寺庙圣地朝拜重镇。继而，2013年9月，岛根县、三重县、奈良县、

① 〔日〕今泉宜子：『明治神宮——「伝統」を創った大プロジェクト』，東京：新潮選書，2013，第8頁。

② 〔日〕清水谷善圭：「神仏や宗派を超えた聖なる祈りの連環」，『出雲の神様　TOWN MOOK』，東京：徳間書店，2013，第90頁。

宫崎县联合发布了“古代历史文化奖”。正如此次获奖座谈会的主题——“日本的开端：出云、大和、日向、伊势”所表示的那样，这四个县都与记纪神话的主旨有关联。宫崎县被认为是天皇家族创始人天孙的降临之地，后来天皇家族东迁，奈良被认为是第一代神武天皇的登基之地，三重县是供奉着天皇家族的祖先——天照大神的伊势神宫的所在地，岛根县则是供奉着大国主神的出云大社的所在地。这位大国主神是代表着整个日本所有土地的国津神，将国王让给天皇家族。这 4 个县为了振兴当地的观光旅游，积极鼓吹神话，设立了这个与古代神话相关的奖项。

其中，岛根县拥有祭奉大国主神的出云大社，在本次项目策划中，岛根县发挥了核心作用，可称作此次策划的核心县。自古以来，大国主神（《古事记》中的称呼），也就是大己贵神（《日本书纪》中的称呼）借助少彦名神的力量，在日本各地游走，作为日本的国土之神而为人所知。在《风土记》中，他又被称为“创世大神”——大穴持神；近世时，与大黑天信仰习合，作为福神、姻缘神在日本各地广泛受人信仰。[①]《风土记》主要记述各地的地方特产及其地名的由来，按照《日本书纪》以编年体对天皇历史进行记述的时间顺序，从地理空间来描述天皇在各地的神话。因此在《日本书纪》中，他的名字也被记述为“大己贵神”。从这个意义上说，“古代历史文化奖”可以理解为是出云一方试图重现天皇制神话的产物——记纪神话世界的一种尝试。

但与此同时，政府试图将神话世界在现实的地理空间中加以落实的这种尝试，也会让人联想到曾经轰动整个日本的皇纪 2600 年的旅游热潮。那是一次在整个日本举行的庆祝祭典，由“内阁纪元 2600 年庆典事务局”（1935 年成立）与半官半民的财团“纪元 2600 年奉祝会”（1937 年成立）[②]牵头，将 1940 年作为并非实际存在的神武天皇登基 2600 周年的时间，在日本各地举行仪式进行庆祝。美国的日本学专家肯尼思·鲁夫对此次在与旅游业合作的背景下，日本列岛转变为可视化了的天皇制神话的空间这一过程做了如下描述。

在皇纪 2600 周年之前的两年间，有超过 120 万人为了进行“勤劳

① 鍾以江：「神無月　近世における神道と権威構築」，『現代思想』41－16，2013。

② 〔美〕ケネス・ルオフ：『紀元二千六百年　消費と観光のナショナリズム』，〔日〕木村剛久訳，東京：朝日新聞出版，2010，第 33 頁。

> 奉仕”这种公共免费服务活动，前往拥有众多天皇陵墓和神社的奈良县，对皇室相关的场所进行扩建和清理。……报社和百货公司在鼓励公众参与行动和进行消费方面发挥了重要作用。当时，负责向这些日本中产阶级需求的文化活动提供赞助的主要是三类赞助商，其中的两类就是报社（广义而言为印刷媒体）和百货公司。第三类赞助商是铁路公司。当时，藤谷三雄所著的畅销书《皇史二千六百年》曾在报纸评比中获得特别奖，由此可见当时这类评选活动在鼓励人们参与和消费二千六百周年纪念活动方面起到了多么巨大的作用。①

其中，纪念活动的主要项目内容有：“（1）橿原神宫辖区及亩傍山东北陆参道的扩建、（2）宫崎神宫辖区的扩建；（3）神武天皇圣迹的研究、保存和表彰。”② 这些项目旨在通过将记纪神话中的空间与现实中的地理形态进行可视化，让日本民众通过观光旅游重新体验自己的历史起源。神话的话语通过对上古历史的叙述，促进现在的讲述者发挥主体性的作用。不断地讲述对历史渊源的怀念，并通过怀念来作用于人们的想象力，从而实现与现实的社会状况深刻地产生投射的政治性功能。

事实上，1940年，日本旅行协会出版了斋藤喜八主编的《神武天皇之圣迹：从日向到大和》等各式旅游小册子。这一年伊势神宫的参拜人数达400万人次，为战前最多的一年。元旦当天，有125万人次前往橿原神社进行参拜。此外，按照“神武天皇圣迹调查委员会”的报告，在大分县、福冈县、广岛县、冈山县、大阪府、和歌山县、奈良县等地建起了神武天皇圣迹彰显碑，全部是按照统一规格建立的花岗岩石碑。广播中出现了空前的国史热潮，“每周会播出一次‘神社游’或‘史迹游’节目，三次‘国史’或‘国文’讲座课程，……还播出了纪念皇纪2600周年的仪式与庆祝活动的情形”。③ 人们兴高采烈地对伊势神宫和橿原神社进行了遥拜。鲁夫解释说：“这是与天皇参拜靖国神社和伊势神宫以及举行其他特殊的国家活

① 〔美〕ケネス・ルオフ：『紀元二千六百年　消費と観光のナショナリズム』，〔日〕木村剛久訳，東京：朝日新聞出版，2010，第20～21頁。

② 〔美〕ケネス・ルオフ：『紀元二千六百年　消費と観光のナショナリズム』，〔日〕木村剛久訳，東京：朝日新聞出版，2010，第70頁。

③ 〔美〕ケネス・ルオフ：『紀元二千六百年　消費と観光のナショナリズム』，〔日〕木村剛久訳，東京：朝日新聞出版，2010，第57頁。

动相关的，对民众的要求。从 1938 年开始，帝国的臣民们被指示在每年 4 月和 10 月的 2 日上午 10 时 30 分进行默祷。”①

正如鲁夫所指出的，这里重要的将是神话的内容作为“国史”，即实际的历史而给予认可。1942 年，文部省宗教事务局对本不存在的神武天皇陵展开调查，发表了一份《神武天皇圣迹调查报告》。② 在这份报告上联合署有相当有分量的学者的名字，有：京都大学日本思想史教授西田直二郎，东京大学神道讲座教授宫地直一，神宫皇学馆校长、日本语言学家山田孝雄，东京大学日本精神史教授平泉澄，东京大学国史学科助理教授坂本太郎，东京大学名誉教授辻善之助，以及早稻田大学神话学家西村真次等。

早稻田大学教授津田左右吉早在在 20 世纪 10 年代至 20 年代前期，以《神代史的新研究》《古事记与日本书纪的新研究》为开端，发表了一系列批判记纪神话的著作，神代史当然自不必说，包括神武之后的第八代天皇为止，从学术上对于其实际存在与否做出了否定的结论。③（尽管早已有如此的研究，却仍出现了上述的报告）神话故事正在作为一种非常真实的内容，不断地、活生生地复活了。“就在最近，朝鲜也在扯起另一面如日本的万世一系思想的大旗，提出了‘檀君’神话。檀君建朝鲜国的故事也如神武天皇神话一般，同样充满了奇思怪想。”④ 鲁夫以现在被许多日本人嘲笑的朝鲜神话世界来比拟，对当时日本的情况进行了批判。朝鲜声称找到了太古神话人物檀君的陵墓，并于 1993 年报告称檀君是一个真实存在的人物。在朝鲜国内自然没有一个研究者会对这一说法提出批评。

当然，今天无论是出云大社，还是伊势神宫，或是正在右倾化的时下的内阁，都没有主动表态，明确表示神话是真实的。例如，明治神宫国际神道研究所的主任研究员今泉，在以日本宗教团体“世界伴侣”为中心成立的神道国际联合会的资助下，来到明治大学也出资捐助的伦敦大学亚非

① 〔美〕ケネス・ルオフ：『紀元二千六百年　消費と観光のナショナリズム』，〔日〕木村剛久訳，東京：朝日新聞出版，2010，第 102 頁。

② 〔日〕文部省編：『神武天皇聖蹟調查報告』，1942。

③ 关于笔者对津田的理解，请参考以下文献。「近代日本の植民地主義と国民国家論——津田左右吉の国民史をめぐる言説布置」，『思想』1095 号，東京：岩波書店，2015；「神話と合理主義——近世・近代の神解釈」，『記紀神話のメタヒストリー』，東京：吉川弘文館，1998。

④ 〔美〕ケネス・ルオフ：『紀元二千六百年　消費と観光のナショナリズム』，〔日〕木村剛久訳，東京：朝日新聞出版，2010，第 58 頁。

学院留学后，接受了《被创造的传统》作者Eric·霍布斯鲍姆等人的意见，提出主张称，（明治神宫）并不是简单的延续，而恰恰是在其被创造的时候，才使那伟大传统得以完成，发生了一个划时代的变化。①

当然，他们的目的不是在非连续性的基础上实现连续性，而是在连续性中融入非连续性。为了使一个尚未被认可的民族的连续的传统体得以显现，他们心照不宣地在连续性中加入了一段名为“创造”的历史变迁，以更高层次地对连续性带来一个完成态的影响。这样的视角，当然与其所师从的西方的神道学者们所描绘的、包含历史变迁的民族神道论是相一致的。②

为了批判这一点，曾有日本思想史研究者试图追溯目前关于明治神宫道义的论述是如何与战前相关联的。他指出其与战前的言论具有的连续性，以及与更早之前的言论具有非连续性，但这两点在明治神宫一方看来都是早已设想到的结论。这样的批判并没有能够成为暴露出明治神宫道义概念的问题性的材料，反而成为证明近代的“被创造”这一道义概念是如何延绵连续，不断完成直至今日的佐证材料。

该研究者来自日本帝国的前殖民地，情况发展得较为复杂。与他本人的意图相反，由于旧殖民地依然有人对于明治神宫的道义概念持欢迎态度，他的研究甚至带有了一丝美化的意味，成为讲述明治神宫的道义概念至今依然存在的美谈故事。③ 由于话语理论假设的立场是将每一种话语的内容理解为同质化的，对于推动国民同质化的明治神宫来说，其旨在揭示其自身话语的同质化传播及其历史背景的相关研究，是一种庆祝自身存在的行为。

而在有这样概念的明治神宫国际神道研究所中，不仅有与神道厅、神道国际联合会有关的神道学者，而且曾经与马克思主义历史学有关的研究者也积极参与其中。④ 今天的日本人默默地希望神话世界能够以符合今天理性视野的形式得到复苏，而研究者则很早便准确地意识到了这一点。以上

① 〔日〕今泉宜子：『明治神宮——「伝統」を創った大プロジェクト』，東京：新潮選書，2013，第8頁、第316頁。

② Jun'ichi Isomae and Sukman Jang, "The Recent Tendency to 'Internationalize' Shinto: Considering the Future of Shinto Studies," *Asiatische Studien: Zeitschrift der Schweizerischen Asiengesellschaft* 66-4, 2012;「天皇制国家と余白——「国家と宗教」を論じるために」,『宗教研究』89-2，日本宗教学会，2015。

③ 〔韩〕姜海守：「明治神宮の「道義」概念」，日本宗教学会第72回学術大会研究報告，「宗教の公共性とは何か」,『宗教研究』第87巻別冊，日本宗教学会，2013。

④ 其研究成果结集出版，见〔日〕藤田大誠、〔日〕畔上直樹、〔日〕今泉宜子、〔日〕青井哲人『明治神宮以前·以後』，東京：鹿島出版会，2015。

的现象可以理解为是研究者一方在掌握到国民愿望后的一种举动。在“古代历史文化奖”中可以看到，获奖者中有马克思主义历史学者，也有灵性知识分子混迹其中。战后，马克思主义历史学家一边在和天皇制进行对抗，一边又在始终寻找着有别于天皇制的“日本民族”的起源。考虑到这一点，在马克思主义与资本主义之间的曾在冷战形势下的冲突业已消失的今天，他们同样作为探求同一历史渊源的同志，共获此荣誉也就并不奇怪了。

本尼迪克特·安德森指出，“民族主义与其他主义不同，既没有产生霍布斯，也没有产生托克维尔，也没有产生马克思，也没有产生韦伯，也没有产生任何伟大的思想家”，“它在哲学上是贫乏的、支离破碎的”，[①] 但只要民族主义是将个人同化为集体的话语，其特征就不具备个性的特点，而是具有可重复、可到处分享的平庸性。既然叙事的目的不是批判性地干预说话人周围的现状，而是要肯定这种情况，那么这种思想失去个人特征就成为必然趋势。

对此，神道学者不再明确指出记纪神话中的众神是物理上的实际存在，也不再攻击佛教是宣扬出世的异教。相反，他们指出神话是“国民”的精神依托，可以与其他宗教传统共存，体现了日本人的宽容，积极地将神话的这些话语和盘托出。正如明治神宫所宣扬的那样，神社森林是（日本）国民与自然融为一体、治愈心灵的生态场所，这样的话语才正是现代天皇制神话的重点。

能够包容人们日常烦恼与冲突的私人领域，可以与不同的宗教传统共存的宽容的公共空间，只有依靠宣扬万世一系的天皇制才得以保证。这一点中体现出的近代日本天皇制神话的特质，与1940年庆祝皇纪2600周年时的情况并没有不同。而且，通过叙说明治神宫“人工”种植的“人造”森林正在不断地归化为“自然”森林，从而表达了近代人为“创造”出的天皇制这一公共空间也向太古历史的本源回归的观点。这样的论断已经被包括学术界在内的日本社会普遍接受，却没有对这里的“本源”是什么，以及起源的修辞学进行反思和批判。这一点正是当今日本社会的诡异之处。

就像当年记录皇纪2600周年庆祝活动的电影《天业奉送》[②] 中，戴着（纳粹）钩十字臂章的德国人登场来颂扬日本国体一样，时至今日，依然有

---

① 〔美〕ベネディクト・アンダーソン：『定本　想像の共同体——ナショナリズムの起源と流行』，1983/2006，〔日〕白石隆、〔日〕白石さや訳，東京：書籍工房早山，2007，第23頁。

② 『天業奉頌』，日本映画社，1941。

外国的神道研究者，虽然不是神道信仰者，也在歌颂日本的神社神道作为“民族神道”走了一条正确的道路。他们一边批判靖国神社是要返回到战前的日本帝国，同时又在讲述着明治神宫和伊势神宫的话语。[①] 他们的批判让日本的神道界相信自己的宗教是一个可以对外国人的批评保持宽容的宗教。当然，他们并没有从根本上批判天皇制。因为，他们把自己伪装成保持中立价值观的研究者。例如，一位英语圈的神道学者说：“神社本厅旨在复兴以伊势、皇室、万世一系神话为核心的‘神国日本’，当然这是其自由。我写这篇文章并不是为了批评这一点。而只是想去探讨神道近代史的问题，这个课题几乎还没有任何研究。”[②]（着重号为笔者所加）

然而，古老的宗教现象学的价值中立性在一些事件中出现了崩塌，最近的有积极专注于奥姆真理教事件的宗教学的挫折，较久远时还有京都学派在战争期间积极介入战时局势，人们对这些记忆犹新。20世纪最后十年里一度流行的“宗教概念论”也再一次暴露出，宗教研究的中立性幻想会在多大程度上发挥出特定的政治作用，而不管该学术术语的使用者的意图如何。事实上，此后的宗教研究已经不可能不意识到，宗教学赖以存在的基础——“宗教”一词所具有的政治性。然而，正如这一领域的学者所周知的，如今话语批评论的方法本身已经被残酷地非政治化了，作为宗教概念论的体现，以“日本宗教史”为名的近代宗教史研究话语已经泛滥。

特别是在宗教哲学和神道研究领域，现有的宗教教团通过资助那些假装价值中立的西方学者，试图抹去自己在亚洲太平洋战争期间服务于时局的过去。与国内沉默的局面形成对比，这种去政治化的做法，在国际上也是极为臭名昭著的。从海外的京都哲学研究者与禅寺的关系开始，神道教不断地扩大着与外国神道学者、国际神道联合会、明治神宫之间的密切关系。与岛园进指责“1945年后神道教继续存在”[③] 的立场相比，有观点指出“‘国家神道’的时代早已结束，战争结束60多年后，今天的神道教已经进入新世纪”。[④] 这种说法作为一个自恋的自我形象而言，对于神道界和日本

① Isomae & Sukman, op, cit.

② 〔英〕ジョン・ブリーン：「「神国日本の復興」——二一世紀における神道の動向」，『歴史評論』722号，2010，第92頁。

③ 〔日〕島薗進：『国家神道と日本人』，東京：岩波新書，2010，第v頁。

④ 〔英〕ジョン・ブリーン：「「神国日本の復興」——二一世紀における神道の動向」，『歴史評論』722号，2010，第82頁。

人民来说，是多么令人心情愉悦。我们需要对这一现象进行反思。

这种以自恋为动机的研究，伪装成中立的研究，尽管原来只是极少数学者的言论，但还是以得到了国际学术界的认可这种模糊暧昧的方式呈现出来。而这一点正是当今日本宗教研究国际化所面临的障碍所在。这些海外的日本研究学者通过出版他们担任编辑和策划人的学术期刊，试图在客观性和中立性的幌子下，将他们的研究结果去政治化，以便为自己赢得受众。换句话说，这是拥有充裕的日本资金的宗教教团对学术的资本化，是产学合作的宗教研究实践。① 一种新型的研究者已经大量出现，他们的言行很容易受到影响。影响他们言行的并不是因为其主张正确与否，而是在于资助的资金的多少。

毋庸讳言，一个没有禁忌的社会不过是一种幻想。那些自以为生活在一个没有禁忌的社会里的人，只是深深地习惯了这个社会的禁忌，以至于他们没有意识到自己被这些禁忌所同化。相反，一个社会的言论自由，取决于能否允许批判这种压制情况已经出现的言论和行动，抑或从根本上杜绝这种批评言论，使其不出现在表面上。而像现在这样，当神话被复活时，这些批判的机会就会被深埋在社会的黑暗中。如下面我将讨论的那样，那里就是真正的“不顺服的神”的去向，也是“不被奉祀的神”的去向。

出现在我们可以注意到的表面的神，已经不再是“不顺服的神”。当今的社会不断神话化，这样的社会的特点之一就是，研究者已经不能像过去那样批评这种禁忌引发的排斥问题。现在的趋势是，研究者自己主动认同这些禁忌，并表现得仿佛这些禁忌并不存在一般。《现代思想》“出云特刊”中的许多撰稿人也是如此，② 研究者论述“不顺服的神”的存在，通过他们自己的著述行为，将被驱逐成为“不顺服的众神”的存在掩盖起来，这才是当今社会的根本问题。

如果我们认真考察神明的存在，考察自己的信仰与其他宗教的信仰共存问题，尽管这些并不涉及物理上的实体，但是，我们的讨论就会发展到另一个维度，即要去重新思考信仰这一行为建构“我”或者“我们”这一

---

① 酒井与哈路图尼安的对谈「日本研究と文化研究」一文中最早指出了包括日本宗教史在内的日本研究的政治性问题（『思想』877号，東京：岩波書店，1997）。这个对谈未被回顾的事实本身，正如实描绘出今天的日本宗教研究者的政治性的自我利益优先。

② 「総特集　出雲：古事記、風土記、遷宮…よみがえる神話世界」，『現代思想』41卷16号，東京：青土社，2013。

主体的过程，并且需要审夺划分各宗教之间的界限等问题。这样，“宗教 = 私人/文化 = 公共”的二元对立已经无法再维持这种朴素的形式，同时，今天的公共宗教论所隐含的以公共与私人的重合为前提的公共概念，或者说是既非公共也非私人的公共概念，也会受到根本性的质疑。无论是依靠二元对立的思维，还是试图抛弃二元对立，这些关于神明的存在以及与其他宗教共存的问题，除非涉及放下事先隐含预设的自我的身份认同的连续性，否则，提出这些问题的主体本身就会被质疑。

当今在日本社会中不断弥漫着的神话化现象，乍一看，像是一种“治愈力”一般显得很温和，但似乎是一种让人放弃这样的理论和批判立场的思想停止状态。正如荣格曾经批判令纳粹心醉的沃坦神话一样，[①] 人类是无法从神话力量的范畴中挣脱的。恰恰相反，以为自己一个人逃离至神话之外的想法本身，就会使人依附于新的神话，并将其叙述者引向神话式的快感（juissance），包括经济和社会地位的回报。在这样的论述中，那些不顺从的神明不可能有真正的存在空间。正如吉奥乔·阿甘本所描述的那样，受害者既被排除在外，又被包摄其中。他们深深地陷入社会的黑暗中，越陷越深，被抹杀，绝不可能再浮出社会的表面。[②]

被排斥并不是简单地被放逐到社会之外。如果只是那样，被放逐的人只要成为局外人就可以了。排斥则是要容纳进入社会中的一种行为，容纳只是排斥行为的一个方面。从这个意义上说，那些称颂神明和天皇的人，并不只是在排斥与他们意见相左的对立一方。他们为了获得排斥他人的资格，通过极大地削弱自己的主体地位，排斥自己，从而寻求与主流话语同化。排斥的根本问题在于，他们已被同化得太深，以至于自我伤害都感觉不到痛苦。

正是那些对自己的存在抱有危机感的人，他们为了保住自己的主体，他们通过消除自己主体的一部分来试图与主流话语同化。正如后殖民研究的奠基人、精神分析学家弗朗茨·法农明确指出的那样，少数群体对于自

① 〔瑞士〕カール・グスタフ・ユング「ヴォータン」：1936，〔日〕松代洋一訳，『現在と未来　ユングの文明論』，東京：平凡社ライブラリー，1996。

② 〔意〕ジョルジョ・アガンベン：『ホモ・サケル』，1995，〔日〕高桑和己訳，東京：以文社，2003。

己不安稳的身份认同感到危机，试图同化于少数群体。[①] 正如在曾经的殖民地朝鲜，崔南善为了推翻强加给他们的神道教主流话语，积极参与主流话语，然而最终还是被神道教话语所同化。[②] 为了避免被主流话语的快感所吞噬，想要构建主体，并非易事。主体希望从他人的快乐中解脱出来，这一想法本身也许就只是一种错觉。

当然，今天去出云大社和神魂神社的年轻女孩们，意识中压根没有是为了支持天皇制的想法。的确，在这一点上，今天的整个社会意识与那时相比，与皇纪2600年时，人们被迫宣称在思想上、信念上忠于天皇制国家的情形相比，有着决定性的区别。在当今日本社会，思想上的主体化、规则化这些意识形态化的过程并不明显，看不到显著的形态。然而，我们有必要记起米歇尔·福柯说过的——权力有两种形态，即规训权力和生命政治（生命权力）。[③] 所谓规训权力，是一种从思想和信仰上推动国民主体性的统治方法，二战前的天皇制国家就是如此。生命政治作为一种不涉及思想上的规训，是通过控制身体进行统治的方法，近年来受到关注。其典型的代表是福利国家，它是一种与每一个国民所持的思想信仰没有关联，只是保护国民身体，以免降低国民整体的生产力的统治方法。

举个大家熟悉的例子，当我们乘坐火车时，并不会因为我们持有怎样的意识形态信仰而被拒绝乘车。你只要购买了车票，通过自动检票口就可以上车了。无论你持有怎样的观点，都是可以乘车的。即使在车上有一定程度喧哗，但只要不超过可容许的限度，你甚至可以在车内旁若无人地做自己的事情。不管你心里有什么邪思与淫念，只要你不对别人说，就不会引起任何问题。列车就是通过这样的方式来运送乘客，在确保乘客的安全

---

① 〔法〕フランツ·ファノン：『黒い皮膚·白い仮面』，1952，〔日〕海老坂武、〔日〕加藤晴久訳，みすず書房，1998。

② 青野正明：《朝鲜总督府的神社政策与“类似宗教”——以国家神道的逻辑为中心》，矶前顺一《殖民地朝鲜的宗教概念的言说构成》，沈熙灿：《作为“方法”的崔南善》（矶前顺一、尹海东编《殖民地朝鲜与宗教——帝国史、国家神道 、固有信仰》，三元社，2013）。〔日〕青野正明：「朝鮮総督府の神社政策と「類似宗教」——国家神道の論理を中心に」。〔日〕磯前順一：「植民地朝鮮における宗教概念をめぐる言説編成」、〔韩〕沈熙燦：「「方法」としての崔南善」，〔日〕磯前順一、〔韩〕尹海東編，『植民地朝鮮と宗教——帝国史·国家神道·固有信仰』，北海道：三元社，2013。

③ 〔法〕ミシェル·フーコー：「1976年3月17日の講義」，『社会は防衛しなければならない　コレージュ·ド·フランス　講義　1975－1976』，〔日〕石田英敬訳，東京：筑摩書房，2007。

的同时，前往目的地的。这正是生命权力的本质的体现。在你从自动售票机上购票，经过自动检票口乘车的过程中，需要怎样的资格审查吗？其实，可以这样认为，通过不审查，可以尽可能多地保证获得更多的乘客，铁路公司通过这样的做法来获益。

从这样的视角来看，那些前往神社参拜的年轻女孩们，即使是专门去拜姻缘神的，但只要神社实际供奉着的是天皇家的神明，那么从政府、神社界等支持天皇制的一方来看，就可以达到让她们在无意识的情况下支持天皇制的目的。没有战争期间那样的强制崇拜或是思想教育这样的外在暴力，只要这些女性能够搭上天皇制的列车，无论她们的自我意识是为了求得佳缘，还是为了旅游，或是进行森林浴，这些细节都无关紧要。这样，天皇制的公共空间就建立起来，将天真的国民纳入其中，而并不会让他们在思想上出现过敏反应。这不就是当今通过生命政治进行权力统治的完美体现吗？

难道我们真的不需要任何资格就可以搭乘火车吗？我们真的可以说，无论信仰如何，任何人都可以搭乘火车吗？那其中还是存在着某种默契，或者说是基于这种默契的排他性。批评天皇制的人，或者是对于神道神社的权威有质疑的人是不被允许进入的。他们的购票行为本身也许就不会得到许可。为了购买车票，即使是很简单的事情，也必须要会日语。这种对日语的理解能力本身，已经决定了主体化的特定方向。当你前往一个你语言不通的国家，尝试购票，你就很容易意识到这并不是一个简单的行为。

到底那里有没有自动售票机呢？如果没有，你在售票窗口需要说什么语言呢？讲日语是不可能了，那被称为国际语言的英语是否可以呢？或者，就算是有自动售票机，应该按哪个按钮呢？自动售票机系统也没有一个世界通用的版本。如果你访问的是一个曾经占领过我们的国家，你可能会在上面找到一种你能理解的语言。而且，自动售票机系统可能也很类似。但如果是那样的话，那是因为那段历史所带来的共同认识。在这些政治势力范围之外，事实上也还有很多国家与日本并没有直接的联系。

我们并不考虑我们想象所不及的外部世界，在访问与日本历史有着某种关联的国家时往往误认为它是普遍性的东西。即使侥幸上了车，如果你的行为与那个国家的乘车礼仪方式不同，也可能被赶出车外，甚至受到制裁。在无意间做出的宗教侮辱和性侵犯的行为，这种文化上的沟通不畅可能存在于任何地方。只是因为我们从来没有离开过这个有着相同文化密码的共同体，所以我们才没有注意到这一点。这种被同化于同一文化符号的隐性同化，尽管它表面上是让人感觉是赋予了自由，但它正是从根本上支持生命权力的基础。

当我们思考这样的同化与排斥问题时，出云神话所提出的让国问题和供奉不顺从神的问题的政治性，就会作为一个重要的主题浮现出现。这是因为，出云并没有参加皇纪 2600 周年的庆祝活动，虽然出云大社内现在飘扬着的巨大国旗就是在那个时候开始的，但并没能被纳入国家旅游线路中。当我们论及出云大社缘何在今天的神话热潮中与伊势神宫并列这一问题时，这也为我们阐明今天的神话热潮所特有的意义提供了一条思路。

## 二　支撑现代神道的让国神话

首先要讨论的是，相对于原武史批判的《国家之本义》，应该如何评价平田学派对记纪神话的理解。笔者认为，这个问题并不简单，不能简单地将《国体之本义》与平田派的观点作为对照性的观点。这其中的关键在于，大国主神把国土让给天皇家的行为所含有的意义。据《日本书纪》本文记载，故事如下：

> 天照大神的儿子 天忍穗耳尊娶了高皇产灵尊的女儿，生下了天津彦彦火琼琼杵尊。因此，皇祖高皇产灵尊立皇孙天津彦彦火琼琼杵尊，想让他成为苇原中国的主人。然而在那片国度里，还有许多发出萤火光的神、蝇声邪神，还有草木能说话。于是，高皇产灵尊召集来八十位神祇，问道："我欲拨平苇原中津国的邪鬼，当遣谁者为宜？"[①]（着重号为笔者所加）

这里讲述的是这样一个计划——在被称为苇原中国的地上的世界中，居住着许多邪神。皇祖高皇产灵计划在平定之后，让天照大神的孙子琼琼杵尊降临到苇原中国。但是，故事中并没有解释为什么地上的神祇是邪神。草木会说话就是邪恶的世界吗？那么，如果我们可以封印这些话语，就会迎来一个平安的世界吗？于是，高皇产灵尊派出武甕槌神和经津主神两位

① 『日本書紀』，日本古典文学大系，東京：岩波書店，1967，第 134 頁。

神祇前往苇原中津国。在这里，大国主神作为“创天下之大神”，完成了日本列岛的国土建设，被视为代表着苇原中津国的统治者。据说让国谈判就发生在稻佐的海滨，从出云大社步行至此还不到十分钟。传说每年的10月，即“神有月”[①]，全国各地的神祇都会从这个海滩出发聚集到出云大社。

> 二神于是降到出云国五十田狭之小汀，则拔十握剑，倒植于地，踞其锋端，而问大己贵神曰：“高皇产灵尊欲降皇孙，君临此地。故先遣我二神，驱除平定。汝意何如？当须避不？”……所以，大己贵神对二神曰：“……吾亦当避。如吾防御者，国内诸神必当同御；今我奉避，谁复敢有不顺者。”……言讫遂隐。[②]

这样，大国主神就把苇原中国的统治权转移给了天皇家的神先神，退出了历史舞台。《国体之本义》所依托的《日本书纪》正文的逻辑，可以理解为大国主神对天皇的单向的臣服。在《日本书纪》的文字中还有下面的内容，“于是二神诛诸不顺鬼神等，一云，二神遂诛邪神及草、木、石类，皆以平了”,[③] 不奉避的神祇都被诛杀了。要么自己奉避，要么被诛杀，只能在二者间选择其一，这就是让国给天皇家的逻辑。大国主神如果想不被杀掉，也就只有让国这一个选择。于是，这些“不顺服的神”被迫从人间离开，这也是现代神话学家对出云神话如此关注的一个重要原因。

但是，大国主神是否真的是“不顺服的神”呢？根据书纪正文中的大国主神所说的“今我奉避，谁复敢有不顺者”，他正是因为顺服，才离开人间的。对此，出生在紧邻出云的鸟取县作家水木茂，以“勉强同意让国的大国主神”为代表的表述方式，描述出当时出云人们的心境：“出云王国以这样的方式被夺走……真是令人遗憾。”[④] 这是2012年出版的《水木茂的古代出云》中的一段话。水木在年轻时曾经梦到出云的神灵，让他来描绘自己一族灭亡的情景。水木感觉到那是催促他，希望通过水木的笔来为自己扫除遗憾。与水木的这些想法不同，在《日本书纪》第九段第四的一书以及《古事记》中，对大国主神的让国行为进行了高度颂扬。这也正是平田

---

① 众神集中在出云大社的十月称“神有月”——译者注。

② 『日本書紀』，日本古典文学大系，東京：岩波書店，1967，第138~140頁。

③ 『日本書紀』，第140頁。

④ 〔日〕水木しげる：『水木しげるの古代出雲』，2012，大阪：角川文庫，2015，第233頁。

学派对大国主神如此推崇的根据所在。

> 时高皇产灵尊乃还遣二神，敕大己贵神曰："……夫汝所治显露之事，宜是吾孙治之。汝则可以治神事，又汝应住天日隅宫者，今当供造，即以千寻栲绳，结为百八十纽。其造宫之制者，柱则高大，板则广厚，又将田供佃。又为汝往来游海之具，高桥、浮桥及天鸟船亦将供造……又供造百八十缝之白楯；又汝当主祭祀者，天穗日命是也！"[①]（着重号为笔者所加）

供奉这位大国主神的天日隅宫是杵筑大社，也就是今天的出云大社。而天穗日命的子孙出云国造，不仅祭祀出云大社，还祭祀熊野大神和神魂神社，即今天所说的千家一族。实现王政复古后，在明治初期，曾有意见要求在大教院的祭神中，除了造化三神（天野御中主神、高御产巢日神、神产巢日神），以及天照大神四神之外，应该再加上掌管幽冥世界的大国主神。这是千家尊福依据平田国学提出的意见，但最终还是伊势学派的意见占了上风，认为天照大神才是统治幽显两界的神祇，其他的神祇都只是其臣下而已。

由此，出云大社相关的人士，（不满足于）在平田学派解释影响下的不顺服神的形象，开始寻求在天皇家之前统治日本国土的大国主神的原形，出现了追寻日本神话本来面貌的动向。伊势学派和出云学派在解释上的差异，源于他们所依据的文本不同，比如是注重《日本书纪》的本文，还是注重"一书"或《古事记》。但应该指出，他们各自立场的不同并不是因为文本的不同而产生的，只不过是他们采用了更接近他们立场的文本。

就文本而言，正如神野志隆光所指出的[②]，以《日本书纪》本文和《古事记》的文本之间的关系为代表，每一个文本都有其本来的结构。接受这些文本的人在意识到这些记述之间的龃龉的同时，依据自己的认识来重建一个世界观。如果我们从这种重建的角度来审视记纪的诠释史，就会发现，以往将《日本书纪》的文本作为正传，而完全忽略《古事记》的这种一般认识并不妥当。例如，在朝廷举行的仪式上一定会被吟唱的"高天原"一

---

① 『日本書紀』，第 150 頁。

② 〔日〕神野志隆光：『古事記と日本書紀　「天皇神話」の歴史』，東京：講談社現代新書，1999。

词，《古事记》中虽有出现，但在《日本书纪》中却并没有。

那么，围绕着让国神话，在书纪的本文与一书中文本是怎样的关系呢？在平田学派支持的《日本书纪》一书中，现在的出云大社就是“汝应住天日隅宫”，是为了大国主大神而营造的，按照高皇产灵尊的命令，是由“天穗日命”的子孙出云国造家来进行祭祀。这里希望提醒人们注意的是，天穗日命是继承天皇家血脉的子孙，并不是大国主神等国津神的子孙。天穗日命是素戋呜（须佐之男）和天照大神立下誓约时，与天孙降临的彦火琼琼杵尊的父亲天忍穗耳尊一起出生的弟弟，是天津神。在这一点上，书纪的本文也持同样的立场，并认为天穗日命是“出云臣”的祖先。[①] 明治时期小泉八云也指出：“宫司就是千家尊纪，是太阳神天照大神的新锐。”[②]

如果是这样的话，在出云大社中，大国主神就是由天皇制一方的天津神来祭祀的，由此实现了从人间“奉避”，从而可以“治理神事”。平安时代的注释《令集解》中对于职员令神祇官这一条的解释为：“天神者，伊势。山代鸭。住吉。出云国造斋神是也。”“地祇者，大神。大倭。葛城鸭。出云大汝神等是。”[③] 与其他注释基本无差别，将大国主神记为出云大汝神，是国津神（＝地祇），由出云国造来进行祭祀，出云国造自己的神则是熊野大社的“伊射那伎日真名子 加夫吕伎熊野大神 栉御气野命”（即素戋呜尊），而且神魂神社的伊邪那美大神也被认为是天津神。这样，通过由天津神的子孙，也就是天皇家一方的祭主来进行祭祀，不顺从的神便顺从于天皇家族，把自己的土地让给天皇家，离开了（消失了）。这样，天皇家掌管祭祀，即掌握了对神祇的生杀予夺的权力。在这一点上，《日本书纪》的本文与一书，以及《古事记》都被纳入基本相同的逻辑结构。

这样的解释与明治初年出云大社的千家尊福等人对出云大社的解释大相径庭，他们要求大国主神与天照大神平起平坐，看起来他们也许认为过于强调天皇家的神明（所以才提出了这样的主张）。但事实上，千家所要求的祭祀大国主神的场所是由明治政府的大教院认可的，也就是近代天皇制秩序下批准的。而且，更重要的是，千家要求其作为出云国造的正统性不只是源于原住于出云的国津神的子孙，而且从天穗日命这位在实现了让国

① 『日本書紀』，第106頁。

② 〔英〕ラフカディオ・ハーン：『知られぬ日本の面影』，1894，〔日〕平川祐弘訳，『神々の国の首都』，東京：講談社学術文庫，1990，第152頁。

③ 『令集解』，新訂増補国史大系，吉川弘文館，1966，第28頁。

后，降临的天孙火琼琼杵尊的叔父的血统。从这一点来看，很显然，出云派也是以近代天皇制的统治为前提的。

因此，出云国藏至今也还是按照《令集解》描述的“天神者。……出云国造斋神是也”那样，在自己的根据地——意宇地区祭祀着天津神。据井上光贞等人的观点，现在的出云国藏的祖先、出云臣以意宇地区为根据地，与畿内势力天皇家联合，平定消灭了现在出云大社所在的杵筑地区的势力，所谓出云神社也正是再现祭祀不顺服神，使其顺服的、朝廷一方所掌握的地方。正是因为这点，出云国造作为天津神的后裔，为了同样源于天津神的天皇的治世而向众神奉唱神贺词，希望苇原中津国的神祇们可以安镇，这些神祇既包括天津神也包括国津神。

> 出云国的国造＊＊＊（姓名），诚惶诚恐致上，祝愿御现神、统治日本国的天皇之治世长治久安……出云国的青垣般的山中，神社粗壮的柱子深扎入地下石中，千木高耸入云。镇座于神殿中的伊射那伎日真名子 加夫吕伎熊野大神 栉御气野命，和创造了这个国家的大穴持命，向以此二神为代表的，镇坐于一百八十六神的诸皇神祈愿，……我于志都宫向诸神静忌仕奉，待吉日晨曦中，再奏上贺神之吉辞。[①]（着重号为笔者所加）

考虑到出云大社是由朝廷的势力创建的，所以在今天的神话热潮中，出云大社和伊势神宫的两次迁宫相互合作，以及在曾经的皇纪2600年的庆祝活动中，除了宣传宫崎、伊势、奈良三地（县）之间的密切关系外，还加上了岛根县的名字，这些主张便不再相互矛盾了。于是，从天孙降临到高千穗峰，东迁至橿原神社，再由伊势神宫来祭祀，在天皇家对苇原中津国的统治的发展脉络中，将大国主神的让国与天皇家对大国主的祭祀非常完美地融入其中。

当然，前往神魂神社或出云神社参拜的年轻女孩们和上年纪的游客们可能完全不知道这里存在着政治上的“用意”。然而，这种对主体的无意识控制的方式，或者换句话说，这种与个人的自我意识不冲突的权力网，才是生命政治的关键。所以，西方人赞美日本民族的话语，或者说以西方的

---

① 「出雲国造神賀詞」,〔日〕虎尾俊哉編『延喜式　上』, 東京：集英社，2000，第501頁。

逻辑来创造的民族精神的话语，在其背后的运作着的旅游资本主义和宗教教团的意图，或是在全球资本主义化中伪装成古朴外表的神话，都应该看作是以一种非常现代的形式的复活。下面的描述是作为神社的战略而出现的一个典型案例。

> 庆典之日。照片中的这对夫妇站在楠木树下，露出灿烂的笑容。这对夫妻刚刚举行过（结婚）仪式。看着照片，让人不禁要祝愿他们永远幸福。……这是昭和三十三年（1958年）在复兴迁座祭时，在热闹的神社内拍下的照片。当时楠木的树皮上，燃烧的痕迹还清晰可见。①

照片中描绘了在明治神宫举行神前结婚典礼的日本人微笑的样子。乍一看，这幅照片以善意的笔触充分展示了明治神宫如何扎根于日本人的日常生活之中。然而，将结婚这种与私人领域相关的、包括生殖在内的事件，试图以一种半无意识的方式，纳入颂扬明治天皇德行的民族主义的政治空间——神社中，正是因为将政治意图以非政治的善意加以伪装，所以应该看到这种记述所具有的现代性的特质。照片底下还若无其事地记述了以下的内容。

> 终于，世界各国的运动员都来到重建后的社殿进行参拜。昭和三十九年（1964年），东京奥运会的运动员村就建在现在的代代木公园的位置，位于明治神宫旁。②（着重号为笔者所加）

按照这个说法，这座与日本人的日常生活密切相关的明治神宫，即使国外的运动员也会前往参拜。不仅仅是运动员，连研究人员也会到访神社。于是，明治神宫的国际化与日本人的日常生活便无声无息地重合在了一起。通过这些描述的建构，在普通读者的脑海中有意识地制造出一种记忆，即包括日本人的私人领域在内的日本传统得到了国际性的祝福，并且，这种身份认同在潜移默化中被深深烙印在他们的意识里。在这里，我们同样看

① 〔日〕今泉宜子：『明治神宮戦後復興の軌跡—いとも厳しく美はしく社殿成りて　代々木の杜と鎮座地渋谷　焼け跡からの再生物語』，東京：鹿島出版会，2008，第134～135頁。

② 『明治神宮戦後復興の軌跡—いとも厳しく美はしく社殿成りて　代々木の杜と鎮座地渋谷　焼け跡からの再生物語』，第135頁。

到了“生命权力”的运作，与到访出云地区祈求良缘的年轻人那样，他们纯真的愿望被成功地收入民族国家的框架之中。

一方面，生命权力通过生育和劳动行为使人民生而不死，相较于通过举行婚礼仪式等在神社举行的仪式活动来直接约束人民的思想的功能，它起到的作用更体现在调节生产力，促进资本主义的发展方面。另一方面，就像现在的神社一般不处理丧事一样，死亡不属于生命权力所关注的问题，被视为禁忌。靖国神社的功能则是一种净化装置，通过将这些国民的死亡纳入到为国家而死的方式，以此来净化死秽。虽然在战前社会，为天皇而死作为一种明快的意识形态受到颂扬与讴歌，但在战后的日本社会中，尤其是对于今天的年轻一代来说，正因为上面的原因，所以靖国神社不同于明治神宫、出云大社，让人有一种无法亲近的感觉，成为一处让人保持距离的场所。这些形成了战后国家神道的各神社之间的差异，或者说，我们应该认真思考与认识各神社间的这种竞争关系。

现在我们再来思考“祭祀”一词的含义。民俗学家小松和彦将其解释为“奉祀和驱散神灵”，并对“在山里建一个小祠堂，（把神灵）送过去”进行解释：死于非命的人的灵魂会作祟，因此修建新的神社，将他供奉为神。或者当狐狸凭附于此时，就把它供奉为稻荷大人。

在日本各地的民俗社会都可以看到以“供奉”的方法来处理这些会给人们带来各种各样灾害的神灵或是精灵。要对这些神灵或精灵进行充分的祭祀，通过祭祀来遏制他们。否则，这些被封印的犬神、山姥等就会跑出来。①

这种对神灵的供奉往往伴随着对“异人”的杀戮，因此，在杀人者及其后人的记忆中，这是一个难以忍受的事实，于是便用对款待“异人”的故事取而代之。“（他们）不断试图从传说和民间故事中抹去杀戮‘异人’这一令人忌讳的要素，但同时又试图将这一记忆在传承中加以保留。此时，杀戮异人就被改变成款待异人，被杀害的异人持有的财产就变成了骤死的异人化为黄金的故事，或者是变形成为异人神秘地变成了黄金，却没有任何死亡的描述的谜一般的故事展开。”② 小松引用下面这个民间故事为例来说明。

① 〔日〕小松和彦：『異人論——民俗社会の心性』，東京：筑摩書房，1985，東京：ちくま学芸文庫，1995，第237頁。

② 〔日〕小松和彦：『異人論——民俗社会の心性』，第85頁。

> 大雪纷飞之夜，有五个乞丐来到一户人家求宿。主人说自己家里很穷，也没有什么衣服可给他们穿，就让他们到隔壁的有钱人家去。乞丐问，“是不想留我们过夜吗?”主人回答说，“是因为家里没有吃的”，但乞丐们还是一拥而入。于是主人烧起柴火给他们取暖，还给他们铺了草席。第二天早上，……主人准备了稗饭，想去叫醒乞丐们，却发现从草席下滚出了木盒子。五个人都变成了同样的盒子，里面装满了大小金币。于是，这个穷人就变成了有钱人。①

因此，正如漫画家水木茂所洞察到的那样，大国主神的让国相关的记忆中也很有可能是从一个强制性的征服故事变形成为这样的一个和平的故事。如果是这样，那么我们就必须重新思考“祭祀”这一行为意味着什么。小松还注意到《常陆国风土记》中这样的一个例子。

> 在供奉于石村玉穗宫的天皇（继体天皇，笔者补记）统治大八洲之世，有一个人，叫作箭括氏的麻多智。他在郡西的山谷中砍伐芦苇，开垦出一片新田。此时，夜刀神带着众人成群结队地来到这里。左右发难，不让其耕作。当地人称，这是条蛇，称为夜刀神。其形为蛇身，头上有角。身上带有杞柳可以免于受难，但若有人看到的话，此人就会家门破灭，断子绝孙。……麻多智起大怒之情，披挂甲胄，自执矛杖，将其打杀驱逐。打至山口，麻多智在分界的沟渠处设置了一个路标，对夜刀神宣告说：“听闻由此往上为神之土地。由下往下则应作为人之田地。从今往后，我作为神的祭祀者，永代敬神祭神。希望勿要作祟，勿要忌恨。”于是建起神社，始行祭祀。……麻多智的子孙代代相承，进行祭祀，至今不绝。②

小松对此进行说明，指出：“麻多智治服了夜刀神，……并不是把他们全部杀死，而是将驱逐了一部分，然后，在山的入口处挖了一条沟，在边界处建立了神社，在里面把夜刀神供奉为神祇，麻多智成为‘祝’，也就是

① 〔日〕小松和彦：『異人論——民俗社会の心性』，第81頁。

② 『常陸国風土記』，日本古典文学大系，東京：岩波書店，1958，第55頁。

神官，神的奉仕者，于是开口祈祷，请神‘勿要作祟、勿要忌恨’。”① 从小松的解释来看，祭祀神明的人，总是那些赶走了神明的人。他们这些主宰祭祀的人总是站在压倒性的优势地位上，同时他们承认被他们赶走的神灵具有权威，由于他们采取的暴力性的排挤行为，祭祀者们一直受到神灵权威的威胁。之前提到的杀害乞丐的故事中，如果按照小松的推测来看，可以认为是一种证明人们因为过于害怕被驱逐的神灵的权威而试图抹去杀戮和排挤的记忆的证据。

其实，在上幼儿园的时候读到这个乞丐的故事，我就感觉有些不可思议。当时还是小孩子的我无论如何也猜不出，为什么穷酸旅人什么话都没有说，就会在第二天变成金子。于是我很牵强地对其进行了解释，认为穷酸的旅人就是福神伪装成穷神出现，来考验人们是不是能够亲切地对待每一个人，而不在乎他的外表如何。当我读大学时，读到了小松的著作，由此了解到了事实上旅人有可能是被村民因为谋财而杀害了。这一种解释让我感慨自己的相像力是多么的贫乏。

人们往往喜欢用一种按照自己的方式来诠释某个故事，仿佛自己生活的世界是和平和谐的。因为这样的解读是按照自己的想法进行的，自己随意地赋予某种意义，试图去相信这个世界并不存在排斥、歧视，更不可能发生以图谋钱财而杀人的事情。从我自己童年的这些心理过程中，可以解读出一种普遍的心理调节，即人们会根据自己的情况来接受某种话语，而并不会去考虑这一话语在成立时可能伴随有排他性暴力的发生。反而，这或许也是人类一直被神话所吸引的重要原因之一。如果是这样的话，那么神话就很有可能带有一种自恋式叙事的危险性，它总是要将那些未被祭祀的人排除在意识之外。

因此，小松根据“供奉”或“未被供奉”的不同，将被供奉的与未被供奉的神灵进行分类，提出结论。他将未受到供奉的超自然存在称为“妖怪”，将有人修建神社，并进行祭祀的超自然存在称为“神”。② 那么，我们在哪里可以找到那些被小松划分为妖怪的神灵呢？例如，从记纪神话来看，天孙降临之际，高皇产灵尊，从高天原望向苇原中津国时看到的“多有萤火光神及蝇声邪神”，“复有草木咸能言语”，这些神应该就是所指了。可以

---

① 〔日〕小松和彦：『異人論——民俗社会の心性』，東京：筑摩書房，1985，東京：ちくま学芸文庫，1995，第 234 頁。

② 『異人論——民俗社会の心性』，第 235 頁。

认为，天界的神灵们从草木都可以随意说话的状态中发现了一种不遵从自己秩序的邪恶的怪异力量。

和小松一样，之前介绍过的出生于鸟取县的漫画家水木茂也将这种未被祭祀的存在或力量称为“妖怪”。水木出生于鸟取县境港，这里过去被称为伯耆国，位于出云国的势力影响范围的外围。也许正因为如此，他并没有受到太多的江户时代流行的出云神社的大黑神信仰的影响，在他身上也看不到出云国的神社信仰的强烈影响。

水木是知名的妖怪漫画家，但正如他自己所说，他的很多想法，在很大程度上是基于一位来他家帮忙的一个鬼婆婆传授给他的传统民间信仰。江户时代神道祭司经常扮演驱除附体妖怪的驱魔角色，考虑到这一点，我们应该认识到，正是在出云信仰淡漠的这一地区，妖怪们的世界才能够长期根植于人们观念中。而且，与出云一样，伯耆国也是一个盛行狐狸附体信仰的地区，水木的漫画中也经常描绘有与狐狸附体有关的故事情节。水木所喜爱的老婆婆，据说曾与一个被称作“毛和尚”的真宗僧侣一起生活，这位僧侣也很可能是一位以驱除附体为业的僧侣。

## 三　前往鸟取县境港的水木茂之路

再回到我说的出云旅行吧。我和朋友一起离开出云大社，来到了水木茂的出生地——临县的境港市。我从小就是水木茂漫画的粉丝。由于人口向东京、大阪等大城市集中，境港的商业街也和其他地方城市的一样，一度处于空城状态。不过，据说近年建成了一个叫水木茂之路的地方，这里又开始热闹了起来。

在这条水木茂之路上，有两个热门景点。一个是水木茂纪念馆，游客可以在这里体验水木茂的作品世界。另一个是妖怪神社，从纪念馆出来，沿着两侧摆放着妖怪铜像的道路走到尽头就可以看到。当地的朋友向我解释说，至少在战后的社会，你不需要得到神社厅或其他地方的许可，就可以自称神社。也就是说，如今神社是每个人都可以随意开设的祭祀空间了。

对于这样的自由度，我有些惊讶，因为我还一直设想的是在朝鲜殖民地时期，只有朝鲜总督府批准的空间才可以作为神社或神祠使用的情况。说起来，虽然神社曾被置于审批制度之下，但从战前开始，被称为祠堂或家神神龛的祭祀空间就不需要政府的批准了。也就是说，普通人的日常生活，使神社与祠堂之间的界限变得飘忽不定，期间妖怪神社也以一种无限接近于祠堂的祭祀空间出现了。如果是这样的神社，我想我会很喜欢。这是因为在这里看不到一丁点儿“让国的神话”所强加给人们的服从逻辑。

这个妖怪神社的设施很简单，它以岩石为神明，立了一个变形的鸟居状大门来表示神社的区域，仅此而已。尽管如此，还是有很多水木和妖怪的粉丝从全国各地赶来参拜，献上了不少绘马[①]，是一个充满信仰的地方。当然，虽说信仰虔诚，但正如当地朋友所言，他们只是出于观光的心态，并不是真的畏惧或崇拜妖怪。对于水木漫画中出现的妖怪，大概也是持有这种心态。它们虽然有点阴森，但是也很滑稽。这种滑稽感才是天皇制中看不到的、好的意义上的不严肃。一个是允许开自己玩笑的神，一个是会以不敬之罪加以惩罚的神，哪一个会带给我们幸福呢？我认为即使在信仰中，有趣这个因素也是绝对不能忽视的。

在此，让我们回到文章开头提出的同一个问题，即参观神魂神社的年轻女孩们的信仰心问题。究竟什么样的行为才叫真的相信？是描述一个可以明确概念化的思想信条的体系吗？又或是像北欧神学者鲁道夫·奥托所说的那样，抱有不寒而栗、战战兢兢的敬畏心和恐惧感吗？[②] 即使在日本皇纪 2600 年的时候是这样，但现在，所谓的世俗化，人们对神的物理实体的信念已经淡化，要形成这样一种明确的思想并不容易。

倒不如说，那些参观神魂神社的年轻女孩，或者是出于好奇而去参观妖怪神社的水木迷，他们在意识上是半信半疑的。然而，常见的却是一种扭曲的信仰方式，人们一方面有一种不自觉的冲动，想通过身体层面相信某些东西来充实自己不确定的身份；另一方面又从意识层面上对此冷眼旁观或漠不关心。而且，人们不从意识上纠正这些思想上错误的存在方式，而是允许其保持原样，以此将他们的肉体纳入宗教团体和国民国家社会的影响范围内。这就是当今世俗化了的日本社会的信仰方式。

若是如此，那么妖怪神社也将担负生命权力的一部分，作为一个场所，起到将参观者们回收到国民这一主体中，让他们转变为无意识的天皇制教徒的作用呢？我认为这个答案是无限接近于“否”的。这是因为如小松先

① 日本人在神社或者寺院祈愿、感谢神明实现其愿望时用的一种木板，可以在上面画画或者写字——译者注。

② 〔德〕ルドルフ・オットー：『聖なるもの』，1917，〔日〕久松英二（訳），東京：岩波文庫，2010，第 31 頁。

生所言，或是水木先生所描述的那样，所谓妖怪只能是真正不顺服的神。没有人是崇拜妖怪的。更准确地说，即便有像鬼婆婆那样崇拜妖怪的个人，但也只是以一种分散的形式存在，系统形式上并不存在崇拜妖怪的国家或权力集团。民间信仰除非和佛教、神道等已有宗教相结合，否则无法形成强有力的集团组织，甚至无法结社。当然，由于它不固定，不采取明确的形式，因此如果它被认为值得拉拢，或许也很容易被纳入国家权力或已有宗教教团之中。

但是，真正不顺服的状态，是一种始终脱离祭祀的状态。如小松先生所指出的那样，我们把这种处于脱离状态中的存在称为妖怪，而不是反过来。回归秩序的事物，不管其形态如何，都不能再称之为妖怪。在这一点上，毫无疑问，妖怪神社目前仍然是一种脱离状态的存在。最有力的证据是在妖怪神社中，祭司不是天皇家的成员，所祭之神中也没有天皇家的神。也就是说，这里供奉的都是些从未被国家推崇过的各种神明。不仅是妖怪神社，还有与此关联的妖怪之路上的妖怪铜像，以及水木纪念馆里陈列的妖怪们的画和雕像。这些未被供奉的神明们，通过作家水木茂的想象力而被形象化，以一种永远无法融入国家祭祀的形态具体呈现在我们面前。

最重要的是，水木茂画得最好的角色“咯咯咯的鬼太郎”也只是一个“不被供奉的神”，虽然它为了人类与妖怪战斗，但从未得到来自人类世界的感谢。为此，鬼太郎的故事，总以“人们对功臣鬼太郎很冷漠”的旁白，以及眼球老爹或鼠男说的台词“嗯……每次只有虫子们才理解我们啊”结束。我望着排列在水木茂之路上的妖怪们，对朋友说道：如果人们想在出云国里寻找不顺服之神的原型，那么境港的水木茂之路上或许就能瞥见这些神的身影。

当然，这里终归也是一个由商业化的旅游资本主义支撑的地方，我们既然生活在资本主义的空间里，就无法走到外面去。在水木茂之路上，商店也是鳞次栉比，到处卖着鬼太郎木屐、眼球老爹馒头以及妖怪T恤。所有商品上都清楚地标有“水木制作”的版权标志。这也无非是些商业买卖。但该问的问题不是这个空间是否被资本主义化了，而是我们能否在其内部营造出一个空间，暂停资本主义化，遏制思考和肉体生命的整体化。比如鬼太郎和鼠男，面对强劲的对手，它们争先恐后地快速逃跑的身影，大概完全不同于打败恶势力的超级英雄。它们绝不允许读者对它们抱有这种自恋的形象。也就是说，它们虽然拥有很强的力量，但依然是个笑柄。

水木茂的妖怪们的世界充满了欢笑和恶搞，为我们打开了一个完全不同于僵化的天皇制祭祀的空间，停止了我们的思考，不去想被试图同质化的权力所吸收。之所以能做到这一点，不仅是因为鬼婆婆教他了解了当时的民间信仰的世界，可能还要考虑的是水木自己增加了新的体验在里面。从中，我们发现了与妖怪们的滑稽形象截然不同的、战死者尸骨堆积成山的悲惨景象。

> 啊，大家都是抱着这样的心情死的。没有人照料，没有人谈论……只是被淡忘而已。[①]（着重号为笔者所加）

在这本漫画的后几页，水木先生画了一堆碎尸，写着“看守附近人质的团长的回忆”，他说道：“为守住这个阵地，真的有必要做到这种地步吗？”[②]大伴家持的军歌《如果我去海上》，出自《万叶集》。

> 繄我邦国，谥曰苇原，亦云瑞穗；神黄祖祢，自天降治，缵嗣天日，代棉斯洎……将赴于海，沉尸无悔；将赴于山，尸骨生苔。死惟君侧，义无迟回。自古徂今，载流武士之清名，罔或有替，展彼先哲。我其昆季，噫我大伴与佐伯，二氏并比，为之祖父，其先训是稽，为之子孙。其祖名是维，以事我大君，以世尔令懿，腰则佩刀剑，手则秉弓矢，夙夜守御；惟大君是卫，宫门之仕，舍我其复谁？於戏噫嘻，能无奋思，王言弥贵。[③]

我不敢想象，天皇作为日本最大的祭司意味着什么。如本尼迪克·安德森所说，如果民族主义的想象力是让国民甘愿赴死的装备[④]，那么，正是天皇这位祭司迫使不顺服之神把国土让给他，使天皇的统治维持“千秋万代”（《君之代》），不顺服之神也是推动祭祀系统的关键。《令集解》中写

① 〔日〕水木しげる：『総員玉砕せよ！』，1991，東京：講談社文庫，1995，第 350 頁。

② 〔日〕水木しげる：『総員玉砕せよ！』，1991，東京：講談社文庫，1995，第 353 頁。

③ 〔日〕「陸奥国より金を出せる詔書を賀く歌一首」，『万葉集　四』，日本古典文学大系，東京：岩波書店，1962，第 279～281 頁。

④ 参见前述〔美〕ベネディクト・アンダーソン：『定本　想像の共同体——ナショナリズムの起源と流行』1983/2006，〔日〕白石隆、〔日〕白石さや（訳），東京：書籍工房早山，2007，第 237 頁。

道："天神者。伊势。山城鸭。住吉。出云国造斋神等类是也。地只者。大神。大倭。葛木鸭。出云大汝神等类是也。"与天津神并称的国津神们已经被天皇供奉，对朝廷而言已经不再是不顺服之神了。于是，国津神们通过祭祀逐渐被纳入天皇制的秩序之中，同时又被成功地排除在政治空间之外。或者说，他们被排除在政治权力的空间之外，从而被完全纳入祭祀空间之中，以免成为不顺服之神。

在北海道，人们认为土地神是国魂大神，在朝鲜，则认为是檀君，他是部分朝鲜人想认作奠定民族主义基础的人物。而《日本书纪》中，明确指出这个国魂大神是大国主神的别名。

> 大國主神　亦名大物主神　亦號國作大己貴命　亦曰葦原醜男　亦曰八千戈神　亦曰大國玉神　亦曰顯國玉神　其子凡有一百八十一夫大己貴命　與少彦名命　戮力一心　經營天下。[①]

虽然书中的描述也不过是另一种神话解释，但正如"国玉"二字所示，即使他不是大国主神，也是代表土地之魂的神吧。后来，天皇家的神和大国玉神被成对的供奉起来。据二战时期东京大学法学部教授筧克彦说："我希望建立一座圣洁的神社，将孔子、老子、释迦牟尼和耶稣、基督等众多的世界伟人供奉在一个神社里，让我们原本宽容的神道旗帜更加鲜明，更多地向世界宣扬神道的光芒。"[②] 也就是说，连佛陀和耶稣基督也被解读为亚洲和西方的"国魂神"，即他们作为神，自愿将国土让给天皇，与统治者天照大神一起被供奉在同一个神社中。

战后，神社界及与之相关的神道学者们，包括对神道持肯定态度的外国学者，都采取了这样的立场：神道是民族宗教，因此不强迫其他民族信仰。并且，他们还试图摒弃战前的国家神道，认为它偏离了民族神道的本来面目。这就要求海外的神道学者要从"客观"的角度来论证神道是一种民族宗教或民族传统。今天神道的国际化，并没有超出这种自我辩解的范围。因此，他们谁也没有主动地提到。像筧教授所说的观点已经被多次讨

① 『日本書紀』，第128頁。

② 〔日〕筧克彦：『皇国之根柢・万邦之精華　古神道大義』，東京：清水書店，1912，第422頁。

论过了，如久米邦武的论文“神道是祭天的古俗”（1891 年）[①] 等。他们只是反复强调海外神社不过是为日本人居留民所建而已。

然而，他们隐藏了一个事实，即原本“日本人”这个概念是由两类人构成的，一类是日本民族 = 人种的日本人，另一类不是日本民族 = 人种，而是作为日本帝国的臣民的日本人。我们不该忘记，这里所说的人种，正如米歇尔·福柯所说的那样，它是一个拥有肉身的生产力单位，是支撑生命权力的基础，而不仅仅是民族这种观念上的想象的东西。[②]

而最重要的是，当时日本帝国的统治逻辑是，由万世一系的天皇制正统化了的日本民族，如天皇家等，引领一个具有相同普遍信仰也就是神道的多民族群体，即利用两类人种的存在，由作为统治者的“一等民族”与作为被统治者的殖民地的“二等国民”构成。正因为相信国民国家的纯粹性，即使在不同民族混杂的帝国中，统治者也可以正当地要求自己专有的特权。如筧教授明确指出的那样，支持这种帝国统治的逻辑是割让国土。也就是说，近代神道的逻辑，反而在殖民地中得以明确提出。

即使到了战后，不再强求在外国进行参拜，但这种国家神道的本质并没有改变。我在前面举的二战期间的例子中已经指出，说起“日本民族”这个概念本身，到现在依旧是模糊的。在日本国内仍有一些失去了日本国籍的在日朝鲜人，被认为是日本人的阿伊努人和冲绳人。还有日本东北地区的虾夷人后代，以及九州南部被称为“隼人”的人等。

曾经居住在“内地”地区[③]的日本民族，本身不过是近代化过程中的历史产物，它经过反复的割让和武力征服，最后从奈良盆地扩大到了整个日本列岛。这一点就算在古代也很明显，《古事记》和《日本书纪》里记载的众多故事就是证明。就连古代的奈良盆地，也居住着国津神的后代们，对此，《令集解》里记载了：“地祇者，大倭。葛城鴨。”它与“出云大汝神”一起被记录其中。也就是说，即便是大和王权的大本营，也不是由同质的民族关系构成的。

---

① 〔日〕久米邦武：「神道は祭天の古俗」，1891，『久米邦武歴史著作集』第 3 巻，東京：吉川弘文館，1990。

② 〔法〕ミシェル・フーコー：「1976 年 3 月 17 日の講義」，『社会は防衛しなければならない　コレージュ・ド・フランス　講義　1975 ~ 1976』，〔日〕石田英敬訳，東京：筑摩書房，2007，第 242 頁。

③ 在大日本帝国时期使用的专有名词，意指本土区域，即非占领地或殖民地，一般指本州、四国、九州、北海道。——译者注

我再强调一次，像出云大社的例子所揭示的那样，让国的逻辑并不限于“外地”① 的殖民地，还包括北海道以及冲绳等内地殖民地，以及遍布在国内各地的、西川长夫所说的内国殖民地。② 茨城县的鹿岛神宫和千叶县的香取神宫是从关东北部遥望东北地区的战略要地，里面供奉着在天孙降临之前平定苇原中津国的天津神、武甕槌神与经津主神二神，这也绝非偶然。同样的，在宫城县的盐釜神社，也就是众所周知的陆奥国第一神社，也供奉了作为让国使者的两位神明，武甕槌神和经津主神。这个神社被誉为“东北镇护”，供奉的是天津神，他降服了盘踞于苇原中津国的诸神。与他一起被奉为祭神的是地方神盐土老翁，他曾在平定之际为天津神们领路。臣服的神则被供奉在了附近的志波彦神社里。这个神社，在平安时代完成的官方仪典书中就已经位列式内社，当时已经是因割让国土而受人供奉的神社了。

这些征服神降服当地的神明，前来祭拜他们的当地人是什么感受呢？围绕近代日本民族认同的问题在于这样一种心理机制，即当地人把这些征服了自己祖先的神当作“我们日本人”的守护神，主动去祭拜他们。东北地区以及关东地区的人们，应该是国津神的后裔。他们对天津神的崇拜，是出于像出云国造那样，想把自己当成是天津神的子孙吗？还是希望按照自愿服从的让国逻辑，心甘情愿地接受天皇家的统治？当事人自己心中也未必清楚。又或者说，为了平定所在地区难以遏制的混乱局面，他们需要迎接一个外来的征服神呢？

历史上反复提及天皇家本身是来自朝鲜半岛的征服者的传说，那么，住在苇原中津国的人们，是否同样需要一个外来的征服者作为必不可少的一部分，作为给他们提供秩序的人呢？在此，明显浮现出了折口信夫所说的“客人”，它与小松先生所说的“杀异人者”密不可分，指的是从外面带来幸福的神。③ 杀人者和被杀者，被宰者与被祭者，都是紧密相连的。

如果是这样的话，那么“国民”究竟指的是谁呢？当想到这个问题时，也许并不是只有我一个人不自觉地在脑海里浮现“模范少数民族”这个词，它包括在日朝鲜人、冲绳人或阿伊努人。也就是说，如今殖民地中的神社

---

① 与上文的“内地”相对，意指日本本土以外的领土。——译者注

② 〔日〕西川長夫：『植民地主義の時代を生きて』，東京：平凡社，2013，第229頁。

③ 〔日〕折口信夫：「国文学の発生（第三稿）」，1929，『折口信夫全集』第1卷，東京：中央公論社，1995，第11~66頁。

参拜问题根深蒂固，不仅仅是因为曾经实施过暴力胁迫，更是因为存在一个独立身份被剥夺的残酷过往，即殖民地的人们想成为日本人而自愿抬起神轿，前往神社参拜。正是天皇的视角，才让所形成的日本国家的公共性，包含这样的少数民族和受歧视的人们。

这就是大写的他者，因为没有固定的实体所以抓住国民不放，就像福柯所说的全景敞视监狱、囚徒们的瞭望塔那样，[①] 虽然囚徒们永远看不到它的实体，但他们不由自主地总觉得自己一直从别处被监视着、被注视着。也就是说，公共空间并不是由已经确立了各个主体的个人聚集而形成的，而是只有当有一股视线，把每一个即将成为各种主体的肉体纳入进来，并进行客体化，才能通过包含其中被分割的主体来确立公共性。

从阿伦特到哈贝马斯对公共性的讨论中，缺少的是对公共空间以及构成公共空间主体本身的大写的他者的讨论。以日本神道为例，天皇祭祀一直负责对这种公共空间的包容加以关注，该空间中不仅包含了被供奉的神明，还包含了因拒绝臣服而被杀害的不顺服之神，他们虽然被排除在祭祀之外，但也被吸纳其中。

例如，明治神宫的“大鸟居”是台湾人民“敬献”的，是称颂明治天皇德行的见证。但是，如果这种“敬献”不是强制性的，那就证明了身份剥夺发展到了根深蒂固的地步，这样的行为更说明了殖民主义政策的严酷。另外，将明治神宫美化为国民的森林，这与正面肯定大鸟居是殖民主义留下的痕迹之间相互矛盾。他们暗示，尽管神宫的森林一开始是人工林，但随着时间的推移，已经变得自然化了，所创造的近代神道对日本民族来说也变得自然而然、不言而喻了，但这个自然的“民族”到底包括哪些人呢？我也是包含在内的日本人的一员吗？还是说我作为“非国民”被排除在外呢？

战前的日本国家具有帝国和国民国家两种逻辑，战后的国民国家也可以说是摒弃了其中将不同民族混合的帝国逻辑，导致只彰显宣扬自己民族优越性的国民国家的逻辑，举国上下沉浸在自恋之后的产物。与帝国时期不同的是，即使是曾经受到歧视的殖民地人民，也已经没有机会见到任何他者了。就算是出云大社，现在也不过是天皇家的后裔作为让国的祭司，

① 〔法〕ミシェル・フーコー：『監獄の誕生』，1975，〔日〕田村俶訳，東京：新潮社，1977，第198頁。

基于强烈的自我认同的欲望，庆祝日本国民把天皇当作象征罢了。但是，正如已经说明的那样，这种自我认同是一种不稳定的事物，正不断地被破坏。

像后现代思想家们所指出的那样，主体不过是一个永远无法满足的空虚的、缺损的存在。至少在日本国民的自我意志下是这样的。但是，我已经论证过，日本国内有无数没有被供奉的神，他们不仅仅是鬼婆婆所说的妖怪。我们在神社中也能找到类似的例子。例如，在明治时期，赫恩在出云国发现了一个名为“客神社”的小神祠，它与下述的以天皇为祭司或祭神的神社不同。

> 这个鸟居里供着人的头发——女人和孩子的长发直接系在上面。……在这里，有时孩子们会表演神乐舞。……格子里还系着真正的神和类似神的染色麻捆。……神社的地板高出地面两尺左右，地面下的缝隙里堆满了光滑的圆石，似乎都是从河岸上捡来的。……人们向“客神”祈求，希望赐予她们秀发。……去顾客神社参拜的母亲们，祈求自己的孩子头发漂亮。①

据赫恩说，神社里供奉的神叫“客”，是江户时代一位封建领主的小妾，有人嫉妒她的宠爱，对她那头不太黑的头发恶言相向，她为此苦恼不已，于是自杀了。在此，我们看到的是作为民间信仰的神社形象，它与以割让国土为象征的天皇制祭祀完全没有关系。赫恩之所以称松江为“众神之国的首都”，不仅是因为农历十月众神聚集出云的传说，更因为他意识到了普通百姓日常生活中的信仰之深。然而，如果我以歌颂作为民间信仰的神道之美来结束这一章，那么，我讲的也不过是站在无责任的局外人立场上随意说的一些针对出云地区的神道或日本神道的言论罢了。

在我和朋友出云之行的最后一天，我们参观了位于松江的小泉八云故居。这是一座不起眼的日式建筑，但朋友发现院子里有一座小神社。据屋内的解说员说，稻荷神被奉为家神。这在我看来很自然，但朋友却一脸讶异。后来才得知出云地区十分信仰狐狸附体，在以前，人们常常认为新来

① 〔英〕ラフカディオ・ハーン：「出雲再訪」，1897，〔日〕遠田勝（訳），『明治日本の面影』，東京：講談社学術文庫，1990，第336頁。

的富人家里养着狐仙，他们只能跟同样被认为养了狐仙的家庭结婚。赫恩也认真记录下了这一点。

> 出于种种原因，世人们对那些被认为养着狐仙的人避之不及。根本不会与这些家族联姻。……一般来说，出云的女孩子都不喜欢嫁到外地去。但是，养着狐仙的家里，女儿们只能嫁入另一个养狐仙的人家，或者在远离出云的地方上找一个丈夫。①

另一方面，关于驱狐的民间信仰，他还写道：

> 被狐狸附身的受害者会遭到亲属们的恶劣对待。为了赶走狐狸，他们被烟熏或被殴打。有一种叫法印（山中修行者）的驱狐办法。狐狸借由被附身者的嘴说话，与驱狐者进行辩论。如果狐狸在关于附身恶行的宗教辩论中败下阵来，一般只要提供大量的食物给它，比如豆腐等，它就会乖乖地离开。说好的食物必须马上献给狐狸所服务的稻荷神社。②

这种围绕狐狸附体和养狐仙的歧视及民间信仰，可能也是赫恩认为出云国是众神之国的原因之一。事实上，石冢隆吉在此后对附身的民俗进行了调查，指出了出云附近狐狸附体习俗的根深蒂固："这种倾向到了岛根县的出云就更为普遍了。平原一般比山区更常见，譬如在平原的农村，大部分村子中有5%或10%，多的有40%～50%，甚至80%～90%的家里都有狐狸。一言以蔽之，从伯耆西伯、日野郡以西，到出云这一圈，包括隐岐的岛前的范围，是附身信仰最活跃的地区。"③

也就是说，出云，一个神的国度，不只是神话的故乡，大国主神率领古老而美好的日本众神聚集的地方。对于生活在那里的人而言，更深层的

---

① 〔英〕ラフカディオ・ハーン：『神々の国の首都』，〔日〕平川祐弘訳，東京：講談社学術文庫，1990，第266頁。

② 〔英〕ラフカディオ・ハーン：『神々の国の首都』，〔日〕平川祐弘訳，東京：講談社学術文庫，1990，第263頁。

③ 〔日〕石塚尊俊：『日本の憑きもの——俗信は今も生きている』，東京：未来社，1959，第82頁。

问题在神和信仰的层面上也与出云的众神有着某种形式的交集。与平田国学结合前的神道人员，明治以前主要就是通过吉田神道进行加持，用以驱邪的。石冢先生曾经对出云地区进行过调查，他对这一地区的神道加持描述如下。

> 神道加持吸收了吉田家的谱系，……在最为流行的出云地区，有名的神社也进行这一仪式，主要是一种叫“蟆目”的方法。据见过的人说，祈祷者一开始在屏风里面集中精神祷告，然后出来对着箭垛上的某个靶子放箭，箭射中的那一刻，精神错乱的人就会恢复正常。据出云神奈备教教主说，驱邪的方法除了蟆目之外，还有“走火”“热水加持”“影针”“剑道”等仪式。[①]

去日本时，赫恩以为“过去在梦中见到的妖精之国终于成了现实”，但正如英国朋友提醒过的那样，“最初的印象马上就没了。并且一旦消失，就再也回不来了”，晚年，他难掩对日本的失望。但是，我们应该向他学习的是，他把出云看成神的国度，不仅有出云大社，还有与天皇制毫无关系的民间信仰。

这种小神社和家神祠堂，存在于日本各地，祭神连名字也没有，都是些无名神。当然，这些神没有在神社总部登记，与皇室没有关系。同样地，附体神也遍布日本各地。也就是说，赫恩挖出了众神之国内的居民，包括这些不起眼的神，同时也折磨人的神。

的确，我们也可以批判他是一个过路的东方主义者，但如今对东方主义的批评已经很普遍了，光讨论这一点无法构成有效的批评。现在，就连东方主义者也认为自己已经克服了对东方主义的批评，与东方人进行真正的对话了。而东方人也欢迎这种认可自己身份的东方主义者。

要对这种同一表象的共谋关系进行有效的批评并不容易。他们现在很清楚，只要把那些批评他们的人当作反抗者置之不理就好了。现在，当地人不再是东方主义的单纯的受害者，而是创造东方主义的同谋者。倒不如说，当今的东方主义者们借助东方主义，宣称包括日本在内的东方是西方

---

① 〔英〕ラフカディオ・ハーン：『神々の国の首都』，〔日〕平川祐弘訳，東京：講談社学術文庫，1990，第177～178頁。

所未见的、充满智慧的国家，这勾起了日本人的自尊心。这一点从我刚才所说的当今神道国际化战略中可以明确地看出。当然，被抛弃的是当地的百姓，他们没有所谓的概念化和出版等的表现力。

但现在，也许我们更应该关注的是，因为他们局外人——写下这篇出云相关文章的我，也是一个不折不扣的局外人——所以能够实事求是地描述狐狸附体和养狐仙的事情，这不仅在当时是禁忌，到现在也还是禁忌。那些外在的表现力向内转移，以显示出内在的排他性功能。可能正是因为赫恩是这种信仰的局外人，所以才不介意家神中有稻荷。当然，我们必须始终密切观察所谓“日本人/外国人”的同一表象能否起到共谋关系的作用。

不过，从描述中可以确定，至少在赫恩看来，在出云这个地方，产生这种歧视的民间信仰与以天皇制神话为支撑的出云大社是同时存在的。在这方面，我不知道有多少人借着今天的神话热潮来这里旅游，会注意到里面依然存在的严重的歧视问题。但是，在当地的生活中，这些不顺服的神们依旧存在于出云、伯耆的各个角落，他们有的是妖怪，靠幽默逗人发笑，有的则是以狐狸附体或养狐仙的形式出现，至今还会引起歧视，令人悲哀。

为了控制这些不顺服之神，就需要祭司。在近代日本社会，天皇制垄断了这个机制。也就是说，历代天皇们作为国民们的“大写的对象 A”，虽然都是无法认识的存在，但正因为这样，他们被当作不断对自己倾诉的他者亡灵、被当作祭神来崇拜，同时又被赋予了祭司的功能，将这种嘈杂不断的声音封印并加以供奉。

近代日本没有与基督教等西方宗教概念相对应的宗教体系或组织，天皇制作为这些宗教的替代物，套用神化身为“现人神”耶稣基督的基督教模式，以此完成尚未达到的国民身份认同的目标，吸引对此抱有不安但又渴望成为“国民”的人。重申一下，这是因为让公共性和个人身份得以建立的视线，是最重要的实际依据，只有天皇才具备。个人以个体的身份聚集在一起无法形成公共性的空间。需要有一个把个人联成一个共同体的第三方介入的装置，即大写的他者的呼唤，或来自它的注视。自古以来，人们就把它称为“宗教”。

正如古代史学者石母田正所指出的那样，在地方社会，为了解决内部的矛盾和冲突，他们需要天皇制这个光明秩序的力量。而天皇制方面要想延续自己的权力，也有必要满足各地人们的期望，发挥镇压那些不顺服之神的作用。如果是这样的话，那么天皇制所供奉的神，或者说天皇制作为祭司的问题，就与所有被法律定义为日本国民的人的存在或欲望有着深刻的关系了。

## 四 作为祭司的天皇的身体

然而，屋久岛诗人山尾三省却试图用宫泽贤治的话来呈现不同于天皇视线下的国民国家的主体形成方式，即“不被供奉的神，也有神的身体和灵魂”。

> 光是从神那里来的。我们每个人的本质都是神。我们每个人都是一个神。既有被供奉的神，也有不被供奉的神。不管是否被供奉，我们的本质都是神，神有他的身体和灵魂。……既然是神，就没必要被供奉了。……其中蕴含着一个真理，就是认为万人在位皆真理，既然要变成这样就必须是真理。①

前面已经说得很清楚了，不需要祭司进行供奉的主体形成方式，与天皇制是完全不同的道路。那些试图走这条路的人，需要秉承一种不牺牲他者的伦理。这里的他者不会被自己的共同体同化，如本文中所说的“不被供奉的神”或“不顺服之神”等。作为一个无人祭祀的、不被供奉的神，活得并不容易。山尾借用贤治的话来描述了这种艰难的生活。

> 贤治写下了“不被供奉的神，也有神的身体和灵魂”，踏入其中，展现在他面前的，压根不是神的世界，而是百万只老鼠，只要北上河泛滥一次，就会死亡的百万只老鼠。而且不幸的是，宫泽贤治就是那百万只老鼠中的一只。……存在不是一种观念，而是现实。当贤治察觉到自己看到的神其实是一只老鼠时，他所站的地方，一定是一片极其绝望的黑暗。……黑暗中，混杂着湿气和风声，记录神名的人不禁地冷得发抖，便试着大声呼喊：
>
> “啊，谁来告诉我。

① 〔日〕山尾三省：『野の道宮沢賢治随想』，東京：野草社，1983，第 102 ~ 103 頁。

亿万高手并肩而生的，
并且互不干涉的，
光明的世界一定会到来。”

但对于把自己记录为神的人而言，是不会有其他人来帮助的。因为他们把自己记录为神，不小心写下不被供奉的神也有神的身体和灵魂，这是因果报应。[①]

当四处都没有温暖的目光注视着自己的时候，就会有深深的绝望。也可以说，存在的是我们和自己之间重复的无限独白。首先，我们的“主体”是无法靠自己一个人形成的，无论我们拥有多强大的意志也不行。它是在他者的欲望中形成的，在拉康所说的“镜像阶段”，[②] 在他者的目光中，为了模仿而形成了自我。如果是这样的话，真的如山尾所说，得不到祭拜的人也能活下去吗？即使在这种被抛弃的情况下，人也有可能找到生存的意义吗？这就像阿甘本所说的，把自己置于“赤裸裸的生活”[③] 之中了吧。

水木的妖怪们也是不被供奉的，但在漫画的读者、到水木茂之路旅游的游客们的热切关注下，变成了实际的存在。当然，即使有这样的读者和游客，在公共空间中，鬼太郎等永远也只能是见不得光的存在。万一他们被提升到占据公共空间的地位，既是祭神又是祭司，结果就会沦为与近代天皇制一样的存在。

但是，那些为鬼太郎们的存在歌功颂德的无数不知名的读者，往好了说不过是一群“无能之辈”，他们并不像天皇制那样，拥有以垄断祭司的身份将公共空间同质化的力量。他们甚至没有形成一个所谓共同体的亲密纽带。虽然他们自己是被供奉的存在，但如果他们不满足于这种状态，保持从整体化的祭祀体系中溜走的灵活性，那么未被供奉的神们尽管永远无法被祭祀，但还是会作为一个负面的公共空间，将祭祀他们的人捆绑在一起。任何人都不应该被供奉，任何人都不应该垄断这些祭祀。这种形式的祭祀

---

① 『野の道宮沢賢治随想』，第 105 ~ 106 頁。

② Jacques Lacan, “The Mirror Stage as Formative of the I Function as Revealed in Psychoanalytic Experience,” Écrits, 1966 (The first complete edition in English, translated by Bruce Fink, New York and London: W. W. Norton & Company, 2006).

③ 参见前述〔意〕ジョルジョ・アガンベン『ホモ・サケル』，1995，〔日〕高桑和己訳，東京：以文社，2003，第 178 ~ 179 頁。

行为或许也存在不可能的可能性。

一个人人平等、人人快乐的公共空间，只能是一个永恒的概念，永远无法成为现实。那些意欲在现实的日常生活中将其变为现实的人，反而会创造出一个可怕的极权主义社会，以平等的名义排斥那些不符合这一标准的人。这就是为什么如阿甘本所说，民主主义很容易变成极权主义。我们不应该误以为，民主主义所倡导的公共空间里的平等和共识是绝对无法实现的，只有作为一种批判现实的否定性概念存在才是有意义的。

当然，在今天神化的日本现实中，我们从不怀疑我们是一个比其他社会更平等、更幸福的民主主义社会，相反，正是因为预感到这是一个假象，才会被这种预感驱使而执着于这个幻想。因此，我很喜欢听第三者说："日本好棒啊！"只有在别人的眼里，才能形成个人的自我认同和公共性，所以这是很自然的事情。但这样一来，我们自己渴望被天皇这个祭司的眼光同质化，被供奉的神和不顺服的神就又都会遭到压制。这就是日本社会的现状。看似温和善解人意的民族主义，如明治神宫、神道国际联盟等，像丝绵一样勒住了我们的脖子。在这样的空间里，我们能如何思考呢？

在战前的艰难岁月里，宫泽贤治大概是想选择走"乡间小路"的，以不被任何人供奉的方式活下去。正是在这条乡间小路上，才有这样一种活法，即不被国民休憩之林等花言巧语所蒙蔽，就算穷困潦倒，也要目光笃定地活下去。也许这也呈现了山尾先生所说的生活方式："悄无声息，无人知晓，作为'我是真我'这个无边无际的大海中的一朵浪花存在，又作为浪花中的一朵浪花回归大海。"①

贤治在这里想说的是，与其以不被任何人供奉的方式活下去，还不如决心接受可怜的自己，至少心甘情愿地接受自己作为一个他者，接受自己是一个不被供奉的神，包括自己的卑微和罪恶。在我看来，日本也有机会建立一个强势的个体，它永远不会被均质化的公共空间所同化。正如吉本隆明所说，个人的自我幻想与共同幻想是一种矛盾的关系。正因为如此，才有可能把那种共同幻想建立为一个充满异质性的多样化空间。当我们承认自我与作为他者的自我之间存在不一致，承认自我的卑微时，反而会因为未在现有的权力秩序中进行供奉，自我作为一个被供奉在乡间路边的神、

---

① 参见前述〔日〕山尾三省『野の道宮沢賢治随想』，東京：野草社，1983，第95頁。

一个永不自足的神，才有可能转变成一个既是个体，同时又支持异种混合式公共性的存在。

> 幸福就是与自己融为一体。它不仅包括快乐，也同样包括孤独和痛苦。就是能够从根本上认同自己以及自己所处的生活。当你问自己这样好吗，自我打心底里回答说，这样就好。那么，自我就在那里，就会出现一个非自我莫属的地方。①

也就是说，在这里浮现出一种不必被他者的目光所肯定的决心，其中他者是使自我作为主体形成的契机，并且，在超越了对主体的简单肯定或否定的二选一的地方，凸显想将自己作为他者来接受的觉悟。我认为这里似乎表明了山尾深层思考的目标，即他试图超越是敌是友，是希望被供奉，还是作为不顺服者被排除在外的两分法。

虽说只停留了短短几天，但神话给出云带来了旅游热潮。身在出云，我感觉自己仿佛接触到了其中不同于让国神话的神明们。这并不是说出云大社里就没有这种不被供奉的神。而是仿佛通过我们的想象力，从这种天皇制国家祭祀空间的内部，开辟了一条拯救出云之神，也就是被称为大国主神的道路。如今，全球资本主义联合民族主义，吞噬了学问，我们需要透过每个人的内心，释放被天皇制国家的祭祀所困的神明们，倾听他们诉说的声音。

到了出云当地，我感受到出云大社和神魂神社与让人晃眼的伊势神宫不同，散发出一种柔和的灵气。还有天皇家所供奉的出云诸神，我觉得还是没有被彻底供奉起来。浓郁的精神力量依然围绕着参拜的人，就像从天而降一般，温柔地放松他们的心灵。也许正因为如此，包括那些希望有好姻缘的女孩子，都会感受到天皇制国家的意识形态之外的东西，不自觉地想到出云去。

不过，我已经说过，这些神，无论是大国主、妖怪还是狐狸，都不是那么容易控制的。正因为如此，才需要天皇制这个庞大的祭祀系统来确立近代日本国家的自我认同。尽管如此，我认为现在还是要重新审视一个问题，即与同质化并占据公共空间的天皇制不同的主体共存形态，是不是无

---

① 〔日〕山尾三省『野の道宮沢賢治随想』，東京：野草社，1983，第101頁。

法展示出来？正是因为现在，天皇制神话，也包括纳入让国神话中的苇原中津国的神们，把日本社会不断封闭化，我们才需要有意识地打开另一条思路。没有什么地方比装饰着不排斥的平等关系等空洞概念的空间，更需要向那些被纳入其中的人，甚至被放逐到外面的人强加无尽的暴力，以维持宁静的表面的了。

目前的出云神话热潮还隐含着危险，它通过不顺服之神的表象，最终将肯定天皇作为生杀权力象征，是不可或缺的祭司。2014 年皇室女眷嫁入出云国造千家[①]，这个婚礼也可能会进一步加深这种倾向。但是，另一方面，天皇制的祭祀系统中似乎也能发现推翻这种独裁式祭司权威的可能性。这或许是扭转日本近代社会中天皇制被迫掌管公共空间的关键所在。

那些处于垄断日本政治、文化秩序地位的人也感到不安，就像古代或现代的天皇制一样，他们担心自己的垄断地位可能会导致全国的不顺服之神推翻祭司所占据的秩序。虽然很少为大众所知，但在大量的皇室祭祀活动中，大多都是祭祀土地神的。

例如“御体御卜”大典，该活动在六月和十二月进行卜卦，确认天皇和皇太子身体是否安康。人们认为是各地的神明造成天皇和皇太子身体不适。因此，在该仪式的执行过程中，神道祭司不仅要检查供奉皇祖神的伊势神宫，还要依次检查皇宫、皇居、畿内、畿外，看各地的神明是否在天皇身上作祟。换言之，天皇的身体“御体”，即玉体，是日本列岛诸神的结合体，向来都受到这些神的影响。所用的祝词是《神祇官谨奏》，吟唱如下。

> 天皇御体御卜，卜部等供奉太兆状奏，暂不问亲王、诸臣、诸王、百官等，四方宾客之政，风雨、旱情、饮食。自七月至十二月，于住处安心供奉。御卜之火数一百二十四火之内，直卜五十五火、交卜六十九火、地相卜十六火、天相卜十五火、神相卜十三火、人相卜十二火、兆相卜十一火，以是求卜。坐落在伊势国的大神宫一祢宜、丰受宫二祢宜……依神事过秽祟给。可令遣使科上祓奉仕祓清。亦坐落在伊贺国的乌坂神、坐落在伊势国的鸭神、坐落在尾张国的河曲神、坐

---

① 日本现存的最古老的家族之一。出云国造是上代出云地方的豪门贵族，现在的出云大社宫司的千家氏北岛氏就是他的后裔。由于其特殊的宗教职务，大化革新后，继续使用国造这个名称——译者注。

落在参河国的稻前神……坐落在常陆国的藤内神……坐落在陆奥国的永仓神、坐落在出羽国的月山神……依神事过秽祟给。遣使科中祓，可令奉仕祓清。

以此前供奉太兆占卜之御体御卜，谨以闻谨奏。①

据这本仪礼书记载，在用龟卜确定哪一个地方的哪一类神作祟后，派遣御体御卜的驱邪师到该神社，例如确定曾以污秽之身办过祭祀的人等。然后，通过净化有关的人或东西，从而平息神对天皇的报应。在这里我们可以看到，祭司虽然是一个可以控制国津神的至高无上的存在，但同时又拥有双重身体，具有被已封印的国津神附身，给自己带来不幸的危险性。如果是这样的话，那么割让国土也可以解释成一个契机，它让以天皇身体为代表的朝廷秩序面临被推翻危机，而不是单方面的遏制国津神了。

《日本书纪》崇神天皇纪中写道：“不意今当朕世数有灾害，恐朝无善政，取咎于神只耶，盖命神龟以极致灾之所由也。”神附体于倭迹迹日百袭姬之上，回复道：“若能敬祭我者，必当自平矣。”② 通过问答，确定了这些神是大和的三轮山的神、大物主神以及倭大国魂神。如上所述，这些神在《日本书纪》正文中，还被称为是大国师神的另一个灵魂。

也许原本祭祀这种行为本身就是将自己暴露在危险的迷失地带，一个可能导致这种秩序被推翻、给自己招来灾难的行为。据《古事记》《日本书纪》的传说记载，仲哀天皇因违抗神的命令，被自己的祖先神，“居住在神风之伊势国五十铃神社的神”，即天照大神附身后折磨而死。③ 大殿祭、御门祭和道飨祭中也重复着几乎同样的逻辑。也就是说，天皇的身体及栖息地无时无刻不在担心被日本群岛的不顺服之神或被应祭祀的神明入侵。在这里，我想说一下御门祭的祝词，它的文章结构最为简单明了。

栉磐牖·丰磐牖命　御名申事　四方内外御门　如汤津磐村塞坐　四方四角疏荒来　天麻我都比云神言恶事……相麻自许利　相口会赐事无　自上往上护　自下往下护　待防扫却言排坐　朝开门　夕闭

① 「宮主秘事口伝」，1362，『神道大系　首編 1』，神道大系編纂会，1981，第 211 頁。

② 『日本書紀』，第 238 ~ 239 頁。

③ 〔日〕斎藤英喜：『アマテラスの深みへ——古代神話を読み直す』，東京：新曜社，1996，第 56 頁。

门 参入罢出人名 问处知 咎过在 神直备·大直备 见直闻直坐 平安令奉仕赐故 丰磐牖命·栉磐牖命 御名称辞竟奉白。[①]（着重号为笔者所加）

如果是这样的话，那么祭司也不仅是一个绝对的他者——贾克·拉康所说的大写的他者——具有让国民和顺服之神形成主体的主动性，它还将成为一个危险的存在，它的地位和身体有可能因国民和土地神而失灵。正如石母田正所指出的那样，日本古代没有姓氏的人有两类，[②] 一类是天皇家的成员。即使到了近代，如"裕仁""嘉仁"等名字所示的那样，天皇也没有姓氏。也就是说，例如，"服部""佐伯"或我这个"矶前"的姓氏，原则上是根据对天皇的侍奉关系来定的，因此虽然天皇有资格赐名，是命名者，他自己却是不被赐予名字的人。另一类没有姓氏的是奴仆。他们不被认为是律令国家的公民，是没有社会权利的奴隶。由于不被承认他们是有社会权利的人，他们从来没有被赋予过姓氏。

按照吉奥乔·阿甘本的说法，我们可以认为这两类人，即天皇和奴仆，处于社会的两极，都是属于一种不需要遵循社会的法律秩序，或者从不受法律秩序保护的例外状态的人。[③] 根据本文到目前为止的讨论，符合这种例外状态的，一边是祭司，另一边是未被供奉的神。一边的天皇作为祭司的主权者，将自己作为超越法律秩序的存在，可以制定或中止法律；而另一边的奴仆却因为天皇是主权者而被排除在法律秩序之外，沦为"赤裸裸的生命"，失去了自己的生杀大权。

然而，从御体御卜、大殿祭等仪式的实质来看，创造出这种例外状态的天皇也总是把自己暴露在这些例外状态之下，因而害怕那些被迫处于例外状态的不顺服之神和奴仆，从内部或外部推翻所谓同质化的秩序的根源和权威。正是这种不安，才是主体要成为祭祀的主权者时，无论如何必须接受并承担的不稳定代价。也就是说，天皇要想成为主权者，就必须在他的内心深处承载一些赤裸裸的生命，作为自己神圣性的基础。正如中世史

① 「御門祭」，『延喜式　上』，東京：集英社，2000，第475～477頁。

② 〔日〕石母田正：「古代の身分秩序」，1963，『日本古代国家論第一部』，1973，東京：岩波書店，第249頁。

③ 参见前述〔意〕ジョルジョ・アガンベン『ホモ・サケル』，1995，〔日〕高桑和己（訳），東京：以文社，2003，第135頁。

学者网野善彦所指出的那样，拿中世王权做个代表案例，贱民们曾与天皇家族之间有着深厚的联系，相互需要，这在今天是一个明确的历史事实。[①]

说得极端一点，我们应理解祭司的身体和灵魂并不是他自己的，而是作为一个综合体存在的，它由全国所有被供奉的神，以及不顺服之神组成。所以天皇的身体很容易被各种神的意念入侵，并感应到它们。正因为如此，天皇才有资格祭祀这些神，但这种资格同时与自己的身体是由非自己的他者组成的情况密不可分。就连天皇家的祖神天照大神，也曾是附着在天皇的身体上，带来灾难的存在。天皇不可能只为天照大神实行祭祀，天照大神也并非处于认可天皇所有行为的自在关系之中。

也就是说，近代天皇制宣扬天皇是“现世神”，是试图在一种作为个体的人即是神的万能性的基础上，掩盖天皇家作为祭司、祭神，也会被附体的脆弱性。即使在近代以前，天皇也可以用同样的“现世神”来称呼，但这并不意味着凭借神的万能性就能全面保证作为个体的人的权威了。而是说明了神与人之间的不稳定关系，随时可能受到神的威胁。近代天皇制试图掩盖隐藏在王权中的弱点，为了获得自己是万能的信心，从冲绳、虾夷开始，逐渐将殖民地扩展到朝鲜半岛以及东南亚，并在这些地方建立神社，以不断地向大日本帝国的臣民和自己证明作为“现人神”的无所不能。如青野正明所指出的那样，近代神道的本质正是在殖民地以更清晰、更苛刻的形式沉淀下来的。[②]

当然，今天人们可能普遍认为，战后社会的主权已经转移到了国民身上，天皇也发表了“人间宣言”，宣布不再是“现人神”，因此与战前的状况不同。然而，虽然天皇宣布了自己是人，但正如岛园先生所指出的那样，天皇至今仍以“皇室祭祀”的名义，作为国民的象征，继续进行战前的国家神道祭祀活动。[③] 不管日本国民是否意识到这一事实，天皇作为祭司的地位依然不曾改变。供奉在伊势神宫的天照大神是天皇家的皇祖神，这个事实也没有改变，天皇家频繁前往参拜的情况也和以前一样。我们应该看到，尽管失去了殖民地，但天皇制仍然作为日本国民身份完整性的象征而继续

① 〔日〕網野善彦：『異形の王権』，東京：平凡社，1986，東京：平凡社ライブラリー，1993，第226頁。

② 〔日〕青野正明：『帝国神道の形成——植民地朝鮮と国家神道の論理』，東京：岩波書店，2015。

③ 参见前述〔日〕島薗進『国家神道と日本人』，東京：岩波新書，2010，第185～186頁。

发挥作用，现在的情况也是如此。

此外，在主权问题上，阿甘本在其著作中更多的是分析机制，而不是争论现在的主权是属于君主还是属于国民，即主权结构本身总是在制定法律的同时又悬置法律，正是为了使主权者成为主权者，其才将自己与赤裸生命的例外状态相关联。[①] 即使这不是天皇的主权，而是国民的主权，作为主权者的国民也会把天皇作为自己国民国家的象征统一起来；同时，国民自己通过天皇这一象征，成为明治神宫和靖国神社的祭司，通过供奉并包容不顺服者，排除不适应祭祀的人，从而建立公共空间的秩序。这种机制本身必然受到质疑。

从这个意义上说，对于那些除了在皇室祭司，还在作为国家行为的皇室活动中被过度利用的皇室成员，我们不应该把他们重新推上祭司或祭神的位置，而是应该让他们以一个人的身份从这种位置中解放出来。他们也是被置于例外状态的人，没有什么情况比让一个有血有肉的人处于例外状态更残酷的了。而把天皇家推向这种例外状态的，不仅仅是天皇制的支持者和神道家，还有战后在法律上被定义为主权者的日本国民自己。

“没有全人类的幸福，就不可能有个人的幸福。”[②] 如果套用宫泽贤治的话，那么，从近代民主主义的理念来看，通过将特定的人逼到例外状态，以此换取整个世界的幸福和秩序，这原本是不可能的事情。周刊上经常讨论的雅子妃的例子，清楚地说明了有血有肉的人要维持天皇家成员既是祭司又是祭神后裔的情况，是多么困难。

像这样，如果祭司也是一个绝对主权者却又不稳定的话，那么确如水木茂所言，我们应该认为被供奉在那里的大国主神也并未完全被天皇家所控制。就像被供奉的神们通过它们的祭司确立自己的主体一样，作为祭司的天皇，也只能通过与被供奉的神之间的关系来确立自己的主体。任何人，不管是多么强大的政治或宗教君主，都不能仅靠自己的力量让自己成为主体。这就是为什么明治神宫要花那么多精力去维护和增加国民的参拜，也是为什么靖国神社非要找政府要员，可能的话，还要找天皇家成员来做亡灵的祭司。

① 参见前述〔意〕ジョルジョ・アガンベン：『ホモ・サケル』，1995，〔日〕高桑和己訳，東京：以文社，2003，第 20 頁。

② 〔日〕宮沢賢治：「農民芸術概論綱要」，1926，『校本宮沢賢治全集第十二巻（上）』，東京：筑摩書房，1975，第 9 頁。

作为祭祀行为主体的祭司与它的对象，即被供奉的存在，深深地交织一起，将彼此的主体构建成一个共同的形象。正如宫泽贤治所说，独自一人要摆脱祭祀的机制——祭祀主体与对象构建共同形象——是不容易的。这是因为不被供奉的神，也可以说它是宣扬祭司荣耀的存在，祭司身为主权者将自己排除在外。然而，如果我们能够远离被他人欲望同化的愿望，或者希望同化他人的欲望——这两者都是填补自身主体内在空虚的行为——哪怕是一点点，我们就永远不会知道它到底是什么，因此，不断向我们诉说的大写的他者的声音就会从固定为“整体性”的同一性，即天皇制中剥落。

正如犹太神学家埃马纽埃尔·列维纳斯所说的那样，作为一种向异质的他者敞开的“无限”之声，它并没有将我们的日常生活方式封存在特定的话语中，而是在倾听不断呼唤我们的大写的他者的声音。此时，如果我们不希望把“他者”的声音，强加给他人作为唯一的真理，比如天皇或耶稣，那么我们还将开辟一条道路，让原本无法确定的大写的“他者”的窃窃私语，与能听到各种不同声音的其他人共存。①

自古以来，世界各地的人们都以自己的方式将这种伟大的他者的声音称为“神”。我们总是试图基于自己的认识，对无法掌握其真面目的大写的他者进行普遍化，实施同化。因此，不同意同化的就作为不顺服者被排除在外，而被同化的则一直作为被供奉的神，通过同化被深深地排除在外。但是，正如拉康所说，大写的他者同时也是小写的他者，② 当这个大写的他者想要给我们一个固定的名字时，就会从这个愿望中逃脱出来，不断地创造出不可描述的新神明。

正因为现在这种全球资本主义逐渐笼罩了世界，所以在无意中被迫以暴力的方式与他者相遇时，不仅在国内，在国外，我们也要寻求不以主权者和民族的名义推动同质化和排斥的各个主体的形成方法。我们必须正视自己的欲望，它利用既是祭司又是祭神的天皇这样一个工具，试图占领并同化人们的公共空间以及包括公私在内的社会领域。

阿伦特在反对纳粹主义等极权主义的斗争中认为，使人们能够以各种

---

① 〔法〕エマニュエル・レヴィナス：『全体性と無限』，1961，〔日〕熊野純彦訳，東京：岩波文庫，2006。

② 〔法〕ジャック・ラカン述，〔法〕ジャック＝アラン・ミレール編『ゼミナール　精神分析の四基本概念』，1964 年口述，〔日〕小出浩之、他訳，東京：岩波書店，2000。

方式说话的公共领域是市民集会广场，它由这种个体的复数组成。[①] 但是，我们不应忽视的是，在公共领域建立之前，这些个体并不是孤立存在的，而是具有相同基础的多元主体。它们是在同一个伟大的他者的声音的邀请下，按照自己对它的理解进行细分而形成的。

宗教学者山形孝夫描述了他在埃及沙漠中碰到的事情，他回忆起自己听到他者的声音的那一刻，并不是由一个明确的权力主体收集的：

> 有一天，我出了修道院，漫无目的地走在干涸的山谷里，大漠的风吹来，我想我清楚地听到的不是风声，而是呼唤我的风声。……我被大漠的风吹得恍惚，心不在焉地想着一些无关紧要的事情。
>
> 就在这时，有人突然叫了我的名字。我惊讶地转过身。离我不远处，哪里都没有什么人影的样子。我立刻意识到这是一种幻觉。而当我开始走的时候，我又一次听到了叫我名字的声音。这不是风声，是人的声音。我又听到了一次，然后它就消失了。
>
> 我吓了一跳，停了下来。然后，就在我意识到这是藏在遥远记忆深处的母亲的声音的瞬间，一股巨大的、无法言表的情绪扑面而来。我僵住了，动弹不得。那是一种奇怪的、不稳定的感觉。我也不清楚到底是什么，但那是一种混杂了怀旧和失落的感情。
>
> 我想，我现在已经是死者中的一员了。[②]

也许是这个伟大的他者的召唤，让我的朋友在离开出云的前一天晚上做了一个奇怪的梦，梦见了大国主神。但关于这个故事，等有机会我再来说。无论如何，我迄今为止所描述的思想，不过是我自己受邀去出云旅行，对供奉在天皇家中却从未完全被供奉的大国之神，即对他者的深情呼唤的一种回应。这是山尾三正应宫泽贤治之言而选择的道路，一条通往扎根于日常生活的、默默无闻却坚信不疑的乡间小路。

> 我现在站在乡间小路上，已经下定决心要走这条路。这是我的选

① 〔德〕ハンナ・アレント：『人間の条件』，1958，〔日〕志水速雄（訳），東京：ちくま学芸文庫，1994，第286頁。

② 〔日〕山形孝夫：『砂漠の修道院』，東京：平凡社ライブラリー版あとがき，1998，第258～261頁。

择，也是我的决定，但现在仅凭我的选择和决定又有多少力量呢？我听到了包括我在内的更大存在的呼唤，我只是随它前行罢了。（着重号为笔者所加）①

在这里，神道也变成了一个新的信仰场所，与近代天皇制所同化的大神社不同，它能让百姓们生活得更加自由，更加深刻。正如贤治所说：“不被供奉的神也有神的身体和灵魂。”也就是说，在无人知晓的情况下，悄悄献花的人才是所谓的“不被供奉的神也有神的身体和灵魂”的人。为此，我们必须非常小心，不要被变成生命政治的权力所干扰。对于权力来说，消灭那些碍眼的“不被供奉的神”实在是太容易了，现在很多人为了避免自己成为不被供奉的神，开始想着把别人作为不顺服之神消灭掉。皇纪2600年的事件并非过去。黑影已经覆盖了我们的公共空间，并悄然地进入我们的私人空间。

**补记**　《未被祭祀的神明之去向——神话化的现代日本》发表于《现代思想》第41卷16号，本文是这篇论文的加长版。为了将其收录到本书中，笔者对该论文的内容进行了全面修改和补充，并增加了一些注释。此次修改工作得到了小田龙哉先生的大力支持。在此表示感谢。

## The Destination of Unconsecrated Gods: Mythologized Modern Japan

**Abstract**: A spiritual boom is occurring among young people in today's Japan. One theme of the boom is Japanese mythology. At first sight, it looks like de-secularizing. It in actuality is a very political movement. To the extent that those young people unconsciously believe themselves to be de-politicized, their movement is fundamentally political. This can be called "Politicality of de-politicization." My paper looks at modern expositions of the Izumo mythology based on the mythologies of Kojiki and Nihon shoki. I will particularly focus on analyzing the context in which the land-surrender myth is put to modern use to demonstrate that this is

① 参见前述〔日〕山尾三省『野の道宮沢賢治随想』，東京：野草社，1983，第20頁。

a logic of modern integration appropriate for the modern nation - state model. In my paper, so called "spiritual boom" is the focus point in order to analyze the cultural movement, especially of Japanese mythology for young generation, in modern Japanese society. Young Japanese think their trend is non - political consciously, whereas it is obviously political unconsciously. It should be called "politics of de - politicization" . Through the analysis of Izumo mythology seen in Kojiki and Nihonshoki, The way of formation of nation - state in recent period of post - war Japan is explored in terms of the concession of local region for Yamato court.

**Keywords**: Izumo Mythology; Kuni - yuzuri Mythology

# 研究述评

# 近十年来国内天皇制研究述评

## ——以中国期刊全文数据库（CNKI）为中心*

钱昕怡**

【摘　要】作为“对日本的深层认识的关键”，近年来天皇制研究越来越受到学界的关注。本文以收录在中国期刊全文数据库（CNKI）的相关论文为主要分析对象，对2008年以来国内天皇制研究的情况从历史学的角度分古代天皇制研究、近代天皇制研究、战后天皇制研究以及综合性研究等四个类别进行概述和评析。要实现在与海内外学界充分对话或碰撞基础上的有创新性的天皇制研究，国内学界依然任重道远。

【关键词】中国期刊　日本研究　天皇制　研究述评

## 引　言

按照孙新的研究，改革开放以来，中国国内日本研究关注点的发展轨迹在大体经历了20世纪80年代关注日本经济（“三种神器”等日本经济的成功经验），20世纪90年代前半期关注日本政治（政治的右倾保守化、“日本为何不愿彻底反省侵略历史”），20世纪90年代后半期关注日本外交（“政治大国化”“普通国家化”倾向）的三个阶段后，21世纪初期开始步入关注规定日本经济、政治与外交行为方式的“日本民族性特征”

---

* 本文系教育部人文社科项目“日本当代学者‘帝国史’书写及其史观研究”（18YJA770011）阶段性成果。

** 钱昕怡，中国人民大学外国语学院副教授、硕士生导师，研究方向为近代日本政治思想史、战后日本史学史、近代中日关系史、日本文化论。

的第四阶段。“力图从总体上认识日本、认识日本人，这是当前日本研究的突出特点。这标志着我国的日本研究正在进入更加深入、综合研究的新阶段。”①

可以说，作为“对日本的深层认识的关键”②，我国的天皇制③研究正是在以上的日本研究史发展脉络中展开的。据解晓东截至 2007 年的考察，国内学者真正开始天皇制的研究是在 20 世纪 90 年代之后，形成了以下的主流方向，即“以马克思历史唯物论为指导，运用历史学方法，重点研究天皇制的历史演变、天皇制与军国主义的关系、天皇制下裕仁天皇的战争责任等问题”。④ 虽然取得了不少成绩，但在以下三方面还存在不足：其一，在研究方法上，存在着机械历史唯物主义和学术的政治化倾向，且研究的手段和角度比较单一，没有实现研究方法的整合；其二，在研究内容上，对“天皇”的研究较多，对“天皇制”的研究较少，对近代天皇制的研究较多，对其他时期天皇制的研究较少，同时，比较研究非常薄弱；其三，在研究的态度上，总体上基本是批判性研究，缺乏冷静、理性的深入分析。⑤

那么，最近十年我国的天皇制研究取得了怎样的进展，具有何倾向和特征呢？本文拟在上述研究基础上，以收录在中国期刊全文数据库（CNKI）的相关论文为主要分析对象，对 2008 年以来⑥国内的天皇制研究状况从历史学的角度按古代天皇制研究、近代天皇制研究、战后天皇制研究以及通时的综合性研究几方面进行评述。

---

① 孙新：《改革开放以来中国的日本研究》，《日本学刊》2009 年第 3 期。

② 王金林：《日本天皇制及其精神结构》，天津人民出版社，2001，“序论”第 2 页。

③ “天皇制”最早是由日本共产党在 1930 年前后从革命需要出发替代“君主制”一词用以表述近代日本的国家政权形态的概念，后来逐渐演变为指代日本以天皇为君主的统治体制的广义性概念。关于“天皇制”概念的生成使用，参见陈月娥《日本共产党关于“天皇制”的概念形成、嬗变与认识变迁》，《日本学刊》2019 年第 5 期。

④ 解晓东：《近年来我国日本天皇制研究述评》，《渤海大学学报》（哲学社会科学版）2008 年第 1 期。

⑤ 解晓东：《近年来我国日本天皇制研究述评》，《渤海大学学报》（哲学社会科学版）2008 年第 1 期。

⑥ 本文根据笔者 2019 年 9 月 28 日在北京日本学研究中心举办的“天皇制与日本——与历史、政治、社会、文化的关系”国际学术研讨会上的日文发言稿整理而成，述评对象截至定稿时间 2020 年 6 月，补充了最新发表的一些研究成果。

## 一　古代天皇制研究

近十年来，国内学者对古代天皇制的研究依然不多，主要倾向于从文化交涉史的视角论述中国文化对古代天皇制的影响。解晓东认为，圣德太子改革、大化改新、“壬申之乱”是日本古代天皇制形成的三个阶段。对于日本古代史专家王金林提出的神道教与儒教、佛学是构成古代天皇制之三大精神支柱的主张，解晓东认为融会了中国的儒、道、印度佛教及其日本神道的“祭政一致论”才是古代天皇制的政治伦理观的核心，由此也形成了古代天皇制与其模仿对象唐代律令制不同的独特政治结构，即通过外来的中国式皇帝制（太政官制）与本土的祭祀制（神祇官制）的统一使天皇拥有了行政权与祭祀权的双重权力，天皇成为人神合一的“现人神”，拥有了世俗权力与精神权威的双重权威。而这一政治构造对后来日本政治史的保守主义倾向产生了深远影响。[①]

刘琳琳直接使用《日本书纪》、《愚管抄》和《神皇正统记》等原典作为第一手资料，从思想史的视角细致考察了从 8 世纪初期到中世，宣扬“天神五代—地神七代—人王百代”的天皇世系话语在中国三才思想影响下如何形成、演变的过程。[②] 梁桂熟、胡静以“天皇”这一名称的由来、日本皇室的紫色崇拜以及《日本书纪》《续日本后记》等书中所记载的古代天皇的北辰信仰、神仙思想、不老不死思想为例，探讨古代天皇制中所包含的道教思想。该文认为，天皇不但利用道教提高自己的神圣性，也使其渗透到了日本国民的精神之中，“道教是构成日本传统文化的基础之一”[③]。

近年也逐渐出现了从民俗学、宗教学角度关注古代天皇制内在机理的研究。例如，在德仁天皇即位仪式进行期间，刘晓峰在国内首次对古神道重要的祭祀仪式“践祚大尝祭”展开研究，运用历史学、神话学、民俗学等多学科知识考察了古代天皇拥有“现人神”神格的仪式运行机制。他特别对大尝祭中“天羽衣神浴”“真床覆衾”“神共食”等仪式内在的时间循

---

① 解晓东：《日本古代天皇制的形成及其政治结构刍议》，《外国问题研究》2009 年第 1 期。

② 刘琳琳：《日本古代到中世的天皇世系话语》，《社会科学》2012 年第 11 期。

③ 梁桂熟、胡静：《以古代日本天皇制为视角研究道教对日本文化的影响》，《牡丹江大学学报》2018 年第 12 期。

环结构及其与中国古代神话和世界想象的关联性进行了解读，视角新颖。[①]章林则围绕着斋王制度这一祭祀制度与古代天皇制之间的关系，对天武天皇时期至院政时期斋王制度形成、发展和嬗变、消亡的轨迹进行了梳理。[②]

从以上几例代表性研究可见，在古代天皇制研究方面，中国文化在天皇制形成过程的影响与作用，特别是道教与神道教、天皇制的关系是大家比较关注的问题。但正如葛兆光在述评日本学术界围绕上述三者关系究竟是“影响”还是“借用”的争论时所指出的那样，“在文化交涉史中，我们需要对异国文化和历史有‘同情地了解’，注意在看似相同的历史现象中，找到彼此微妙的不同，并对这些不同处进行深入的发掘，切不可简单进行比附”[③]。

## 二　近代天皇制研究

日本学界有关天皇制的讨论，大体可分为“连续论”和“断绝论”两种立场。前者认为，天皇制是日本自古代以来一直延续至今的文化传统，而后者则把天皇制看成是幕末维新时期“被发明的传统”（霍布斯鲍姆）。20 世纪 90 年代以后，以“国民国家论”的流行为背景，“断绝论”的立场逐渐成为研究明治国家体制下确立的近代天皇制的主流，代表作如安丸良夫《近代天皇观的形成》（1992 年）。该书中译本于 2010 年出版，对中国学界的近代天皇制研究产生了较大影响。[④]

李卓、郑辟楚从政治、社会、经济三方面论述了明治政府如何通过重塑天皇与皇室在官民中的形象（改革宫廷制度、制定《皇室典范》），让天皇重归民众视线（天皇巡幸、发布“御真影”），大力扩充皇室财产等一系

---

① 刘晓峰：《天皇践祚大尝祭的仪式结构与文化解读》，《日本学刊》2019 年第 5 期。

② 章林：《日本斋王制度的演变与古代天皇制》，《北京联合大学学报》（人文社会科学版）2020 年第 2 期。

③ 葛兆光：《国家与历史之间——日本关于道教、神道教与天皇制度关系的争论》，《中国社会科学》2009 年第 5 期。

④ 安丸良夫：『近代天皇像の形成』，東京：岩波書店，1992。中译本刘金才、徐滔译：《近代天皇观的形成》，北京大学出版社，2010。另参见书评，刘金才《近代天皇观与日本“历史认识”的解构——读安丸良夫〈近代天皇观的形成〉》，《日本学刊》2010 年第 1 期；刘金才、诸葛蔚东：《近代天皇观与“想象的共同体”》，《中国图书评论》2010 年第 2 期。

列措将天皇从曾经的“虚君”打造为日本最高统治者的过程。[①] 张艳茹特别聚焦王政复古政变至明治初期的皇室改革，认为明治早期官制改革中天皇政治核心地位的确立、迁都及大规模巡幸、祭祀体制的完善、宫中制度改革及君德培养等诸种举措塑造了天皇的绝对权力和权威，使得之后建立明治宪法体制的过程中，如何定位君权成为非常棘手的难题。[②] 崔祖祯、刘豫杰也从解构主义的角度解析了“明治大帝”这一形象所具有的“万世一系的现人神”、“超脱政治的施政者”和“文明开化的引导者”三个侧面如何被构建的过程，并指出，明治天皇作为“大帝”的复杂形象与明治国家的内在性格之间存在着高度重合，美化明治天皇的个人形象，实质是为近代日本的封建性、侵略性与专制性做辩护，这也反映了近代日本的两面性。[③]

张东的一系列研究主要致力于从政治史的视角解明近代日本天皇制立宪主义的确立过程以及天皇亲政与民众参政（“公议”）这一二律背反原则集约于其中的政治力学构造。[④] 高兰通过探讨明治天皇在近代日本立宪君主制建立过程中的重要作用，认为在《明治宪法》的框架下，明治天皇与元老、内阁、议会进行协调，实施其作为国家主权象征的虚像权力，以及制度化的实像权力，形成独特的多元角色形象。[⑤]

聚焦近代天皇制军国主义性质的研究较2008年之前大大减少。最近的代表性研究有娄贵书的《日本近代天皇制军国主义体制的三大支柱》一文。该文认为，近代日本因军国主义基本国策的需要而创立了天皇制军国主义体制。这一体制虽然形式上采用西方近代君主立宪制的形式，但本质上以军国主义为内核，分别将天皇奉为军事统帅、国家元首、宗教权威的《军

① 李卓、郑辟楚：《明治时代天皇权威的重建》，《四川大学学报》（哲学社会科学版）2016年第6期。

② 张艳茹：《王政复古政变至明治初期的日本皇室改革》，《世界历史》2019年第3期。

③ 崔祖祯、刘豫杰：《明治大帝像的三个侧面及其阴影》，《唐山师范学院学报》2019年第4期。

④ 张东：《近代日本天皇制的历史考证》，《日本问题研究》2013年第2期；《近代日本宪法学中的国体论流变》，《日本问题研究》2016年第1期；《天皇制立宪主义——传统的发明、断裂与延续》，《日本问题研究》2016年第6期；《革命的冻结与激活：明治维新中的一君万民构造》，《日本问题研究》2018年第4卷。除一系列论文成果外，张东另有与周颂伦合著的专著《天皇制与近代日本政治》（世界图书出版公司，2016），是国内少有的专攻近代天皇制研究的学者。

⑤ 高兰：《明治天皇权力的虚像与实像——近代日本立宪君主制的形成对明治天皇权力双重影像的影响》，《复旦学报》（社会科学版）2019年第6期。

人敕谕》《大日本帝国宪法》《教育敕语》是其三大支柱。[1]

## 三 战后天皇制研究

近十年来，进展最为显著的是关于战后天皇制的研究，不但发表的论文数量多，研究内容也呈现多样化的趋势。以下主要就选题比较集中的皇室外交、象征天皇制以及天皇的退位和继承问题的研究情况做简要评析。

### 1. 关于“皇室外交”

龚娜梳理了 20 世纪 50 年代以来日本皇室以皇太子和天皇为中心的外交活动，积极评价皇室外交在提升国家形象、改善日美关系、促进日本企业进入东南亚市场以及向海外传播日本文化等国家软实力构建方面的作用。[2] 张敏将 1975 年昭和天皇访美确立的天皇外交方式定义为“访美范式”，运用结构功能主义（structural - functionalism）的研究方法，揭示了具有日本特色的君主外交天皇外交的模式化特征和本质，即：天皇外交是日本政、官、经、民四界外交构成的外交体系这一四轮马车的中心，天皇外交如同协调四个车轮共同运转的轴承一般，使日本外交可以灵活展开一退一进的双重外交，获得动态的平衡。作者指出，日本官方外交的主体是内阁和外务省，无论是慰灵外交，还是战争忏悔，都只是极具隐蔽性的政治手腕，“我们必须对日本天皇外交行为、外交言论保持高度警惕，不要被其表象所迷惑，必须看清其外交行为背后隐藏的真实目的，只有这样，才能看清日本外交的真正意图”[3]。

吕辉东、谢若初探讨了天皇的慰灵外交范式的历史源流（与日本传统文化之关系）、目的、对象国选择以及和右翼势力关系等问题，认为天皇慰灵外交是日本摆脱战后体制背景下出现的一种新外交范式，体现日本对外战略走向及国内政治生态风向。[4] 2019 年德仁天皇即位前夕，程文、李乾发表的《日本天皇更替时期中国“对天皇外交”：必要性、可行性与具体策

---

① 娄贵书：《日本近代天皇制军国主义体制的三大支柱》，《贵州师范大学学报》（社会科学版）2018 年第 1 期。

② 龚娜：《近代日本政治体制中的皇权》，《东北亚学刊》2013 年第 2 期。

③ 张敏：《日本战后外交新模式的摸索与构建——日本天皇外交“访美范式”》，《日本问题研究》2016 年第 4 期。

④ 吕耀东、谢若初：《日本天皇慰灵外交范式探析》，《日本问题研究》2017 年第 5 期。

略》一文强调天皇外交从本质上来说具有隐蔽性，天皇出访“必然满足了右翼日本的某些需求”①，主张我国应以中国为主体开展“对天皇外交”，利用此次天皇更替的有利历史时期实施参加新天皇即位典礼、肯定明仁天皇的功绩、积极推动新天皇访华等具体策略。通过争取天皇和日本国民，改善中日关系，有效地孤立和牵制右翼势力，为中国和平发展创造更加良好的外部条件。

以明仁天皇退位这一热点事件为背景，也有研究者就明仁天皇对中日关系的贡献做了回顾和总结。刘江永追溯了两千年来日本天皇制的变迁与中日关系的发展变化，重点论述了战后裕仁、明仁、德仁以及其他皇族成员与中国的交往和对中国的态度。作者认为，无论从积极意义还是消极意义上讲，日本皇室及天皇制的传承和演变，都对日本及中日关系具有十分重要的影响。特别是1992年明仁天皇和美智子皇后成功访华，是有史以来日本天皇和皇后的首次访华，对中日关系做出了重要历史性贡献。② 虽然日本右翼在靖国神社等问题上政治利用皇室仍是一个值得关注的问题，但只要日本继续在战后《日本国宪法》下走和平发展道路，“德仁天皇在令和时代访问中国，可能只是时间的问题”③。

邱华盛、冯昭奎也认为，明仁天皇及皇室在《日本国宪法》框架下开展“皇室外交”，在中日外交中发挥了独特作用。该文在梳理明仁天皇“维护日本宪法和平主义原则”、“尊重中华文化基础上的东方传统”以及“热爱和执着于科学事业”等政治外交理念的基础上，从作为天皇访华和作为科学家加强与中国科学界交流的两个层面对其所发挥的独特作用进行了深入分析，并指出德仁天皇对明仁天皇的继承性特征，期待“令和”（Beautiful Harmony）时代将是又一个象征天皇制与宪法和平主义“和谐共存”的新时代，中日关系获得进一步的改善和发展。④

### 2. 关于象征天皇制

有关战后象征天皇制与战前天皇制之间的关系，也存在着“断绝论”

① 程文、李乾：《日本天皇更替时期中国“对天皇外交”：必要性、可行性与具体策略》，《浙江理工大学学报》（社会科学版）2019年第3期。

② 刘江永：《日本皇室与中日关系》，《日本学刊》2019年第5期。

③ 刘江永：《日本皇室与中日关系》，《日本学刊》2019年第5期。

④ 邱华盛、冯昭奎：《论明仁天皇在中日外交中的独特作用兼及与中国科学家的交往》，《日本学刊》2019年第5期。

和“连续论”两种立场。中国政法大学教授董璠舆是为数不多的主要从宪法学角度主张“断绝论”的学者。他在2009年发表的《象征天皇不是日本国的元首》一文中，通过详细比较明治宪法和日本国宪法中关于天皇地位的规定指出，现行宪法明确规定天皇无国政权能，战后日本的象征天皇不是国家元首，首相才符合国家元首的条件这一点是清楚无误的，批驳了日本右翼试图修宪或者扩大解释天皇权力的主张。[①] 其《日本天皇制的近代性与现代前景》一文也指出，作为统治权总揽者的“昨天的天皇”与作为象征天皇的“今天的天皇”之间权能和地位上的“断绝”是基本的、主导的，血统上的“连续”是例外的、个别的，而“明天的天皇制”既不是日本右翼主张的回复到战前的“改恶”，也不是部分日本共产党人主张的废除，而是具有更广大群众基础的，在60多年象征天皇经验基础上不断加以总结和改进的更为“理性的象征天皇像”。[②]

相对于“断绝论”，大多数学者认为战后象征天皇制并未对战前天皇制进行彻底的清算和反思，两者之间具有连续性和继承性，这也从根本上规定了战后日本政治的保守主义倾向。例如，田庆立主要站在政治思想史的立场上追究象征天皇制有悖于现代民主主义理念的“前近代特征”。田庆立认为，战后日本的天皇制本质上是日美双方依循各自的国家利益和战略考量所达成的政治让步和妥协的结果。虽然天皇制以象征性的方式与民主主义制度“嫁接”在一起，实现了某种程度的融合，但从明言“皇位世袭”的宪法条款、裕仁天皇频繁进行“内奏”、干涉外交事务等方面都可以看出，象征天皇制的政治架构中始终存在着以皇权专制为代表的“君权主义”与以国民主权为代表的“民主主义”的矛盾和冲突 ，这也是战后日本政治史中修宪浪潮一直没有平息的原因。[③] 田庆立在结合象征天皇制的成立背景，具体分析象征天皇制的国民统合机能后指出，象征天皇制的成立与发展，是融合了美国国家利益的战略设计、日本精英保守层“护持国体”的努力，以及日本国民尊崇天皇情结等复杂因素的产物，三者均指向天皇的国民统合机能，这也使其“在国家政治架构中保留了具有前近代特征的君主形态，从而导致日本政治中蕴含着难以摆脱的‘复古性’及‘保守化’

---

① 董璠舆：《象征天皇不是日本国的元首》，《比较法研究》2009年第4期。

② 董璠舆：《日本天皇制的近代性与现代前景》，《外国问题研究》2010年第1期。

③ 田庆立：《象征天皇制与日本民主主义的融合与冲突》，《日本学刊》2013年第6期。

的内在特质”①。

战后象征天皇制的确立是一个复杂的政治过程。曲梦晨从政治外交史的角度，直接使用美国国务院档案等史料实证了二战期间美国政府对战后日本天皇制政策的制定过程。② 李成日的《战后日本的象征天皇制与新民族主义的崛起》一文也结合日本学界的观点，通过梳理战后象征天皇制的形成过程、内涵和本质，指出，“虽然战后天皇的法律地位发生了根本变化，但是一千多年来存在的天皇及天皇制对日本政治、社会、文化、思想等领域的影响作用，绝不会由于其法律地位的变化而消失”③，天皇在战后依然处于权威的顶端。这种权威被日本保守精英层视为国家自主性和独立性的象征而不断强化，并且跟修宪等国内重大议程密切联系在一起，在政治、社会、文化、外交等诸多方面发挥不可低估的影响力。最新发表的熊淑娥《日本象征天皇制中天皇、政府与国民关系探究》一文也明确站在象征天皇制是战前日本国体的延续的立场，通过检讨明仁天皇生前退位过程中的天皇、政府与国民关系指出，“民意”是三者关系的关键词，但对照近代日本的教训，“如果回避国民支持的是天皇个人还是象征天皇制这个根本问题，最终的历史结果仍将由全体日本国民来承担”。④

**3. 关于天皇的退位与继承**

2016 年 8 月 8 日，明仁天皇罕见地发表电视讲话，表达了生前退位的意向。《日本问题研究》《日本学刊》等杂志纷纷组织“天皇制”“平成日本”专题，关于天皇制的研究，特别是皇位继承问题成为研究热点。其中代表性的研究成果有日本社会史研究专家李卓的研究。李卓以新旧两部《皇室典范》的制定过程为中心，梳理了从古代至今的皇位继承制度的演变，指出明仁天皇对皇室成规提出了挑战，“实际上是在呼吁对皇室制度进行改革”⑤。李卓的《天皇退位的历史与现实》发表在明仁天皇退位之后，直接以《日本书纪》《续日本纪》《日本三大实录》等典籍为依据，实证考

---

① 田庆立：《象征天皇制的成立背景及其国民统合机能》，《东北师大学报》（哲学社会科学版）2016 年第 4 期。

② 曲梦晨：《二战期间美国关于战后日本天皇制政策的制定》，《史学集刊》2017 年第 5 期。

③ 李成日：《战后日本的象征天皇制与新民族主义的崛起》，《中央社会主义学院学报》2020 年第 2 期。

④ 熊淑娥：《日本象征天皇制中天皇、政府与国民关系探究》，《日本问题研究》2020 年第 3 期。

⑤ 李卓：《日本的皇位继承制度与〈皇室典范〉》，《日本问题研究》2016 年第 6 期。

察了日本古代常态化的天皇退位的原因、明治以后天皇终身制的建立以及当今天皇实现退位的现实过程。李卓认为，此次明仁天皇实现生前退位既是现代意义上的皇室制度改革，也是一场日本历史知识的普及。“日本皇室被穿越回古代，天皇退位、上皇等历史的存在突然再现于当代社会，与民众生活离得那么近”，“古老的皇室完全可以说是日本历史与传统文化的活化石”。①

田庆立也在2019年6月号的《日本学刊》上发表《平成时代象征天皇制的赓续及革新》一文，总结平成时期象征天皇制的特征。该文认为，明仁天皇既系统继承了昭和时代形成的宫中祭祀、接受“内奏”和“侍讲”以及开展“皇室外交”等传统，同时在拓展访问灾区等“公务行为”边界、主动提出“生前退位”、运用大众媒体表述心迹等方面进行突破创新，赋予“象征”作用全新内涵。如前所述，田庆立认为战后象征天皇制具有“前近代性特征”，但在此文中他却对平成时代的象征天皇制下明仁天皇及美智子皇后联袂主导形塑的“平成风格”给予了积极评价，认为其富有“继承性”、“革新性”、“大众性”和“世俗性”的鲜明特征②。刘江永、林心怡的《从明仁到德仁：天皇缘何强调其象征性》一文从历史、制度、天皇退位这三个维度，分析了日本明仁上皇和德仁天皇不断强调其象征性的缘由，认为日本明仁天皇做出生前退位的决断，显示出他维护战后日本和平宪法的坚定决心与智慧，“客观上避免了安倍政权在平成年代修宪”。③

## 四 综合性研究

正如引言中提到的，进入21世纪之后，力图认识日本和日本人的综合性研究显著增多。天皇制研究方面也出现了较多未限定时代，把“天皇制”视为日本独特的政治文化传统的文化论方向的研究。本文暂将这类研究归为综合性研究。例如，解晓东发表于2012年的两篇论文分别把天皇制定位为日本保守主义政治传统的根本原因，以及日本形成国家主义这一政治文

① 李卓：《天皇退位的历史与现实》，《日本学刊》2019年第2期。

② 田庆立：《平成时代象征天皇制的赓续及革新》，《日本学刊》2019年第3期。

③ 刘江永、林心怡：《从明仁到德仁：天皇缘何强调其象征性》，《太平洋学报》2020年第1期。

化传统核心的决定因素和统合力量。[①] 同年陈曦发表的论文则认为日本历史上对儒教、佛教以及天主教、基督教等外来思想的吸收是与日本民族主体性的建立，即代表传统文化的天皇和天皇制的确立同时并进的，“天皇观念随着氏神信仰的根深蒂固也已经成为日本民族性格的一部分。正是因为源于民族性格特征的主体自觉性，使得天皇观在日本保持着持久的生命力”[②]。

奚欣华在评析关于日本天皇“万世一系”的各种解释的基础上，试图证明日本社会的泛家族规则及文化的作用才是日本天皇万世不替现象的非制度性社会基础。[③] 而张建立则从经济、政治、文化等三方面概述和评析了中日学界对天皇何以在日本不同历史发展阶段世袭延续的原因研究，并借用美国学者许烺光对日本家元制度的心理文化学研究成果，指出除各时期的诸般原因之外，无法在基本的亲属集团得到满足的社会心理和谐会到更大的类似亲属的集团（家元）去取得的日本人独特的社会心理均衡模式亦是天皇制存续的非常重要的原因。“天皇家好比包含全日本的巨型家元的本家。”[④]

以上列举的这类综合性研究均站在“连续论”的立场上，把天皇制看作“万世一系”“千世一系”的一种日本政治文化的基因。不能否认这样的“天皇文化论”[⑤] 是一种本质主义，有无视具体的历史状况之嫌。

## 结　语

综上所述，可以发现近十年来国内天皇制研究的进展主要体现在以下两方面。

---

① 解晓东：《日本保守主义政治传统与天皇制关系论说》，《北方论丛》2012 第 1 期；《日本政治文化传统的特征及其与天皇制的关系论析》，《渤海大学学报》（哲学社会科学版）2012 年第 2 期。

② 陈曦：《日本天皇观的民族主体性特征——以天皇观对外来思想的受容和排斥为中心》，《宁夏大学学报》（人文社会科学版）2012 年第 2 期。

③ 奚欣华：《解构日本天皇“万世一系”的非制度性基础——日本社会的泛家族规则及文化的作用》，《世界民族》2011 年第 4 期。

④ 许烺光：《家元：日本的真髓》于嘉云译，台北：南天书局，2000，第 209 页。转引自张建立《日本天皇世袭制延续至今的原因研究述评》，《日本研究》2014 年第 2 期。

⑤ 有论者直接采用“天皇文化”的说法，认为天皇文化是千年历史传承下来的日本典型的本土文化。参见刘峰搏《论日本天皇文化社会功能的二重性》，《山东师范大学学报》（人文社会科学版）2008 年第 2 期。

第一，研究视角和研究内容进一步多元化。与 2008 年前相比，出现了从宗教学和神话学视点研究中国文化与古代天皇制的关系，从政治学视点研究近代天皇制的政治构造等新的研究动向。结合安倍政权的改宪动向、抗战胜利 70 周年、令和改元等时事热点，对战后象征天皇制的研究尤其活跃，呈现多样化的视角。

第二，就研究方法而言，与过去主要使用二次资料的时期相比，直接“与史料肉搏”，使用包括英文在内的第一手资料、原典文献的实证研究明显增多。但长期专攻天皇制的研究队伍还有待充实，要真正实现在与日本或欧美学界研究成果充分对话或碰撞基础上的创新性研究，国内学界依然任重道远。

“一木一草里都有天皇制。我们的皮肤感觉里有天皇制。”① 日本战后代表性思想家竹内好的这句话常被引用来说明天皇制对日本人和日本社会的巨大影响力。竹内好认为“天皇制”的所指“不仅包含狭义上的制度，同时还包括广义上的规范仪式和精神构造”，“支配体系”和“价值体系”这两者“与其说密不可分，倒不如说是人为地被结合在一起的形式，是唯有用天皇制这一范畴才可概括的日本近代的特色”。②

本文的考察对象似乎过于局限于作为君主制度的天皇制研究，但不可否认目前国内天皇制研究的主要关注点在于作为支配体系的天皇制层面。对于作为价值体系的天皇制研究，比如对于天皇观和国体论、皇国史观等方面的研究③，近年虽然涌现了一些优秀成果，但仍限于个别的政治派别或思想家的研究，远未形成对话和体系。笔者认为，如何从第三者的视角切入研究既是支配体系又是价值体系的天皇制对今后中国的日本研究来说是一个重要的课题。也许我们缺乏日本人那样的“皮肤感觉”，但反过来看，对于天皇制“禁忌”的钝感恰好可以让站在第三者视角上的天皇制研究获

---

① 竹内好:「権力と芸術」,『新編日本イデオロギー』，東京：日本評論社，1966，第 393 頁。

② 竹内好:「権力と芸術」,『新編日本イデオロギー』，東京：日本評論社，1966，第 383 頁。

③ 这方面的代表性研究成果如，田雪梅《陆羯南的近代日本国民构想》，《外国问题研究》2014 年第 1 期；杨朝桂《司马辽太郎的天皇观》，《湖北社会科学》2014 年第 6 期；田庆立《津田左右吉的天皇观研究》，《北华大学学报》（社会科学版）2016 年第 3 期；吴限《尊崇与效忠：日本右翼的天皇观论析》，《东北亚学刊》2019 年第 5 期；卢丽《“爱国的民族主义”：南原繁的“共同体论”》，《西南大学学报》（社会科学版）2014 年第 3 期；卢丽《南原繁“战后体制构想”之“天皇退位论”》，《外国问题研究》2019 年第 4 期；贾思京《田中智学的日莲主义国体论研究》，《日本问题研究》2020 年第 3 期。

得更多的自由吧。相信随着有中国特色的日本研究的进一步发展，我国的天皇制研究也会进入纵深发展的新阶段。

# A Review on the Research of Japanese Imperial System Recent Ten Years in China Based on CNKI Journal Literature

**Abstract**: As "the key to the deep understanding of Japan", the research on Japanese Imperial System has attracted more and more attention in recent years. Based on the relevant papers collected in CNKI database, this paper summarizes and analyzes the progress and problems of the research of Japanese imperial system since 2008. The overview covers the research on ancient imperial system, modern imperial system, postwar imperial system and the comprehensive research. There is still a long way to go for Chinese scholars to achieve innovative research from the perspective of the third party.

**Keywords**: Chinese Periodical Literature; Japan Studies; Japanese Imperial System; Research Review

# 天皇制研究的当下

吴光辉*

**【摘　要】** 以南开大学日本研究所李卓教授对《皇室典范》的研究为契机，可以整理出迄今为止大多数的天皇制学术研究的基本范式，进而挖掘到潜藏在这一学术研究背后的"为了日本"的动机之所在。如何逻辑性地认识明治时代的"天皇制"，如何把握与评价这一"天皇制"，不仅是针对研究者是否具有真正的主体性的一大叩问，也牵涉当下的天皇制如何借助外部而得以延续下去的问题。

**【关键词】** 天皇制　明治时代　《皇室典范》

南开大学日本研究所李卓教授的研究报告《〈皇室典范〉的制定及修改前景》一文梳理了自明治时代到战后这一时期日本制定、改正《皇室典范》的历史背景、基本目的、政治根源、神政问题，提到战后《皇室典范》的制定是以昭和天皇为基准，而今出现了女性继承者的现实问题、未来皇室集团的群体危机、平成天皇退位的问题，从而导致《皇室典范》落后于时代的根本"事实"。基于这样的"事实"，李卓教授指出，《皇室典范》的改正与皇室的未来将会体现在：（1）象征天皇制将会在未来继续发挥作用；（2）缺乏了内外压力，日本政治家不会积极主张改正；（3）日本政治家会权衡如何改正，尝试采取策略性的方式来推动改革；（4）时代更替呼唤象征天皇制更具有时代感、具有新的气息。在此，李卓教授作为研究日本政治社会文化的著名专家，围绕《皇室典范》改正的问题，回顾历史、探究

---

* 吴光辉，厦门大学外文学院教授、博士生导师，研究方向：比较文化学、日本思想史、日本教育史。

当下，提示了战后日本天皇制与日本政治、政治家之间的内在关联，突出了21世纪的日本的时代需求或者即将出现的重大变革。

审视李卓教授的研究报告，尤其是梳理迄今为止的大多数的天皇制研究，或许我们可以通过逻辑推导的方式找到一个多样化的研究模型，借此就可以探究本次学术会议的基本主题——“天皇制与日本”究竟具有了什么样的核心内涵与潜在寓意。

第一，站在历史实存的角度，可以推导出政治与宗教相结合的研究立场。众所周知，伊藤博文主导下的《大日本帝国宪法》，将天皇制确立为日本的“基轴”①，即日本的国体。一方面，这一国体脱胎于西方的君主立宪制；一方面，接续了日本历史上的天皇实存的表象，带有一种“拟宗教化”或者“半宗教性”的内涵。就这样，天皇制就在明治日本的极具“功能主义的思考方式”② 的推动下，逐渐地与这一时期的国家理念结合在一起，亦针对西方观念而树立起了东方式的所谓“国民国家”的潜在内涵。

第二，站在日本文化的角度，可以推导出主体与他者的二元对立式的研究范式。不言而喻，作为终极性的主体，天皇不仅是一切权力的中心，也被树立为所谓的“现人神”。以天皇诏书的名义而推动的“日韩合并”、“日中战争”一类的行动，也成为天皇这一“身体性”的无限扩大。依照逻辑，所谓“他者”，本应是自我走向绝对化的投影。但是，在整个20世纪前半叶的历史之中，他者反而成为天皇主体树立自我神性的一大试验石，战争也成为天皇确立自我权威的一大角斗场。以战争为主导形式的他者化的过程，不是走向主体间的对立或者对抗，而是成为主体的扩充，成为“日本人”再生产的过程。

第三，站在宗教与文明的角度，可以推导出天皇制作为日本文明的形式这一研究范式。依照英国学者汤因比（Arnold Joseph Toynbee，1889～1975）的研究，文明是宗教的载体，宗教是目的之所在，文明则是实现这一目的的工具。但是事实上，以东西文化比较的视野，或者在当下的全球化的趋势下，我们可以发现汤因比的这一论断遭到来自美国国际政治理论家塞缪尔·亨廷顿（Samuel Phillips Huntington，1927～2008）的“文明的冲

---

① 〔日〕三谷太一郎：《日本的“近代”是什么：问题史的考察》，曹永洁译，社会科学文献出版社，2019，第228页。

② 〔日〕三谷太一郎：《日本的“近代”是什么：问题史的考察》，第218页。

突”的巨大冲击，[1] 文明的冲击进一步加剧了宗教的对立对抗，宗教的对立对抗也令文明的冲突成为必然。——冲突不是必然的，而是由于文明依托在宗教的形式之下，故而冲突才成为必然。换言之，如果将“天皇制”把握为日本文明的应有样态、日本文明的核心，那么谁还会去承认以“天皇”为标志的日本文明？在此，“冲突”而且是“文明的冲突”也就成为不可逆转的趋势。

第四，或许在此存在着一种“不敬”的态度，也就是当下的虚无主义状态下的、作为消费文化的天皇制。西方马克思主义学者布尔迪厄（Pierre Bourdieu，1930～2002）提示了“审美趣味”这一范畴，指出消费意识将会成为新的社会阶层的划分标志。[2] 一言蔽之，趣味决定了社会阶层。不过，存在于消费文化之中，且超越了物质概念的“卡里斯玛”（Charisma），却需要一种接近于“神圣性”的架构。就这样，天皇制成为消费文化的选择对象。一方面，天皇制作为传统的存在，远离了当下的凡人社会，具有极为神秘的文化价值；一方面，天皇制作为独特性的存在，为当下的世界对话设置了不少无形的壁垒，尤其是仿佛根深蒂固的“神族意识”。这样极具悖论的存在样态，驱使着我们不得不加以思索，即在一个当下的消费文化的语境下，天皇制如何才能存续下去，否则只会沉沦为时代流行的消费文化的一部分。

不过，审视迄今为止的天皇制研究，我们或许会看到一个最为基本的“格套”，就是要站在什么样的立场，更确切地说，要站在什么样的西方式的既有学问的立场，或者超越这样的学问的现实视角，或者回归日本文化本身来把握天皇制。也就是说，在这样的“格套”的背后，潜藏着以天皇制的研究为契机，由此来确定近代日本“身份定位”的根本意图。这样一来，所谓天皇制的研究也就成为日本的“实存性”的研究，成为日本的“精神性”的研究，最为根本的，就是“为了日本”（For Japan）的自证式研究。就在这一过程中，中国成为日本不得不面对的巨大的“他者”。[3] 在

---

① 美国学者塞缪尔·亨廷顿在《文明的冲突与世界秩序的重建》指出：“西方人的生存依赖于美国人重新肯定他们对西方的认同，以及西方人把自己的文明看作独特的而不是普世的，并且团结起来更新和保护自己的文明，应对来自非西方社会的挑战。”〔美〕塞缪尔·亨廷顿：《文明的冲突与世界秩序的重建》，周琪等译，新华出版社，2002。

② 朱国华：《合法趣味、美学性情和阶级区隔》，《读书》2004 年第 7 期，第 60 页。

③〔日〕子安宣邦：《东亚论：日本现代思想批判》，赵京华编译，吉林人民出版社，2004，第 78 页。

此，作为中国人，我们或许也会留下这样的研究痕迹——我们不过是在从事着“为了日本”的研究，从事着以论证“特殊”的日本的合理性或者合法性为目的的研究。

那么，围绕天皇制我们究竟需要什么样的一个研究？在此，我认为至少需要阐明两个基本立场。第一个立场，就是借助维特根斯坦（Ludwig Josef Johann Wittgenstein，1889～1951）的“开始与原始”的理论框架，来研究日本天皇制的实质之所在。“原始”就是根源性的探索，“开始”则是现代性的嫁接。以明治天皇为对象，问题不在于明治天皇如何开启了新的历史，而在于我们对其应该如何加以书写、描述乃至诠释。站在历史学的视角，明治天皇是否可以真正接续到近世日本、中世日本、古代日本，进而一直接续到过去的日本神话。如果这样的“接续”存在或者出现了本质性的断裂的话，那么，以明治天皇为对象的天皇制研究也就失去了历史根源性。与此同时，我们也不得不由此而推导出第二个问题，就是如何定位历史研究。如果说一切历史皆是当代史，那么天皇制的研究、明治天皇的研究也就必须接受现实化的洗礼或者冲击。在此，我们也不得不接受一个事实，就是近代日本不管是面对西方还是面对东方，皆存在着赋予天皇、赋予日本以“神话化”的重要倾向。这样的历史研究事实上不是为了阐明历史本身，而是为了将所谓的“历史”牵引到作为历史语境的当下。

第二个立场，就是我们如何把握或者说批评日本天皇制。在此，或许我们可以联想到本尼迪克特·安德森（Benedict Richard O'Gorman Anderson，1936～2015）提出的“想象的共同体”（Imagined Communities）。[①] 天皇制在这样的思想框架下成为代表民族、代表国家的存在，也成为所有日本人，乃至被大日本帝国曾经殖民地化了的人们必须“尊崇”的对象。即便到了战后，天皇失去了过去的地位，也会成为日本人的一种历史情感，也会成为日本人思虑日本这一国家的“终极关怀”之所在。在这样的语境下，我们也不得不反思一点，即明治时代以来，天皇制始终作为制度而被讨论和批判。那么，天皇制在日本是否具有一种新的复活之路——不同于过去的“制度化”，而是作为日本当下的“国民国家”的自我定位。由此，或许我们可以把握到明治日本作为思想者的苦斗：一方面，天皇制是区别于过去的、被制度化了的精神象征的存在；另一方面，天皇制带有包容性，是一

① 〔美〕本尼迪克特·安德森：《想象的共同体》，吴叡人译，上海人民出版社，2011。

个具有隐喻内涵的公共空间。不言而喻，之所以将其称为“苦斗”，即在于这样的天皇制依旧依托在“日本”这一国家的大义名分之下，而日本是否可以成为超越西方的既有思想架构的“超国家”的存在或者“纯粹国家”而存在。换言之，天皇制的问题即在于日本或者日本人的超越历史、超越自我的身份认同。

回到李卓教授针对《皇室典范》的制定与修改的研究，日本之所以会出现这样的倾向，无疑是来自于时代的要求，也凸显一种内外的张力。《皇室典范》的改正无疑带有积极应对、自我改正的积极内涵，但是为什么却进一步凸显日本渐趋消极、渐趋保守的“效应”——至少站在思想史的立场是这样的一种评价。那么，天皇制的存续之道、未来之路将走向何处？对此，我们也忍不住留下一个巨大的疑问。在此，李卓教授提示了两点，第一，来自内部、外部的压力的冲击或者刺激，乃是推动《皇室典范》进行改正的根源之所在。这一点无疑契合了行为心理学的创始人约翰·沃森（John B. Watson，1878～1958）所提出的“刺激-反应”型的基本模式；第二，日本政治家的短期权衡与长期规划，尤其是二者之间的“协调”，乃是推动《皇室典范》改正的直接根源。就此而言，自主改正、自觉改正不过只是我们的一种理想而已，《皇室典范》或者日本天皇，抑或日本的天皇制，也可能成为日本政治家操纵、掌控的政治工具。

在此，我们也不得不提示一下我们的主体性的立场。正如我们如今的在场者所切身体认到的，作为中国人在此论述天皇制，究竟象征着一种什么样的研究态势，体现一种什么样的身份认同？反之，作为日本学者在面对中国人，而不只是中国学者的时候来论述天皇制，究竟意味着一种什么样的潜在心理或者未来想象？天皇制究竟是什么？实质上一点也不重要。重要的则是为什么，是面对谁（who）来提示这一问题。在此，呼应一下前文提到过的“刺激——反应”型的思维模式，这也是日本文明的特征之一。或许，在场的中国学者的批判与刺激会导致日本人回归到一个素朴的日本人的立场，继而有一种发自内在的心灵的冲动，进而将之予以扩充推演，从而构筑起“反应-自觉”型的自我认识。换言之，日本天皇制在未来得以存续的根本前提，或许不在于日本的内部，而是在于来自外部的刺激。

# Research on Japan's Emperor System: The Present

**Abstract**: By researching the book "*The Model of the Royalty*" by Professor Li Zhuo from the Institute of Japanese Studies at Nankai University, this article sorts out the basic paradigms of most of the hitherto scholarly studies of Japan's emperor system, and then identifies the motive behind the scholarly studies, that is, "all for the sake of Japan". How to gain a logical understanding of the "emperor system" in the Meiji era and how to grasp and evaluate this "emperor system" constitute a major question of not only whether researchers possess real subjectivity, but also how the present emperor system can be sustained with the aid of external resources.

**Keywords**: Emperor system; Meiji era; *The Model of the Royalty*

# 书 评

# 儒学日本化是这样完成的

## ——评吴震的《东亚儒学问题新探》

李甦平*

【摘　要】本书评指出《东亚儒学问题新谈》一书的两大特色。其一，通过对日本古学派代表性人物荻生徂徕和伊藤仁斋对中国朱子学形而上理论的批评，重建了具有尚形而下特色的日本儒学。其二，对当代方兴未艾的“东亚儒学”研究，进行了分析和总结。

【关键词】儒学　日本化　荻生徂徕　伊藤仁斋　东亚儒学

孔子是中国儒学的创始人。儒学是中国传统文化的主脉。中国儒学经多种渠道传入朝鲜半岛和日本列岛，形成了韩国儒学和日本儒学。研究韩国儒学和日本儒学的学者都面对这样一个严肃的学术问题，即中国儒学传入韩国和日本后，是怎样与韩国和日本的本土文化及民族性相融合，最后形成了与中国儒学不同的别具一格的韩国儒学和日本儒学。这个问题的实质就是韩国儒学和日本儒学是怎么样重建成的？

21 世纪以来，中国儒学、韩国儒学、日本儒学也就是所谓的“东亚儒学”的研究正处于方兴之势。在“东亚儒学”研究高峰之际，有的学者对“东亚儒学”提出了质疑。“何谓东亚儒学？”“东亚儒学何以成立？”……这是研究“东亚儒学”学者所面临的又一类严肃的学术问题。

面对上述两个严肃的学术问题，吴震教授的大作《东亚儒学问题新探》（北京大学出版社，2018 年出版）对此做了原创性的回答。[①] 吴震教授之所以能回答这两个问题，是由于他具有中日儒学的深厚学养。吴震教授是日

---

* 李甦平：中国社会科学院哲学研究所研究员，研究方向：中国、韩国、日本儒学。

① 吴震教授的此书对于“日本儒学”的重建做了明晰的分析。关于“韩国儒学”的重建，可以参阅李甦平的《韩国儒学史》，人民出版社 2009 年出版。

本京都大学的文学博士（日本京都大学的“博士”是很不容易获取的）。他在去日本学习之前，一直从事中国儒学的研究，对于宋明理学，尤其是明代阳明学的研究做出了突出成绩，相继出版了《阳明后学研究》《泰州学派研究》《〈传习录〉精读》等几部颇具学术价值的著作。为此，吴震教授能在《东亚儒学问题新探》一书中通过对中日儒学各自特点深入的分析，在此基础上，明晰地指出了“日本儒学”重建的路径。这是本书的原创性学术价值之一。本书的原创性学术价值之二表现为从“东亚儒学”这一广域视野出发，回顾了 21 世纪近十年来的中韩日学术界对“东亚儒学”研究的现状，直面何谓“东亚儒学”，“东亚儒学”何以必要？“东亚儒学”何以可能？等东亚地域的文化现象，对其问题，进行了答疑；对其脉络，进行了梳理。

《东亚儒学问题新探》一书由“代前言”、“附录”和正文三篇构成，每一部分都是专题性研究。其中，“代前言”即“关于东亚儒学问题的一些思考”，第一篇“东亚儒学问题省思”，第二篇“德川日本儒学的重建”，附录二“关于‘东亚阳明学’的若干思考”集中论述了“日本儒学的重建”和“东亚儒学”两个重要问题。本书评以此为内容进行评论。

关于“日本儒学的重建”，吴震教授在第二篇中以日本古学为例进行了分析论述。日本古学派形成于德川时代中叶，是最具有日本儒学特色的一个流派。可见，吴教授以日本古学为抓手分析“日本儒学重建”问题，可谓是有的放矢。

荻生徂徕（1666 ~ 1728）是日本古学派的重要代表者。他开创的日本古文辞学成为重建日本儒学的方法论。“古文辞”最初由中国明代的“前七子”和“后七子”提出。在中国明代文学史上，曾出现过一股提倡复古主义的文学运动，以前七子和后七子为其代表。其中，李攀龙（1514 ~ 1770）和王世贞（1526 ~ 1590）为后七子的主要代表人物。这场运动的重心就是七子提出的“文必秦汉，诗必盛唐，不读宋以后之书”的口号。口号中的“文必秦汉，诗必盛唐，不读宋以后之书”这 15 个字，对徂徕产生了很大的影响。徂徕认为中国明代七子提出的“不读宋以后书”的说法，可以理解为孔子以后尤其是宋儒的注释和说法很可能与儒家原典本义有出入，是靠不住的。故他提出了“以古言征古义”的解释儒学原典的方法（参阅该书第 132 页）。这就是说首先要明白古言的意思，古言之义明白了，原典的本义也就确定了，明确了原典本义，就意味着领悟到了圣人之道。这就是徂徕的“以古言征古义”。为了达到这一目的，徂徕开创了日本的“古文辞”学。所谓“辞”，就是指中国的六部儒家经典：《诗》、《书》、《礼》、《乐》、《易》和《春秋》即六经的一套语言系统，言说系统。所谓“文”，是一个内涵非常广泛的概念，简约说就是由圣人制作的一整套礼乐制度，即徂徕说的“夫圣人之道，曰文”。可以看到所谓的“古文辞”学主要指中国西汉以前的古言及古义所构成的一套成文系统，其中以儒家的“六经”为载体。在这套“古文辞”学中存在着“徂徕学”的终极关怀——“圣人之道”。所以，凭借着“古文辞”学的方法，可以最终把握“圣人之道”（参阅该书第125～127页）。这就是荻生徂徕开创的“日本古文辞”学。在“日本古文辞”学方法论的指导下，徂徕对日本儒学进行了重建。首先，他对除孔子以外的所有儒者的观点一一进行了批评。徂徕曾经讲：我没什么嗜好，而唯一的嗜好就是一边嚼着炒豆，一边诋毁宇宙间的人物。自誉为“海内第一流人物”的徂徕是位狂儒，除孔子之外，子思、孟子、程朱、陆王和日本大儒伊藤仁斋都不在他的视野之内，均是他批评的对象（参阅该书第101页）。尤其是对朱子学的批评，在他的著作中随处可见，甚至一听到宋儒讲“理”便生“呕哕”。徂徕在给友人的信中曾说：理学是错误之说，但世人意识不到这一点。世间儒者沉醉于其中，道德啦、仁义啦、天理啦、人欲啦，冲口而出。而我听到这些，直想呕吐（参阅该书第114页）。其次，在对朱子学批评的基础上，徂徕提出了他关于“道”的理论。“道”论可视为“徂徕学”的“哲学宣言”（参阅该书第107页）。去宋儒“道”的“形上性”是徂徕重建日本儒学的关键。徂徕认为宋儒有个通病，就是“以天理自然为道”或者以为“圣人之道本然”。徂徕的意识很明确，就是要通过对“道”的重新诠释，对“自然”“本然”意义上的“道”来一个彻底颠覆，从根本上动摇宋儒“道”的根基。那么，“徂徕学”中的“道”是怎样的呢？徂徕认为“道”是圣人（也可称先王）制造出来的。圣人为什么要制造“道”呢？因为圣人认识到只靠言语是不能教化人的，所以制作礼乐教化人们，只靠刑政是不能安民的，所以制作礼乐感化民众。这就清楚地表明“道”是圣人有目的制作出来的，是为了教化人，为了感化民，即为了安天下的目的才制作的。可见这样的“道”不是“自然”的亦不是“本然”的，而是圣人有意而为之的。这就使“道”具有了浓厚的实用性。关于“道”的具体内容，徂徕强调他的“道”是“安天下之道”，包括“六经”和“六艺”（礼、乐、射、御、书、数）等。这样，徂徕就从根本上抽去了“道”的先天性、超越性，质言之，就是要“去形上化”，抽去“道”的形上性，将它重新放回它原本应该在的位置——礼乐制度之中，即圣人之道具体存在的“六经”、礼乐及各种“道术”之中。在徂徕看来，他的这番有关“道”的重新发现是符合儒家“圣经”之“本意”的（参阅本书第108~110页）。从哲学层面分析，徂徕重新诠释的“道”斩断了与形而上的关联，成了具有形而下性的“道”。“徂徕学”的“道”除了具有形而下性，还具有历史性和普遍性。“圣人之道，万世可行”是徂徕的一个标志性观点。徂徕认为圣人后天制作的道是普遍的，可以贯通古今。同时，这个“道”也是形而下的。这就为孟子以后直至宋儒以天道天理为绝对存在的“形而上学”来了个兜底翻（参阅该书第115页）。总之，徂徕通过对儒家圣人之道的重新诠释，揭示了“道”是圣人制作的，“道即安民之道”、“道即六经”、“道即礼乐刑政”及“道即道术”等观点，强调了“道”的后天性、具体性、实用性、形下性，以此推翻了“道”的先天义、抽象义、形上义，对宋儒的形上学做了彻底的方向性扭转。这种扭转完成了儒学的日本化（参阅该书第121页）。

伊藤仁斋（1627~1705）是日本古学派的创始者，被誉为“一代儒宗”。吴震教授认为伊藤仁斋对日本儒学重建的途径主要有两条，一是对宋儒“理”的批判与重建（参阅该书第195页），一是对宋儒“道”的批判与重建（参阅该书第200页）。

关于对“理”的批判与重建。在宋儒哲学中，“理”范畴是宇宙万物的本源，属于形而上的一个重要概念。而仁斋深知“理”字本身出自先秦儒学资源，因此按照他的理解，“理”字盖谓“条理”而非宋儒理学所谓的“万物本原”的形上抽象之理。仁斋认为“理”仅指条理、物理或事理，“理字实之于事物即可”，所以他对“理”有一个根本判断，即“理本死字”。仁斋认为“理”本死字，在物而不能宰物。生物有生物之理，死物有死物之理，人有人之理，物有物之理。既然“理”不能宰物，那么宇宙万物之生生是如何发生的呢？这就涉及“理”与“气”的关系问题。在“理”与“气”的关系问题上，宋儒的基本观点是“理在气先”，“理本气末”。对此，仁斋指出：一元之气为本，而理则在气之后，故理不能成为万化之枢纽。这个“理本死字”之说，是在宣判理学形而上之“理”的死刑。所谓不能宰物，是指物之上并不存在“主宰者”，意谓理不能是物之上的存在，所以说“理则在于气之后”，显然这又是针对朱熹“理在气先”说而发的。既然理不在气先，那么理就应在气中。仁斋认为，在理气问题上，理学家的思维逻辑犯了一个方向性的错误（参阅本书第196～197页）。为了纠正理学家这一方向性错误，伊藤仁斋对“理”进行了重建。仁斋从另一个角度，提出了“一乎生故也之理”的命题——可以归结为“生生之理”或“生理”——来为“理”字重新定义。天地间万事万物都处在生生化化之中，而“理”并不存在于生生化化之外，生生化化本身就是“生生之理”即“生理”（参阅本书第198页）。那么，“生理”的作用在什么条件下才能显现出来呢？仁斋指出这个条件就是“气”。关于“气”，仁斋明确指出：天地之间，一元气而已。或为阴，或为阳，两者只管盈虚消长、往来感应于两间，未尝止息。万化从此而出，品汇由此而生。所谓理者，只是气中之条理。这就是仁斋的“天地一大活物”说。仁斋认为一元之气充塞宇宙，在时间和空间上无限存在，无生无灭，无消无息。在气化流行、生生无息之中，天地间的万事万物由此产生。而理只是气中之条理，只能作为事物的规律、规则呈现出来。这就是说，在“气”往来不已的运动层面上，并不存在“根源”性的道理，也不存在使“气”运动的“始源”性的究极之处。仁斋宣称，在圣人的言语中，找不到围绕关于“气”运动的诸如“始源”“根源”那样的形而上学言辞。[①]

关于对“道”的批判与重建。陈淳（1159～1223年）在《北溪字义》释“道”时认为：“阴阳，气也；形而下者也；道，理也，只是阴阳之理；形而上者也。孔子此处是就造化根原上论。”陈淳的这种表述是朱子学的典型观点——“道”是“形而上者”。仁斋绝不认同在阴阳气化之前或之上另有所谓的“道体”作为“来历根源”而存在。因为在仁斋看来，“道”只有具体指向的天道或人道，而不存在天道人道之上还有什么形上之道（参阅本书第202页）。在批评宋儒形上之“道”的基础上，仁斋对“道”进行了重建。仁斋所谓的“道”建立在他一元之气的理论之上。仁斋认为“道犹路也”。“道”就像人们往来通行的路一样，凡物之所以通行者，皆名之曰“道”。“气”的一阴一阳往来不已，名之曰“天道”。而圣人所谓“道”，皆以“人道”而言。仁斋指出孔子和孟子所谓的“道”，主要是指“人道”。“人道”就是人伦日用当行之道，也就是人之所以为人之道。因此，他认为“人外无道，道外无人”。就“人外无道”来说，仁斋指出何谓人？

① 参阅子安宣邦的《江户思想史讲义》，三联书店，2017，第89页。

人就是指君臣、父子、夫妇、昆弟、朋友。这些人与人之间的关系靠什么来维系呢？靠的是君臣有“义”、夫妇有“别”、昆弟有“叙”、朋友有“信”，而“义”“亲”“信”等就是由人而显的“道”。就“道外无人”而言，仁斋讲什么是“道”？“道”就是仁、义、礼、智、信等伦理道德。而人与这些伦理道德是须臾不可分离的。进而，仁斋提出了“俗即是道”的命题。“俗即是道，外俗更无所道者。”可见，“道”不能脱离世俗、人伦，应当就是世俗社会或生活世界。这种存在于“俗”之中的“道”也必然存在于“日用常行之间”，是“平平荡荡”的，是地地道道的“形而下”。在此意义上，故说“俗即是道”。应当说，这是仁斋之“道论”的终极之论，出彩之处（参阅该书第 208 页）。

伊藤仁斋的“天地一大活物”说的“气”论思想和“俗即是道”的“道”论思想为日本儒学的重建提供了重要的理论——“尚形而下”成为日本儒学的一个显著标识。

关于日本儒学的重建，日本朱子学和日本阳明学亦做出了努力，但本书未涉及这方面的内容，故这里不叙。

据笔者对中国、日本、韩国儒学三十多年研究的学术经历，深感“东亚儒学”是个比较复杂的概念，故在已出版的学术著作和已发表的学术论文中不轻易使用。① 在《东亚儒学问题新探》中吴震教授以四分之一篇幅的文章对“东亚儒学”进行分析、论述，充分体现了吴教授的学术勇气和责任心，令笔者钦佩。在“代前言：关于东亚儒学问题的一些思考”中，吴震教授对“东亚”一词、“近代中国语境中的‘东亚’”进行了学术的梳理，对“近年来‘东亚儒学’研究”进行了回顾，在此基础上，对东亚儒学“何以可能”与“何以必要”做了学理上的回应。吴震教授在第一篇第一章“东亚儒学刍议”中，在理论上对“东亚儒学”这一概念进行了论述和分析，同时指出了围绕着“东亚”的一场没有交锋的论战。吴震教授在第一篇第二章“试说‘东亚儒学’何以必要”中重点论述了关于“东亚儒学”的两种模式。

围绕“东亚儒学”问题，本书的学术贡献主要有以下四点。

---

① 例如安徽人民出版社 1995 年出版的《中国、日本、朝鲜实学比较》，中国社会科学出版社 2016 年出版的《三国儒学本论》其内容就是关于中韩日儒学的论文精选，笔者刚写作完待出版的《中国韩国日本儒学实论》。又如《哲学研究》1995 年第 4 期发表的《中日朝实学比较研究》，《孔子研究》1999 年第 2 期发表的《阳明心学、石门心学、霞谷心学的比较》等。

第一，本书作者指出在“东亚儒学”的研究过程中，正逐渐显示出问题的复杂性及多样性，不论是“东亚”还是“东亚儒学”，并不是不言自明的概念。关于东亚及东亚儒学概念所蕴含的历史含义如何把握，东亚儒学的建构如何可能等问题，需要我们进一步努力做出更为具体的历史考察以及理论批评，目前我们很难得出一个大家都能接受的一致看法（参阅该书第 73 页）。

第二，本书作者认为“东亚儒学”只是东亚文化或东亚思想的一个分支，在性质上属于跨文化比较研究。如同东亚文化本身所具有的多元特征一般，东亚儒学也不可能有什么结构上的“整体性”或历史上的“同一性”。发源于中国的儒学在东亚各地域的展开及其呈现是一复杂多样的过程，而且这一过程又必然表现为“本土化”的过程。因此中国儒学相对于东亚其他地域的儒学而言只具有“相对性”，而并不具有绝对的宰制性（参阅该书第 74 页）。与此同时，本书作者还强调指出，在文化多元的同时，也应当关注文化认同的问题。因为文化多元并不排斥文化认同，如同普遍原理的“分殊性”或具体性并不能成为排斥“理一”的普遍原理的理由，尽管具体普遍性的观念应当成为建设开放社会的重要条件（参阅该书第 14 页）。

第三，本书作者就学术研究而言，认为东亚儒学作为一种跨文化研究，对于中国自身的儒学传统的再认识、再评价具有积极的意义。举例来说，比如我们通过对日本儒学及朝鲜儒学的研究，就可以更为深入地了解中国儒学所包含的逻辑发展的可能性以及中国儒学多元发展的可能性。相反，如果仅就中国儒学来审视中国儒学而缺乏一种“他者”的眼光，就有可能助长一种“自我中心论”的情绪，而不能了解中国儒学在东亚的区域文化中被挑战的可能性（参阅该书第 95 页）。

第四，本书作者提醒当今的时代已是“全球化”的时代，经济、信息以及人员的往来交流等方面日益呈现全球一体化之趋向，然而“全球化”也必然带来“本土化”的问题，亦即在全球化趋势之下，如何面对世界上不同民族的文化特性的问题，是否可以说全球化必将取消本土化？答案是否定的。有学者从当今全球“文明对话”的角度指出，全球化不同于以往呈现为向西方看齐的所谓“西化”或“现代化”，它所追求的是一种持久发展的多元文化模式，那种以为现代化会消除各种文化差异，从而形成一个统一的现代社会的所谓现代化观点已不再有任何说服力，因为全球化在产生同质化的同时，也产生地方化和本土化，结果必然是各种文化传统仍然是全球化的组成部分。这个观点对于我们从事东亚儒学研究有重要的启发意义。换言之，正是在当今全球化的趋势之下，研究本土文化、传统价值显得更为重要。对我们来说，有必要将传统儒学置于“文明对话”的视野。总之，东亚儒学研究对于在多元文化论的前提下重建“文化东亚”是一项重要且有意义的工作（参阅该书第 97 页）。

总之，吴震教授的大作《东亚儒学问题新探》对于从事中日韩儒学研究的学者和在读硕士、博士研究生来说，应是一部必读的书籍。因为从中你可以汲取学术智慧、学术力量、学术精神，以增强自我的学术水准、学术品位和学术境界。

最后还想提及的是吴震教授还是一位多产的学者，关于“东亚儒学”的研究，除了这部力作外，2015 年华东师范大学出版社出版了《当中国儒学遭遇“日本”——19 世纪末以来“儒学日本化”的问题史考察》，2020 年商务印书馆出版了《东亚朱子学新探——中日韩朱子学的传承与创新》（主编，上、下两册）。企盼吴震教授有更多关于“东亚儒学”的新作问世。

## The Japanization of Confucianism is accomplished in this way —A Review of Wu Zhen's A New Exploration of the Problems of Confucianism in East Asia

**Abstract**: The review points out the two major features of the book: A New Exploration of the Problems of Confucianism in East Asia. Firstly, This book discusses the criticism of the metaphysical theory of Chinese Zhuzi by the representative figures of Japanese ancient school, i. e. Ogyu Sori and Ito Jinsai, and reconstructs the Japanese Confucianism with the characteristics of advocating physical world. Secondly, it makes an analysis and summary of the current "East Asian Confucianism" research.

**Keywords**: Japanization; Ogyu Sori; Ito Jinsai; East Asian Confucianism

# 《日本学研究》征稿说明

1.《日本学研究》是由“北京日本学研究中心”与“教育部国别和区域研究基地——北京外国语大学日本研究中心”共同主办的综合性日本学研究学术刊物（半年刊、国内外发行），宗旨为反映我国日本学研究以及国别和区域研究最新研究成果，促进中国日本学研究的进一步发展。本刊于2021年入选为CSSCI收录集刊。

2. 本刊常设栏目有：特别约稿、热点问题、国别和区域、日本语言与教育、日本文学与文化、日本社会与经济、海外日本学、书评等。

3. 来稿要求和注意事项

（1）来稿要重点突出，条理分明，论据充分，资料翔实、可靠，图表清晰，文字简练，用中文书写（请按照国务院公布的《简化字总表》书写，如果使用特殊文字和造字，请在单独文档中使用比原稿稍大的字体，并另附样字）的原创稿件。除特约稿件外，每篇稿件字数（包括图、表）应控制在8000~12000字为宜。

（2）来稿须提供：①一式两份电子版论文（word版+PDF版）、②文题页、③原创性声明（可在北京日本学研究中心官方网站 http://bjryzx.bfsu.edu.cn/下载），所有文档通过电子邮件发送至本刊编辑部邮箱（rbxyjtg@163.com）。

（3）论文内容须包括：题目（中英文）、内容摘要（中英文）、关键词（中英文）、正文、注释（本刊不单列参考文献，请以注释形式体现参考文献）。可在北京日本学研究中心官方网站（http://bjryzx.bfsu.edu.cn/）下载样稿，并严格按照撰写体例要求撰写。

（4）文题页须包括：论文的中英文题目、中英文摘要（约200字）、中英文关键词（3~5个）、作者信息（姓名、单位、研究方向、职称、电子邮箱、手机号码及通讯地址等）、项目信息。

（5）来稿电子版论文中请隐去作者姓名及其他有关作者的信息（包括“拙稿”“拙著”等字样）。

（6）论文中所引用的文字内容和出处请务必认真查校。引文出处或者说明性的注释，请采用脚注，置于每页下。

4. 本刊所登稿件，不代表编辑部观点，文责自负。不接受一稿多投，本刊可视情况对文章进行压缩、删改，作者如不同意请在来稿中声明。

5. 本刊采用双向匿名审稿制，收到稿件后3个月内向作者反馈审稿结果，3个月后稿件可另作他投。

6. 来稿一经刊登，每篇文章将向作者寄赠样刊2册，不支付稿酬。

投稿邮箱：rbxyjtg@163.com

咨询电话：（010）88816584

通讯地址：邮政编码100089

中国北京市西三环北路2号 北京外国语大学216信箱

北京日本学研究中心《日本学研究》编辑部（收）

# 《日本学研究》稿件撰写体例要求

1. 稿件用字要规范，标点要正确（符号要占1格），物理单位和符号要符合国家标准和国际标准，外文字母及符号必须分清大、小写，正、斜体，黑、白体；上、下角的字母、数码、符号必须明显。各级标题层次一般可采用一、1、(1)，不宜用①。

2. 字体、字号、页面字数要求：

(1) 关于字体，中文请采用宋体、日文请采用明朝、英文请采用 Times New Roman 字体撰写。

(2) 关于字号，论文题目请采用14号字、正文请采用11号字、正文中标题请采用12号字、英文摘要和关键字请采用9号字撰写。

(3) 关于页面字数，每页请按照39字×44行撰写。

3. 参考文献具体格式请按照以下规范撰写。

**【专著】**〔国籍〕作者：书名，出版社，出版年，参考部分起止页码。

章宜华：《二语习得与学习词典研究》，商务印书馆，2015，第1~15页。

〔日〕日原利国：『春秋公羊伝の研究』，東京：創文社，1976，第17頁。

Halliday M. A. K. *An Introduction to Functional Grammar* (2nd edition), London: Edward Arnold, 1994, pp. 24 - 25.

**【期刊】**〔国籍〕作者：文章名，期刊名，卷号（期号），出版年。

沈家煊：《语言的“主观性”与“主观化”》，《外语教学与研究》2001年第4期。

〔日〕服部良子：「労働レジームと家族的責任」，『家族社会学研究』2015年第2期。

Ono Hiroshi, “Who Goes to Colledge? Features of Institutional Tracking in Japanese Higher Education,” *American Journal of Education* 109 (2), 2001.

**【报纸】**〔国籍〕作者：文章名，报纸名，刊行日期。

刘江永：《野田外交往哪里摇摆?》，《人民日报（海外版）》2011年10

月22日。

〔日〕丸岡秀子：困難な"家ぐるみ離農"，『朝日新聞』1960年9月11日付。

**【学位论文】**［国籍］作者：题目，授予单位，授予年。

王华：《源氏物语的佛教思想》，山东大学博士学位论文，2009。

〔日〕久保田一充：『日本語の出来事名詞とその構文』，名古屋：名古屋大学，2013。

**【译著】**［国籍］作者：书名，译者，出版社，出版年，参考部分起止页码。

〔德〕胡塞尔：《现象学的观念》，倪梁康译，上海译文出版社，1987，第29页。

**【网络电子文献】**［国籍］作者：题目，引用网页，日期。

北京日本学研究中心：《日本学研究》征稿说明，https://bjryzx.bfsu.edu.cn/publisher1.html，2021年6月10日。

注：外国出版社或学位授与单位请注明所在地名。中国出版社或学位授与单位所在地可省略。

4. 初校由作者进行校对。在初校过程中，原则上不接受除笔误以外的大幅修改。

《日本学研究》编辑委员会

2021年6月10日修订

图书在版编目(CIP)数据

日本学研究. 第32辑 / 郭连友主编. -- 北京 : 社会科学文献出版社，2022.1
ISBN 978-7-5201-9321-4

Ⅰ.①日… Ⅱ.①郭… Ⅲ.①日本-研究-丛刊 Ⅳ.①K313.07-55

中国版本图书馆CIP数据核字(2021)第221760号

日本学研究 第32辑

主　　编 / 郭连友

出 版 人 / 王利民
责任编辑 / 卫　羚
责任印制 / 王京美

出　　版 / 社会科学文献出版社 · 人文分社 (010) 59367215
　　　　地址：北京市北三环中路甲29号院华龙大厦　邮编：100029
　　　　网址：www.ssap.com.cn
发　　行 / 社会科学文献出版社 (010) 59367028
印　　装 / 三河市龙林印务有限公司

规　　格 / 开　本：787mm×1092mm　1/16
　　　　印　张：14.25　字　数：232千字
版　　次 / 2022年1月第1版　2022年1月第1次印刷
书　　号 / ISBN 978-7-5201-9321-4
定　　价 / 128.00元

读者服务电话：4008918866